汽车机械基础

主　编　尹　力
副主编　唐晓辉
参　编　赵明欣　张　搏　高　原

东北师范大学出版社
长　春

图书在版编目（CIP）数据

汽车机械基础/尹力主编．—长春：东北师范大学出版社，2024.3
ISBN 978-7-5771-0767-7

Ⅰ.①汽⋯ Ⅱ.①尹⋯ Ⅲ.①汽车—机械学—高等职业教育— 教材 Ⅳ.①U463

中国国家版本馆CIP数据核字（2024）第060322号

□责任编辑：万英瑞　　□封面设计：张　然
□责任校对：郑小媛　　□责任印制：侯建军

东北师范大学出版社出版发行
长春净月经济开发区金宝街118号（邮政编码：130117）
电话：0431—84568132
网址：http://www.nenup.com
东北师范大学音像出版社制版
长春市新颖印业有限责任公司印装
长春市清和街23号（邮政编码：130061）
2024年3月第1版　　2024年3月第1次印刷
幅面尺寸：185mm×260mm　印张：12.5　字数：295千

定价：36.00元

前　言

　　落实立德树人，融入课程思政。教材编写以习近平新时代中国特色社会主义思想和党的二十大精神为指导，教材内容落实立德树人的根本任务，将社会主义核心价值观有机融入教材中，通过典型案例，引导学生形成正确的世界观、人生观、价值观。

　　汽车机械基础是学习和了解汽车的基本机械原理和构造的一门课程或知识领域。在现代社会，汽车已经成为人们生活中不可或缺的交通工具之一，而了解汽车的基本机械原理和构造对于解决汽车故障、进行维修和保养都至关重要。

　　在学习汽车机械基础之前，首先要了解汽车是由各种不同的机械系统组成的复杂机器。这些机械系统包括发动机、传动系统、制动系统、悬挂系统、转向系统等。每个系统都有其特定的功能和作用，相互之间也存在着复杂的相互作用关系。

　　了解汽车机械基础有助于我们理解汽车的工作原理和运行原理。例如，了解发动机的工作原理可以帮助我们理解燃烧过程，气缸、活塞、曲轴等部件的作用，以及各种燃料供给系统和点火系统的工作原理。了解传动系统的工作原理可以帮助我们理解离合器、齿轮、轴承等部件的作用，以及各种传动方式的优缺点。

　　掌握汽车机械基础还可以使我们更好地进行汽车维修和保养。了解汽车的机械原理和构造，可以使我们更准确地判断故障原因并采取相应的修复措施。了解汽车机械基础，还可以帮助我们正确地进行汽车保养，延长汽车的使用寿命。

目 录

模块一 汽车工程材料 ········· 001
 单元一 金属材料的性能 ········· 001
 单元二 汽车材料及应用 ········· 011

模块二 汽车常用构件的受力与变形 ········· 019
 单元一 工程构件的静力分析 ········· 019
 单元二 工程构件的变形 ········· 036

模块三 汽车常用机构 ········· 041
 单元一 机构的组成及运动简图 ········· 041
 单元二 铰链四杆机构 ········· 052
 单元三 凸轮机构 ········· 060
 单元四 间歇运动机构 ········· 073
 单元五 螺旋机构 ········· 079

模块四 汽车常用传动 ········· 084
 单元一 带传动 ········· 084
 单元二 链传动 ········· 090
 单元三 齿轮传动 ········· 094
 单元四 蜗杆传动 ········· 099
 单元五 齿轮系 ········· 102

模块五 汽车轴系零部件及连接 ········· 112
 单元一 轴 ········· 112
 单元二 轴承 ········· 119
 单元三 联轴器与离合器 ········· 131
 单元四 连接 ········· 136

模块六　汽车液压传动 …… 147
　单元一　液压传动的基本知识 …… 147
　单元二　液压元件 …… 154
　单元三　液压控制回路 …… 183

模块一　汽车工程材料

单元一　金属材料的性能

单元描述

金属材料具有多方面良好的性能。材料在受力过程中展现出来的优越性能被称为金属材料的力学性能，可以根据各项性能指标分析材料的承载能力和使用范围。那么金属材料的各种力学性能在什么情况下才能体现呢？它又有什么样的意义呢？

单元目标

1. 了解金属材料的分类。
2. 掌握金属材料的主要性能。
3. 熟悉拉伸试验的过程。
4. 具有绘制低碳钢拉伸时应力—应变曲线的能力。
5. 了解金属材料的其他性能。

单元知识准备

金属材料性能

使用性能及工艺性能都同属于金属材料的性能。使用性能指的是金属零件在使用条件下金属材料表现出来的性能。它决定了材料的应用范围、使用安全可靠性及使用寿命。工艺性能指的是在制造工艺过程中材料适应加工的各种冷、热性能，反映的是材料在加工制造过程中表现出来的特征。工艺性能的优良决定了制作各种工具或者零件的形状和尺寸的难易程度。

1. 金属材料物理性能

物理性能是指不需要发生化学变化就能够表现出来的包括密度、熔点、导电性、导热性、热膨胀性及磁性等特征。

（1）密度

密度指单位体积材料的质量。不同的材料其密度不同。依据密度的大小，金属材料被分为两类，分别是轻金属材料（密度<4.5 g/cm³）及重金属材料（密度>4.5 g/cm³）。所以，选择材料时密度是必须要考虑的重要因素之一。若可供选择的两种金属材料强度相似,那密度小的材料能够制造出相同质量而体积大,或者相同体积而质量轻的零件或配件。对于航空工业而言,这非常重要。金属的密度还经常被用于实际工作中估算材料的质量,以及鉴别金属的种类等。

(2)熔点

熔点指在常压下缓慢加热材料,使材料由固态变成液态时的温度。铸造、焊接及配制合金等时必须要考虑材料的熔点。金属材料因其熔点的高低不同,用途亦不同。譬如,高熔点金属材料经常用来制作高速切削刀具、灯丝及加热器等耐高温的零件;低熔点金属材料经常用来制造熔断器、防火安全阀等零件。

(3)导电性

导电性指材料传导电流的能力。银的导电性虽最好,但因为银为贵金属,因此工业中用来制作导体的通常都是导电性次之的铜或铝。一般都选用电阻系数高的镍铬合金来制作工业炉中的加热零件。电阻系数愈大,同样时间内,相同电流通过时放出的热量就愈多。

(4)导热性

导热性指材料传导热量的能力。材料越纯,其导热性就越好,内外温差越小对热加工就越有利;导热性差,内外温差大,其相应的内应力就大,在加热或者冷却时非常容易产生变形及裂纹,因此在对金属材料进行锻造、焊接及热处理等时,必须考虑的主要性能之一就是材料的导热性。通常用来制作热交换器等传热设备的零件或部件都是导热性极好的材料。

(5)热膨胀性

热膨胀性指材料的体积随着温度的升高而发生膨胀的性能。材料的热膨胀性一般用线膨胀系数(a)来表示。线膨胀系数对于工业选材而言意义重大。譬如,生产精密仪器、仪表及量具等,选择的材料a值越小越好,以确保温度变化时设备或者仪器的精度。

(6)磁性

磁性指材料在磁场中能够被磁化或者导磁的能力。磁性材料可以分成软磁性材料及硬磁性材料。软磁性材料(譬如,电工用纯铁及硅钢片等)导磁性良好而且很容易被磁化,但将外加磁场去掉之后,磁性就随之消失了。硬磁性材料又称为永磁材料(譬如,铝镍系永磁合金、永磁铁氧体及稀土永磁材料等),将外加磁场去掉之后,其磁性不会消失。铁、镍、钴等金属材料都有很高的磁性,铜、铝、铅等金属材料则没有磁性。通常非金属材料都是没有磁性的。磁性亦是工业选材的主要因素之一。

2. 金属材料化学性能

材料的化学性能是指其抗腐蚀性及抗氧化性,统称为化学稳定性。即在常温或者高温的条件下,材料能够抵抗腐蚀性介质或者氧化物对它的腐蚀或氧化的能力。

(1)耐腐蚀性

耐腐蚀性指材料能够抵抗各种各样腐蚀介质的能力。包括O_2,SO_2,Cl_2等干燥的气体、润滑油、汽油等不导电的流体,以及酸、碱、盐等电解质溶液。

工程上采用的防腐蚀的方法一般有:①选择不锈钢、钛合金、陶瓷及高分子材料等耐腐蚀的材料。②表面涂层,可以通过涂抹、喷涂、电镀、热镀、喷镀等方法形成。常见的防护层有机油、油漆等涂料及陶瓷、塑料等耐腐蚀的非金属材料。电镀和热镀通常是使用锌、锡、铬及镍等不易腐蚀的金属。③电化学保护,一般分为阳极保护和阴极保护,其中阴极保护比较常用。④加缓蚀剂,如在含氧水中加一点儿重铬酸钾。

(2)抗氧化性

抗氧化性是指材料在常温或高温下抗氧化的能力，又叫热稳定性。将铬（Cr）、硅（Si）、铝（Al）等元素加入钢中，能够提高钢的抗氧化能力，或者在加热的时候，在材料的四周制造一种保护气体来防止金属的氧化。

3. 金属材料力学性能

金属材料的力学性能通常是指在外力作用下金属材料所表现出来的包括弹性、刚度、强度、塑性、冲击韧性、疲劳强度及硬度等经过试验测定的性能。依据试验数据所绘制出来的应力—应变曲线如图1-1、图1-2所示。

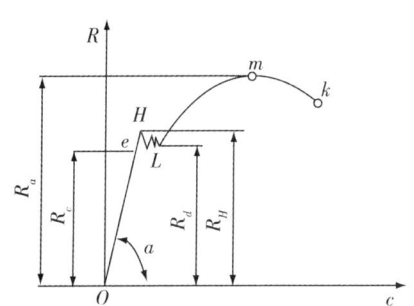

图1-1　低碳钢的应力—应变曲线 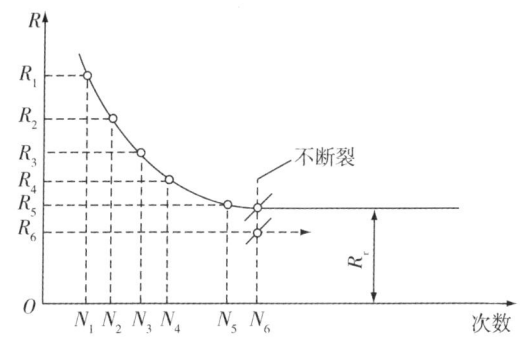　　图1-2　其他类型材料的应力—应变曲线

力学性能的术语及符号，见表1-1。

表1-1　力学性能的术语及符号

GB/T228.1-2021	
术语	符号
断面收缩率	Z
断后伸长率	A
应力	R
上屈服强度	R_{eH}
下屈服强度	R_{eL}
规定残余延伸强度	R_r，如 $R_{r0.2}$
规定塑性延伸强度	R_p，如 $R_{p0.2}$
抗拉强度	R_m
弹性极限	R_e

(1) 弹性极限

弹性是指物体在外力的作用下发生变形之后，将作用力去除时能够恢复到原始形状和大小的性质。使材料开始发生塑性变形的最大应力称为弹性极限，用 R_e 表示，单位是 MPa。R_e 数值越大弹性就越好。弹性极限是仪表弹簧及板簧等弹性元件的主要衡量指标。

(2) 刚度

刚度是指金属材料在受力时抵抗弹性变形的能力，它的衡量指标是用弹性模量 E（在弹性范围内应力变化 (ΔR) 和延伸率变化 (Δe) 的商乘 100%，$E = \frac{\Delta R}{\Delta e} \times 100\%$）来表示的。它的值越大就说明材料发生弹性变形的可能性越小，材料的刚度就越大。譬如，镗床的镗杆、齿轮轴等零件及构件所需要的刚度都很大。

(3) 强度

强度是指在外力作用下的金属材料所显示出来的抵抗变形及断裂的能力。常用的衡量指标主要有屈服强度及抗拉强度两种。

① 屈服强度

金属试样在拉伸过程中，负荷不再增加，而试样仍继续发生形变的现象称为"屈服"。发生屈服现象时的应力称为"屈服强度"，可分为"上屈服强度"和"下屈服强度"。上屈服强度是指试样发生屈服力首次下降前的最大力值对应的应力，用 R_{eH} 表示，下屈服强度是指屈服期间，不计初始瞬时效应时的最小力值所对应的应力，用 R_{eL} 表示。屈服强度通常用来衡量一种材料受外力作用后可以承受多大压力而不发生变形的能力。

② 抗拉强度

抗拉强度是指材料在被拉断之前所承受的最大拉应力，用 R_m 表示，单位是 MPa。若应力达到抗拉强度 R_m 以后，就会发生颈缩从而导致断裂。

屈强比即屈服强度和抗拉强度的比值，是工程中经常用到的静拉伸强度指标。屈强比越小表示工程零件或构件的可靠性越高，即便材料因外加负荷或者某些其他因素发生了变形，亦不会立刻断裂；若屈强比过小，则表示材料的有效利用率不高。所以，应该合理选择材料的屈强比。

(4) 塑性

塑性是指材料在外力作用下，发生永久变形但不至于断裂，去除外力之后，依然能够保持变形。最常用的有断后伸长率 (A) 及断面收缩率 (Z) 两种塑性指标。

断后伸长率是断后标距的残余伸长与原始标距之比，以 % 表示，即：

$$A = \frac{L_u - L_o}{L_o} \times 100$$

A——断后伸长率 (%)；

L_o——原始标距 (mm)；

L_u——断后标距 (mm)。

断面收缩率指的是断裂后试样横截面积的最大缩减量与原始横截面积之比，以 % 表示，即：

$$Z = \frac{S_o - S_u}{S_o} \times 100$$

Z——断面收缩率(%);
S_o——试样原始横截面积(mm^2);
S_u——试样拉断后的最小横截面积(mm^2)。

A 或者 Z 数值越大说明材料的塑性越好。优良的塑性能够确保冲压、轧制及汽车外壳凹陷修复等工艺技术顺利进行。

(5)韧性

韧性是指材料抵抗冲击破坏的能力。冲击韧度是常用的衡量指标,用 a_k 表示。

$$a_k = \frac{K}{S_N}$$

a_k——冲击韧度(J/cm^2);
K——冲击吸收能量(J);
S_N——试样缺口处的横截面积(cm^2)。

不同材料在相同条件下冲击试验中,能量 K 值越大,则其冲击韧度 a_k 越大,材料的韧性越好。

在工作时,很多零件或者构件经常会受到冲击载荷作用,譬如,汽车在高速行驶中急刹车或者经过道路上的凹坑及飞机起飞或者降落、锻压机锻造或者冲压等,都需要有足够的韧性才能够正常工作。

图1-3表明,温度降低,冲击吸收能量 K 及冲击韧度 a_k 会随之而减小。若温度降到韧脆转变温度 T_K 时,冲击韧度就会急速下降,钢材会从韧性断裂变成脆性断裂。譬如,碳素结构钢的韧脆转变温度为 $-20\ ℃$,用它来制造桥梁或者输送管道时,应该考虑它周围的环境温度,防止冬天发生脆性断裂事故。

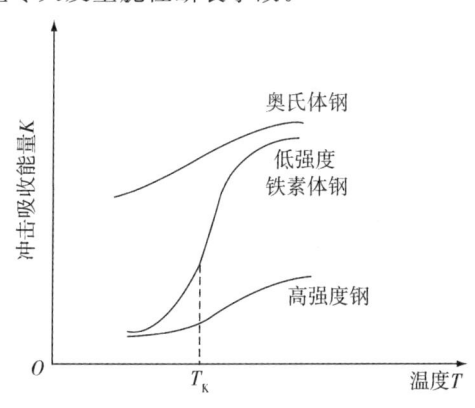

图1-3 材料的冲击吸收能量与温度关系曲线

(6)疲劳

疲劳是指金属材料在循环载荷作用下,即便所受应力低于屈服强度,一样会发生断裂的现象。它的衡量指标又称为疲劳强度或者疲劳极限。

因为疲劳试验的循环周数不可能达到无限次,所以依据零件的工作条件及使用寿命要求,可将不同情况下的循环次数当成循环基数,即材料在达到循环基数时没有发生断裂的最大应力为这种材料的疲劳强度。常用钢铁材料的循环基数是 10^7 次,非铁金属及高强度钢的循环基数是 10^8 次。

譬如,轴、齿轮及弹簧等很多零件都是在交变载荷下工作的。金属材料在交变载荷的作用下,即便所受应力比屈服强度低,亦会发生断裂。这种现象称为疲劳断裂。依据统计,机械零件断裂失效中,疲劳断裂占了80%以上。疲劳断裂与静载荷及冲击载荷下的断裂相比应力很低,经常比静载下的屈服强度还低,而且断裂时没有明显的宏观塑性变形,没有预兆忽然发生,因此危害很大。

能够提高疲劳强度的措施有如下几点:①尽量避免造成各种缺口,防止应力集中从而引起疲劳裂纹。②对材料采取细化晶粒及减少缺陷的措施。③降低零件或构件表面的粗糙度。④可通过化学的热处理、淬火等表面强化途径,减小疲劳裂纹产生的可能性。

(7)硬度

硬度是指金属材料表面抵抗比它更硬的物体压入的能力,是衡量金属材料软硬程度的一种指标。工业中,通常采用的方法有三种,分别是布氏硬度、洛氏硬度及维氏硬度。

①布氏硬度

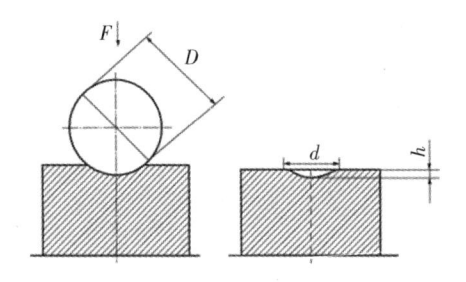

图 1-4 布氏硬度试验原理

布氏硬度的试验原理如图1-4所示:以直径为 D 的硬质合金球做压头,在一定负荷 F 的作用下,压入被测材料表面,并且保持一定的时间后再将试验力卸除,测量被测材料表面的压痕直径 d,查表可得到其硬度值,用符号 HBW 表示,习惯上不标注单位。

譬如,600HBW1/30/20,表示用直径1 mm的硬质合金球压头在29.42 kN试验力下保持20 s测定的布氏硬度值为600。当试验力持续时间在10~15 s时不标注,譬如350HBW5/750,表示用直径5 mm的硬质合金球压头在7.355 kN试验力下,持续时间在10~15 s时测定的布氏硬度值为350。因此可知:压痕越大,硬度值越小。

在做布氏硬度试验时,可以依据材料的种类、试样的硬度范围等(参照表1-2所示的部分布氏硬度试验规范),选择试验压头球直径 D、试验力 F 及试验力保持时间。

表1-2 部分布氏硬度试验规范

材料种类	布氏硬度使用范围	压头球直径 D/mm	$0.102 \times \dfrac{F}{D^2}$ 值 N/mm²	试验力 F/N	试验力保持时间/s	备注
黑色金属	≥140HBW	10	30	29420	10	压痕中心到试样边缘的距离不应小于压痕平均直径的2.5倍； 两相邻压痕中心距离不应小于压痕平均直径的3倍； 试样厚度至少应为压痕深度的8倍，且试验后，试样支撑面应无可见的变形痕迹
		5		7355		
		2.5		1839		
	<140HBW	10	10	9807	10~15	
		5		2452		
		2.5		612.9		
有色金属	>200HBW	10	30	29420	30	
		5		7355		
		2.5		1839		
	35~200HBW	10	10	9807	30	
		5		2452		
		2.5		612.9		
	<35HBW	10	5	4903	60	
		5		1226		
		2.5		306.5		

布氏硬度试验的优点是数据准确、稳定、重复性强；缺点是压痕较大，容易损伤零件表面，不适合成品检验。

② 洛氏硬度

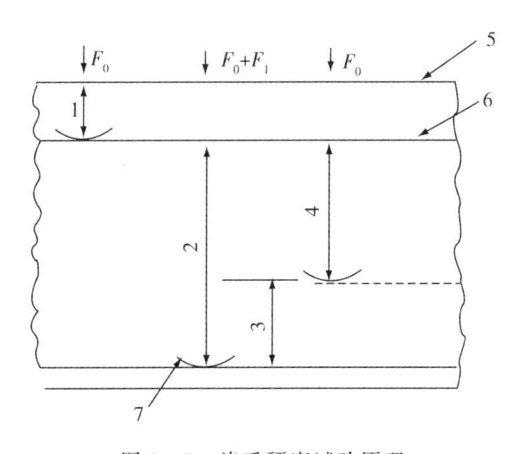

图1-5 洛氏硬度试验原理

洛氏硬度的试验原理如图1-5所示：将金刚石圆锥、硬质合金球等压头在初试验力 F_0 作用下压入被测材料表面5深度为1，然后加入主负荷力 F_1，压头位置到7，此时压入深度为 2，保持一定时间后，卸除主试验力 F_1 之后弹性恢复深度为 3，以 6 作为测量基准面，测量残余压痕深度 h 为 4。洛氏硬度值没有单位，可以直接在读数表盘上读出来。譬如 50HRB，表示用直径为 1.5875 mm 的硬质合金球压头在 980.7 N 试验力作用下，保持了 2～6 s 时间所测得的洛氏硬度值为 50；60HRC，表示用 120°金刚石圆锥压头在 1471 N 试验力作用下，保持了 2～6 s 时间所测得的洛氏硬度值为 60。若用不同的压头和负荷来进行洛氏硬度试验时，可以测试从软到硬的各种材料。常用洛氏硬度符号、试验条件如表 1-3 所示，应用最多的是 HRC。

表 1-3 常用洛氏硬度符号、试验条件和应用举例

符号	压头类型	总载荷/N	有效硬度值范围	应用举例
HRA	120°金刚石圆锥	588.4	20～95	硬质合金、表面淬火钢、渗碳钢等
HRB	直径为 1.5875 mm 淬火钢球	980.7	10～100	非铁合金、退火钢等
HRC	120°金刚石圆锥	1471	20～70	淬火钢、调质钢等

洛氏硬度试验的优点是操作简单迅速、效率高，能够直接从指示器上读出硬度值，对工件表面损伤小；缺点是测得的数值不够准确，硬度值的重复性差。所以，需要在不同的位置进行多次测定取其平均值。

③维氏硬度

维氏硬度的试验原理与布氏硬度的试验原理基本相同。区别在于压头采用锥面夹角为 136°的金刚石正四棱锥，将其作为初试验力压入被测材料表面，用符号 HV 表示。维氏硬度通常能依据压痕对角线长度平均值查表得出。譬如，640HV30/20，表示用锥面夹角为 136°的金刚石正四棱锥压头在 294.2 N 试验力下保持 20 s 测定的维氏硬度值为 640。

维氏硬度试验法的优点在于所加负荷小，压痕小，比布氏硬度试验法测量出来的精准度高，非常适合用来测定经过表面处理及薄件的材料硬度；缺点是维氏硬度试验操作没有洛氏硬度试验简单迅速，不适合批量生产的常规试验。

部分汽车零部件常用材料的硬度见表 1-4。

表 1-4 部分汽车零部件常用材料的硬度

零部件名称	材料	硬度/HBW
汽油机轴承	锡基轴承合金	24
柴油机轴承	球墨铸铁	270～330
排气管	蠕墨铸铁	140～217
汽车轮毂	球墨铸铁	130～210
曲轴	优质碳素结构钢（中碳钢）	240～260

常用金属的力学性能指标及含义见表 1-5。

表 1-5 常用金属的力学性能指标及含义

力学性能	性能指标 名称	符号	单位	含义
弹性	弹性极限	R_e	MPa	拉伸试样在弹性阶段内，卸载后不产生塑性变形的最大应力
刚性	弹性模量	E	GPa	在弹性范围内应力变化（ΔR）和延伸率变化（Δe）的商乘 100%
强度	屈服强度	R_{eL}	MPa	屈服期间不计初始瞬时效应时的最小应力
强度	抗拉强度	R_m	MPa	拉伸试样拉断前所能承受的最大应力
塑性	断后伸长率	A	%	拉伸断裂后试样标距的残余与原始标距之比的百分率
塑性	断面收缩率	Z	%	拉伸断裂后试样横截面积最大缩减量与原始横截面积之比
韧性	冲击韧度	a_k	J/cm²	冲击试样缺口处横截面积上的冲击吸收能量
疲劳	疲劳强度	R_r	MPa	疲劳试样承受无数次（或给定次数）循环应力仍不断裂的最大应力
疲劳	疲劳强度	R_{-1}	MPa	疲劳试样承受无数次（或给定次数）对称循环应力仍不断裂的最大应力
硬度	布氏硬度	HBW	—	用一定大小的载荷 F 把直径为 D 的淬火钢球压入被测金属材料表面，保持一定时间卸除载荷。载荷 F 与压痕表面积下的比值为布氏硬度值
硬度	洛氏硬度 A	HRA	—	是以压痕塑性变形深度来确定硬度值的指示，以 0.002 毫米作为一个硬度单位。在洛氏硬度实验中采用不同的压头和试验力，会产生不同的组合，对应洛氏硬度不同的标尺，常用的标尺为 HRA、HRB 和 HRC 三种
硬度	洛氏硬度 B	HRB	—	
硬度	洛氏硬度 C	HRC	—	
硬度	维氏硬度	HV	—	用一个相对面夹角为 136°的金刚石正棱锥体压头，在规定载荷 F 的作用下压入被测试样表面，保持规定时间后卸除载荷，测量压痕对角线长度 d，进而计算出压痕表面积，最后求出压痕表面积上的平均压力，即金属的维氏硬度值

4. 金属材料的工艺性能

金属材料工艺性能是指金属材料被加工成零件或部件的难易程度。依据工艺方法的不同可以将它分为铸造性能、压力加工（锻造、冲压）性能、焊接性能、切削加工性能、热处理性能等。

微课视频

（1）铸造性能

所谓铸造就是将熔化的金属注入铸模型腔中，待其冷却凝固后得到所需要的毛坯或者零件的一种热加工工艺方法。对金属材料而言，铸造性能主要包括流动性、收缩性及偏析。流动性是指液态金属填充铸模的能力；收缩性是指金属凝固及冷却时，金属体积收缩的程度；偏析是指金属在冷却凝固以后化学成分的不均匀性。

常用金属材料中，铸造性能最好的是接近共晶成分的合金。铸造性能次之的金属材料有铸钢、铸造铝合金及铜合金等。与铸铁和铸钢相比，铸造铝合金及铜合金的铸造性能更好，而铸铁的铸造性能又比铸钢好。

（2）压力加工性能

压力加工性能是指材料接受冷、热压力加工成型难易程度的一种工艺性能。压力加工性能的好坏取决于材料的塑性及变形能力。塑性越大表示变形抗力越小，即压力加工性能越好。

冷压力加工是指用冷冲压、挤压、冷锻等比较高效的压力加工方法，一般在室温下进行。

杯突试验是用来检验金属材料冲压性能的方法，适合用在厚度为 2 mm 及 2 mm 以内的板材或者带材。在埃里克森试验机上进行实验，用一定尺寸的钢球或者球形冲头，向夹紧于规定压模内的被测金属施加压力，直到被测金属开始出现第一条穿透裂纹为止。此时的压入深度（mm）就是金属材料的杯突深度。杯突深度大于规定值时就是试验合格，即金属材料能够承受的杯突深度越大，其材料的冲压性能就越好。

热压力加工是指将材料加热到特定温度下的压力加工，譬如锻造、热冲压等。顶锻试验与锻平试验是检验金属材料锻造性能的方法。顶锻试验分为两种，一种是常温下进行的冷顶锻试验，另一种是锻造温度下进行的热顶锻试验。被测材料依据规定程度做顶锻变形之后，对被测材料进行侧面检查，若没有裂缝、裂口、贯穿裂纹、折叠或者气泡等缺陷，则为合格。锻平试验是使被测材料在冷或者热状态下承受一定程度的锻平变形，若没有裂缝或者裂口，则为合格。

（3）焊接性能

金属材料的焊接性能是指金属在一定的焊接技术条件下，得到质量良好的焊接接头的难易程度。焊接性能主要包含工艺可焊性及使用可焊性两个方面：工艺可焊性主要指焊接接头产生工艺缺陷的倾向，特别是发生各种裂缝的概率；使用可焊性主要是指焊接接头在使用过程中的安全可靠性，包含了焊接接头的力学性能及其他特殊性能（譬如耐热性、耐蚀性等）。常用金属材料中，低碳钢的焊接性能好，铝合金与铜合金的焊接性能不好，高碳钢的焊接性能差，而铸铁很难被焊接。

（4）切削加工性能

切削加工性能是指材料被切削加工的难易程度。经常用来衡量切削加工的指标有：一定条件下的切削速度、切削力、已加工表面质量及切削控制或断屑的难易。

（5）热处理性能

热处理性能是指将材料在固态下加热到一定温度，进行必要的保温，再以一定的速度冷却到室温，从而改变钢的内部结构。热处理性能反映了钢热处理的难易程度及产生热处理缺陷的倾向。热处理性能主要是指淬透性、淬硬性，以及氧化、脱碳倾向、变形开裂倾向等。

单元任务实施

一、汽车发动机曲轴的主要力学性能分析

1. 曲轴的使用工况

汽车发动机曲轴的作用是输出动力，并带动其他部件运动。曲轴是发动机最主要也是受力情况最复杂的零部件之一，在工作中主要承受交变弯曲、扭转载荷及冲击载荷，这些载荷不仅数值大，而且呈周期性变化。曲轴的形状极不规则，应力分布极不均匀，曲轴的

主轴颈和连杆轴颈在高转速下与轴瓦发生摩擦。曲轴的失效形式是疲劳断裂和轴颈表面磨损。

2. 曲轴的力学性能要求

根据曲轴的工况及失效形式，分析曲轴的主要力学性能要求为：
(1) 具有高的强度、一定的冲击韧性，以抵抗冲击载荷。
(2) 具有足够的弯曲和扭转疲劳强度，以抵抗弯曲和扭转载荷。
(3) 具有足够的刚度，以抵抗曲轴磨损变形。
(4) 轴颈表面具有高的硬度和耐磨性。

二、汽车变速器齿轮的主要力学性能分析

1. 汽车齿轮的使用工况

汽车齿轮主要安装在变速器和驱动桥中，汽车上发动机的动力经传动系的变速器、驱动桥的主减速器、差速器的齿轮的啮合，传给驱动车轮，驱动汽车行驶。齿轮在变速器中可改变传动比，主减速器可减速、增扭，差速器可实现两侧车轮差速行驶。汽车齿轮的齿根受到很大的交变弯曲应力，换挡、启动或啮合不均时，齿部受一定的冲击载荷，齿面相互滚动或滑动接触，会产生很大的接触应力及摩擦力。

2. 齿轮的力学性能要求

根据上述工况，齿轮的主要性能要求为：
(1) 齿面应有足够的硬度，以抵抗齿面磨损、点蚀、胶合及塑性变形等。
(2) 齿心应有足够的强度和较好的韧性，以抵抗齿根折断和冲击载荷。
(3) 有良好的加工工艺性能及热处理性能，使之便于加工且便于提高其力学性能。

单元二　汽车材料及应用

单元描述

金属材料是机械工程中应用最普遍的材料，在汽车制造方面也占有很大比例。汽车上应用最多的还是铁碳合金，我们知道铁碳合金有钢和铸铁之分，但在钢和铸铁的使用上我们该如何进行选择？每种钢材的性能有何差别？不同作用的零件我们又将如何进行选材呢？在汽车中，除了使用金属材料外，为了使汽车轻量化，很多具有特殊性能的材料在汽车上也得到了广泛的应用，如铜及铜合金、铝及铝合金、塑料等。学习完本节课内容后，希望同学们能够列举出一些汽车上使用的材料的应用实例，并掌握这样选材的原因。

单元目标

1. 掌握碳素钢、合金钢、铸铁等黑色金属的性能和应用。

2. 熟悉金属材料热处理的工艺和方法。
3. 掌握塑料、橡胶、陶瓷、复合材料的性能和应用。
4. 掌握汽车材料选用的特征。

单元知识准备

一、汽车常用金属材料

1. 碳素结构钢

碳素结构钢主要保证力学性能。因此它的牌号体现的就是它的力学性能，由Q＋数字＋质量等级符号＋脱氧方法符号组成。碳素结构钢牌号由代表钢材屈服强度"屈"的汉语拼音字母"Q"和后面的屈服强度数值（单位为MPa），以及质量等级与脱氧方法符号组成。质量等级的符号分别为A、B、C、D。脱氧方法符号中"F"代表沸腾钢；"Z"代表镇静钢；"TZ"代表特殊镇静钢，镇静钢可以不标符号，亦就是Z和TZ都可以不标。譬如Q235AF表示A级沸腾钢。常用的碳素结构钢牌号有：Q195、Q215A(B)、Q235A(B)、Q275等。

通常情况下，碳素结构钢都不需要经过热处理，而是直接在供应状态下使用。一般Q195、Q215、Q235钢碳的质量分数低，有一定的强度，塑性与韧性都较好，常用来制作普通铆钉、螺钉、螺母、垫圈、推杆、制动杆、车轮轮毂等零件。Q275钢碳的质量分数与强度都比较高，塑性与韧性都比较好，常用来制造简单机械的连杆、齿轮、联轴节与销等零件。

2. 优质碳素结构钢

优质碳素结构钢可以依据其含碳量的不同分成：低碳钢（含碳＜0.25％）、中碳钢（含碳为0.25％～0.60％），以及高碳钢（含碳＞0.60％）。优质碳素结构钢可以依据其含锰量不同分成正常含锰量（含锰0.25％～0.80％）及较高含锰量（含锰0.70％～1.20％）两组，后者的力学性能与加工性能都比较好。

优质碳素结构钢的牌号是用钢中平均含碳量的万分数（两位数字）来表示。譬如，钢号"30"表示钢中的平均含碳量为0.30％。含锰量较高的优质碳素结构钢还应该在它的数字后面标出锰元素的符号，譬如15Mn、45Mn等。

08F钢是一种强度低、塑性好的含碳量很低的沸腾钢。通常由钢厂轧成薄钢板或者钢带供应，主要用来制造冷冲压件，譬如消声器外壳、容器及罩子等。10～25钢属于强度、硬度低，塑性、韧性好的低碳钢，并且具有较好的冷冲压性能及焊接性能。常用来制造冷冲压件与焊接构件，甚至还有像螺栓、螺钉、螺母、轴套、法兰盘、焊接容器等受力不大，但对韧性要求较高的机械零件。30～55钢属于中碳钢，经过调质处理后，有较好的综合力学性能，常用来制造齿轮、连杆、轴类零件等，其中45钢的应用最为广泛。

60、65、70、75钢属于高碳钢，经过适当的热处理之后，具有较高的强度与弹性，主要用来制作弹性零件及耐磨零件，譬如弹簧、弹簧垫圈、轧辊等。

3. 合金钢

合金钢是通过在碳钢中加入一种或者多种适量合金元素，从而改善钢的某种性能。硅、锰、铬、镍、钼、钨、钒、钛、铌、锆、钴、铝、铜、硼、稀土等是合金钢的主要合金元素。

可以依据合金钢的用途将其分为合金结构钢、合金工具钢及特殊性能钢。

合金结构钢的强度较高，韧性亦比较好，在汽车上通常用来制造受热、受磨损及冲击载荷比较剧烈的零件。

合金结构钢的牌号表示方法是"两位数＋元素符号＋数字"。两位数代表钢中含碳量的多少；元素符号表示所含的合金元素；元素符号后面的数字表示合金元素平均含量的百分数，含量少于1.5%时一般不标。

合金结构钢被广泛应用到汽车上，譬如常用40Cr来制造重要的调质件气门、气缸盖螺栓、连杆螺栓、半轴及重要齿轮等；18CrMnTi经常被用来制造变速器齿轮及主传动锥齿轮等；40MnB可以代替40Cr钢，用来制造转向节、半轴及花键轴等；60Si2Mn钢，则被用来制造钢板弹簧等。

合金工具钢被广泛用来制作刃具以及冷、热变形模具与量具，亦可以用来制作柴油机燃料泵的活塞、阀门、阀座、燃料阀喷嘴等。

特殊性能钢是指一些有特殊化学性能和物理性能的钢，譬如不锈钢、耐热钢、耐磨钢等。

4. 铸铁

铸铁是$\omega_C>2.11\%$的铁碳合金。它的主要组成元素是铁、碳、硅，而且所含的锰、硫、磷等杂质元素的多元合金比碳钢含量多。铸铁具有良好的铸造性、切削加工性、耐磨性及减振性等。譬如气缸体、气缸套、后桥壳、飞轮、制动鼓等对力学性能要求不高、形状复杂、锻制比较困难的零件，多数是用铸铁来制造的。铸铁可以分为灰口铸铁、白口铸铁、可锻铸铁、球墨铸铁及合金铸铁等。

5. 常用有色金属材料

汽车上常用的有色金属有铜及铜合金、铝及铝合金、轴承合金等。

二、汽车常用非金属材料

1. 塑料

塑料是一种高分子材料，主要由有机合成树脂组成，通常情况下，它可以在加热、加压的条件下被注塑或者固化成形，因此称为塑料。车用塑料常用来制造某些强度、韧度及耐磨度都较好的机器零件或者构件，优点是物美价廉、耐腐蚀、降噪声、质轻等。

可以依据车用塑料的用途将其分为内饰件用塑料、工程塑料及外装件用塑料。

内饰件用塑料主要包括聚氨酯(PU)、聚氯乙烯(PVC)、聚丙烯(PP)和导电ABS塑料等品种。常用来制作内饰塑料制品，譬如坐垫、仪表板、扶手、头枕、门内衬板、顶棚衬里、座椅、后护板杂物箱盖、地毯、控制箱、转向盘等。

汽车上常用的工程塑料包括聚丙烯(PP)、聚乙烯(PE)、聚苯烯、导电ABS塑料、聚酰胺、聚甲醛、聚碳酸酯、酚醛树脂等。常用于制造油箱、散热器水室、空滤器罩及风扇叶等。

汽车的外装件及其结构件包括保险杠、挡泥板、车轮轮罩、导流板、传动轴、车架及发动机罩等，要求强度高，因此大多采用纤维增强塑料复合材料制造。

2. 橡胶

橡胶有良好的弹性及较高的强度，还有很好的抗疲劳性，以及较好的耐磨、绝缘、隔声、防水、缓冲、吸振等性能。橡胶主要用于制造汽车上的轮胎、风扇带、橡胶软管及橡胶密封制品等。

普通充气轮胎主要由外胎、内胎及垫带组成。将轮胎安装在轮辋上，除了能够支撑全车的重量之外，还能起到推动汽车行驶、吸收振动及缓和对地面的冲击等作用。汽车上最常用的一种橡胶纤维绳V带是风扇带，风扇带的断面几何形状呈梯形，主要用来传递曲轴带轮与水泵、发电机、空气压缩机等带轮间的动力。橡胶软管包含了输气胶管、输油胶管、气压制动胶管、液压制动胶管及高压钢丝缠绕胶管。汽车上最常用的橡胶密封制品包括O型圈及各种断面的密封圈、密封衬垫、隔膜、阀垫、密封胶条、制动皮碗等。用来防止气体和液体泄漏，并阻碍外界灰尘、泥沙及水分等侵入密封机构。

3. 陶瓷

陶瓷是汽车制造中很重要的一种非金属材料。依据原料的来源可以将陶瓷分为普通陶瓷和特种陶瓷。普通陶瓷应用非常广泛，因为它耐热性能好，具有能够长时间耐20G的振动功能，用于燃烧与排气零件，能够长时间忍耐50 ℃～60 ℃急热急冷，力学性能可靠性高。特种陶瓷采用纯度很高的人工合成原料，为了适应各种需要，通常具有某些特殊性能，而且与金属或者其他材质接合性较好，能够大批量生产而且价格低廉。

被用于汽车工业中的陶瓷有三种，分别是：

（1）氮化硅陶瓷

氮化硅陶瓷是汽车常用的一种陶瓷材料，主要的性能包括强度高、化学稳定性好、抗温变性能好、耐磨、绝缘制品精度高等。可以广泛应用于制造耐磨、耐蚀、耐高温及绝缘零件或部件。

（2）碳化硅陶瓷

碳化硅陶瓷亦是汽车常用的一种陶瓷材料。碳化硅陶瓷主要由碳化硅粉（将石英碳及木屑装入电弧炉中，在1900 ℃～2000 ℃的高温下合成）利用粉末冶金法经过反应烧结及热压烧结工艺制成。碳化硅陶瓷的优良特性主要有高温强度好（在1400 ℃时抗弯强度依然能够保持500 MPa～600 MPa）、传热能力强、热稳定性好和耐磨，可以用来制造火箭尾部喷嘴、浇注金属用喉嘴、轴承、燃气轮机的叶片、高温热交换器材料及泵的密封圈等。

（3）氧化铝陶瓷

氧化铝陶瓷的原料是工业氧化铝，它的制作方法是将少量添加剂加入工业氧化铝中，之后经过制坯、烧结而成。表面粗糙度及尺寸精度要求很高的制品还应该进行研磨与抛光处理。它的性能特点主要包括高强度、高硬度、耐磨、耐高温及优良的绝缘性能，可以用来制作喷砂用的喷嘴、纺织用的导热器及火箭用的导流罩，亦可以用作高温实验仪器及化工零件、轴承、内燃机火花塞、运动零件、活塞、活塞销等。

4. 复合材料

复合材料是指由两种或者两种以上不同性质的材料，用物理或者化学的方法撷取各组成成分的优点结合起来得到的一种多相固体材料。复合材料最大的特点就是各种材料在性能上相互取长补短，性能比原组成材料更加优良。因为与传统金属材料相比，复合材料的优点更多，譬如，质量轻、较高的比强度与比模量、优良的抗疲劳性能与减振性能、成形工艺简单、可以实现复杂零件集成化生产，而且复合材料对于环境的污染更小等，所以在车身轻量化过程中，很多种类型的复合材料都得到了施展才能的舞台，而且在汽车的轻量化进程中大展身手。汽车常用复合材料有如下几种：

(1) 高分子复合材料

高分子复合材料是汽车轻量化的最重要的材料，现在已经被广泛应用到汽车工业中。现在汽车部件中用到高分子复合材料的有车身、车顶壳体，发动机部件，仪表盘，阻流板，车灯，前隔栅，夹层板及后闸板等。高分子复合材料中比较典型的有如下几种：

① 玻璃纤维增强塑料

玻璃纤维增强塑料是一种由玻璃纤维和热固性树脂或者热塑性树脂组成的复合塑料，一般被称为玻璃钢，它是从20世纪40年代开始发展起来的第一代复合材料。由于它有很多优点，譬如强度高、价格低、来源丰富、工艺性能好，且与普通塑料相比，它具有更高的强度（包括抗拉、抗弯、抗压）及冲击韧性，热膨胀系数减小，尺寸稳定性增加，因此被广泛应用于汽车行业。

依据玻璃钢基体的不同可将其分为热塑性与热固性两大类。

热塑性玻璃钢是以玻璃纤维作为增强剂，以热塑性树脂作为黏合剂所制作而成的复合材料。玻璃纤维非常柔软，强度与韧性比玻璃要高得多，它的抗拉强度比高强度钢还要高，能够达到1000~3000 MPa；耐热性能好，在250 ℃下其力学性能没有多大变化；化学稳定性好，缺点就是脆性大。但玻璃纤维和合成树脂相结合就形成了性能较好的玻璃钢。常用的热塑性树脂主要有尼龙、聚烯烃类、聚苯乙烯类、热塑性聚酯及聚碳酸酯五种，其中增强效果最好的是尼龙。聚苯乙烯玻璃钢和尼龙66玻璃钢是汽车上常用来制作汽车仪表壳罩、汽车灯罩的主要热塑性玻璃钢。

热塑性玻璃钢与热塑性塑料相比，基体材料一样时，热塑性玻璃钢的强度与疲劳性能可以提高2~3倍以上，冲击韧性可以提高2~4倍，蠕变强度可以提高2~5倍，强度达到或者超过了某些金属。所以，能够用来代替这些金属。在汽车发动机气缸盖等部位应用玻璃纤维强化热塑性树脂，比应用铸铁制作同一部件，质量可减轻45%；汽车底盘运用的是玻璃纤维增强树脂(GFRP)，与钢铁相比，质量可减轻80%。20世纪80年代开始，玻璃纤维已经被世界各大汽车公司应用于汽车制造了。

热固性玻璃钢是用玻璃纤维作为增强剂，用热固性树脂作为黏结剂制作而成的复合材料。常用的热固性树脂主要有酚醛树脂、环氧树脂、不饱和聚酯树脂及有机硅树脂四种。热固性玻璃纤维增强塑料质量轻、比强度高、耐腐蚀性好，具有优良的介电性能与成形性能。热固性玻璃纤维与铜合金跟铝合金相比，其比强度更高，甚至比合金钢还高，但刚度比较差，只有钢的$\frac{1}{10}$~$\frac{1}{5}$，耐热性不高（不高于200 ℃），容易老化和蠕变等。

② 碳纤维增强塑料

碳纤维增强塑料是指以环氧树脂为基体，以碳纤维为增强体的环氧树脂基碳纤维增强塑料。它有较高的抗拉强度及疲劳强度、较好的耐磨性与耐蚀性、密度低、膨胀系数小、能够导电、延伸率小、抗冲击性差。常用的碳纤维增强树脂基复合材料(CFRP)的比强度高、质量轻、抗冲击。依据碳纤维编织取向及含量的合理设计，利用材料的各项异性特征与可调刚性，用CFRP制作而成的驱动轴，一根能够代替两根钢铁轴，并让质量减轻60%，且大大降低了车内的噪声，以及车身前后方向的振动。

碳纤维增强塑料主要用于发动机系统中的推杆、连杆、摇杆、水泵叶轮，传动系统中的传动轴、离合器片及加速装置等，底盘系统中的悬置件、弹簧片、框架和散热器等，以及车身的制造，包括车体上的车顶内外衬、地板、侧门等。

（2）金属基复合材料

金属基复合材料的组成一般包括低强度、高韧性的基体及高强度、高弹性模量的纤维。金属基复合材料的基体包括铝、铜、铝合金、铜合金、镁合金及镍合金等。增强材料通常是纤维状、颗粒状与晶须状的碳化硅、硼、氧化铝及碳纤维，要求高强度与弹性模量（能够抵抗变形及断裂）、较高的抗磨性（防止表面损伤）及化学稳定性（防止与空气、基体发生化学反应）。

碳化硅颗粒铝合金基复合材料在汽车工业上发展应用最快。与中碳钢相比，它的强度更好，略高于铝合金，与钛合金相近，而且它的耐磨性比钛合金、铝合金更好，密度与铝相近，常用于制作汽车活塞及制动部件等。

（3）陶瓷基复合材料

陶瓷的优点包括耐高温、抗氧化、高弹性模量及高抗压强度等。但陶瓷脆性大，承受不起冲击与热冲击，因此限制了陶瓷的使用。

陶瓷基复合材料的优点有：高强度、高模量、低密度、耐高温及优良的耐磨性和韧性，现在已经被用于高速切削工具及内燃机的部件上。用陶瓷材料制造出能够取代金属发动机的零件或部件是汽车工业的研究重点。汽车发动机部件甚至整机，用陶瓷材料能够提高热效率，不需要水冷，并且质量比硬质合金要轻得多。譬如，用氮化硅陶瓷复合材料制造出来的发动机的涡轮增压器，其质量比镍基热合金涡轮增压器要减少34%，大大缩短了从启动到1044 r/min所需的时间。

三、汽车材料的选用

1. 材料与汽车能耗

不断增长的石油价格让汽车在平均寿命期间消耗石油的费用与车的费用相等。这使得依赖石油进口的国家，热衷于寻找能够降低能源消耗的方法。

小汽车的制造并不需要多少能源，大部分的能源都被用于驱动汽车。所以要想节约能源，就得将重点放在汽车行驶的能耗上。改善发动机的效率及减少汽车质量是降低能耗的两种途径，但如今发动机的效率已经很高，它能够达到的经济性有限，而且汽车的质量与燃料的消耗呈线性关系，质量减少50%，就能够让燃料消耗节约50%，因此质量小的汽车更加经济，这也是如今很多制造厂家都在探索的问题。

2. 汽车车身的选材

（1）刚度和强度

想要减轻汽车的质量，那选择的就应该是结构相同，但质量比钢轻的材料，对于发动机缸体而言，选用铝合金或镁合金来替换铸铁，能够大幅度降低缸体的质量，生产方法基本没有改变，同样是铸造成型。

车身和底盘大约占了汽车质量的60%，能够选择的材料包括低碳钢、低合金高强度钢、铝合金及玻璃纤维。若是使用厚度相等的铝合金或玻璃纤维复合材料来代替钢是不可行的，因为这些材料的弹性模量比较低，在相同载荷的作用下变形程度比较大，而且玻璃纤维强度不高，会发生塑性变形。对于车身而言，要保证不发生过量弹性变形，就应该在各种材料刚度相等的条件下，比较它们的质量；要保证不会有塑性变形发生，就应该在各种材料强度相等的条件下，比较它们的质量。

（2）韧性、疲劳、蠕变

虽然在选材中应该首先保证其弹性模量和塑性，但其他性能亦需要考虑，譬如韧性、疲劳及蠕变。钢的韧性非常高，因此钢制车身发生断裂的概率很低。最好用允许的裂纹尺寸来衡量其他材料的韧性是否符合要求。这些都是在选材时需要考虑的因素。

（3）生产方法

铝合金与玻璃纤维虽然性能好，但它们的生产成本高。用高强度钢来代替普通的钢比较合适，它的屈服强度比较高，截面可以薄一点儿，因此只需要稍微改变冲头、模子、压制等工具就可以了，材料成本增加亦不多。铝合金亦是这样，但它的屈服强度较高，塑性低，早期的劳斯莱斯汽车就是铝合金车身，这种车身复杂的形状完全是纯手工敲打出来的，并经过了无数次退火来恢复塑性。只是在大批量生产中，希望一次操作就能够深冲成型是不可能完成的，因此设计中不选用铝合金。

单元任务实施

一、发动机曲轴的选材分析

曲轴是发动机中形状复杂的重要零件之一。

（1）曲轴的工作条件。发动机曲轴的作用是输出动力，并带动其他部件运动。曲轴在工作中受到弯曲、扭转、剪切、拉压、冲击及交变应力作用。曲轴的形状极不规则，其上的应力分布也极不均匀。曲轴轴颈与轴承间还会发生滑动摩擦。

（2）曲轴的主要失效形式。根据曲轴的工作条件，其主要失效形式是疲劳断裂和轴颈严重磨损两种。

（3）对曲轴的性能要求。根据曲轴的工作条件和失效形式，要求曲轴应具备的性能有高强度，一定的冲击韧度，足够的抗弯曲、扭转的疲劳强度和刚度，轴颈表面有高硬度和耐磨性。

（4）典型曲轴的选材。实际生产中，按照制造工艺，将发动机曲轴分为锻造曲轴和铸造曲轴。锻造曲轴一般采用优质中碳钢和中碳合金钢制造。铸造曲轴主要由铸钢、球墨铸铁、珠光体可锻铸铁及合金铸铁等制造。

（5）曲轴典型的工艺路线。根据材质不同，曲轴的工艺路线可分为两类。铸造曲轴的工艺路线：铸造→高温正火→切削加工→轴颈气体渗碳、淬火加回火。锻钢曲轴的工艺路线：下料→模锻→调质切削加工→轴颈表面淬火。

二、发动机机体选材分析

发动机机体是发动机的骨架和外壳，机体内外安装着发动机主要的零部件。机体在工作时要承受燃气压力的拉伸、燃气压力与惯性联合作用下的扭转和弯曲，以及螺栓预紧力的综合作用，这会使机体产生横向和纵向的变形，超过许用值时将影响与机座相连部件的可靠性和工作能力，尤其是活塞、连杆和曲轴等零件的工作可靠性和耐磨性会受到严重影响，并导致发动机不能正常运转。因此，机体材料必须具有良好的铸造、切削性能。机体常用的材料有灰铸铁和铝合金两种。铝合金的密度小，但刚度差、强度低、价格贵。所以，除了某些发动机为减轻质量而采用铝合金外，一般机体材料均用灰铸铁。

模块二　汽车常用构件的受力与变形

单元一　工程构件的静力分析

单元描述

静力学是研究物体在力系作用下平衡规律的科学。力系是指作用于同一物体上的一群力。物体的平衡一般是指物体相对于地面静止或做匀速直线运动，而静力分析主要研究力系的简化及物体在力的作用下平衡的普遍规律。本单元就是对汽车构件进行受力分析，力系的简化和利用物体的平衡条件计算未知力的大小和确定未知力的方向。

单元目标

1. 了解基本的力学公理。
2. 熟悉构件的受力分析方法。
3. 掌握构件的平衡规律。
4. 能够应用平衡条件求解工程力学问题。

单元知识准备

一、静力学基本概念与公理

平衡是物体机械运动的特殊形式，指的是物体相对地球处于静止或做匀速直线运动的状态。一般工程技术问题是取固定于地球的坐标系作为参考系来进行研究的，实践表明，所获得的结果精确度较高。

物体受力必然会产生变形。工程实际中的机械零件和构件在正常情况下变形，通常极其微小。微小变形对物体的机械运动影响小到甚至可忽略不计，即视物体未变形，从而简化问题的研究。一般地，将这种在受力情况下保持形状和大小不变的物体称为刚体。刚体是依据所研究问题性质抽象出来的理想化力学模型。当变形因素在研究中不得不考虑时，就必须采用变形体作为力学模型。

微课视频

力的概念是人们在漫长的生活及生产实践中逐步形成的。力是物体相互间的机械作用，这种作用改变了物体的机械运动状态，并使物体产生变形。力改变物体运动状态的效应，称为力的外效应。力使物体变形的效应，称为力的内效应。

力对物体的作用效应取决于三个要素，即力的大小、力的方向及力的作用点。因而，力是矢量，且是定位矢量，可用有向线段表示。

通常，作用在物体上的力并非一个，而是很多个，即一个力系。若一个力系作用于刚体并使其相对于地球处于静止或匀速直线运动状态，则认为刚体处于平衡状态，该力系即为平衡力系。若作用在刚体上的一个力系用另一个力系来替换，但刚体的运动状态并未发生改变，那么，此二力系为等效力系。若一个力与一个力系等效，则称这一个力为该等效力系的合力。

静力学公理是人们在长期的实践与实验探索中总结出来的最基本的力学规律。它无须证明而为人们所公认。静力学公理是力系简化与力系平衡的基础。

公理一（二力平衡公理）。作用于刚体的两个力，使刚体处于平衡的必要与充分条件是：二力大小相等，方向相反，且作用在同一直线上。

公理二（加减平衡力系公理）。在作用于刚体的力系上，加减任意一个平衡力系，并不改变原力系对刚体的作用效应。

公理三（力的平行四边形公理）。作用在物体上同一点的两个力可以合成一个合力，合力亦作用于该点，其大小和方向可由以这两个力为邻边所构成的平行四边形的共点对角线确定。

公理四（作用与反作用定律）。两物体间的相互作用力，总是大小相等，方向相反，且分别作用在这两个物体上。

公理五（刚化公理）。若变形体在某力系作用下平衡，若将此物体刚化为刚体，其平衡不受影响。

二、受力分析和受力图

在进行受力分析时，需将所研究的物体从它周围的物体中剥离出来，该过程被称为解除约束。在解除约束的同时，应代之以相应的约束力。约束力是未知的。研究对象上除作用有约束力外，通常还承受某些种类的载荷，譬如承受重力、油压力、风力等。这些载荷使物体产生运动或使物体产生运动趋势，称其为主动力。主动力通常是已知的。所谓受力分析就是分析被研究物体上所受的全部主动力和约束力，并把分析结果用受力图清晰地表示出来。依据问题的已知条件和要求的内容，恰当地选择一个物体或几个物体组成的系统作为研究对象，并将研究对象从周围物体中分离出来，画出其外形简图，该过程称为取研究对象或取分离体。研究对象与周围物体的连接关系确定了约束类型，亦就确定了约束力的特征。画有研究对象及其所受的全部力（包括主动力和约束力）的简图，称为受力图。

在静力平衡问题中，将依据受力图和平衡条件，利用作用于研究对象上的主动力确定作用于其上的未知约束力的大小与指向。

三、平面力系的简化与合成

1. 平面汇交力系的合成与简化

各力的作用线在同一平面内且相交于一点的力系称为平面汇交力系。

平面汇交力系可由两个、三个甚至更多的汇交力组成，平面汇交力系可以合成一个合力，由两个汇交力组成的汇交力系是最简单的汇交力系。平面汇交力系的合成和简化的方法有几何法和解析法。

(1)平面汇交力系合成的几何法

如图2-1所示,设有平面汇交力系F_1,F_2,F_3,F_4作用于点O。依据力的三角形法则,将各力依次首尾相接,最后得到一个通过汇交点a的合力F_R。如图2-2所示,多边形$abcde$称为平面汇交力系的力多边形,其封闭边ae表示此平面汇交力系的合力的大小和方向,这种利用几何作图求合力的方法称为几何法。合力F_R可表示为$F_R = F_1 + F_2 + F_3 + F_4 = \sum F$。

由上所述,平面汇交力系对刚体的作用效果可用其合力代替,显然,平面汇交力系平衡的必要和充分条件是:该力系的合力等于零,即$\sum F = 0$。

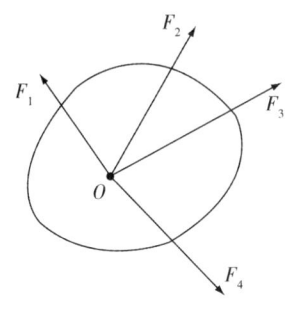

图2-1 平面汇交力系图　　图2-2 力多边形

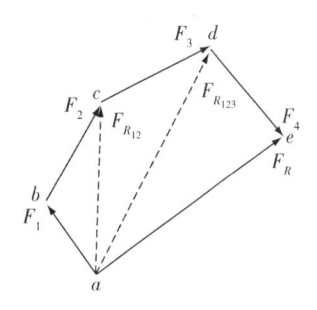

(2)平面汇交力系合成的解析法

平面汇交力系的解析法是用各力在直角坐标轴上的投影来计算合力的大小和方向。

①力在坐标轴上的投影

设在刚体上的点A作用一力F,如图2-3所示,该力在直角坐标系中与x轴的夹角为a,过力F的始点A和终点B分别向x轴引垂线,得到垂足a,b,再向y轴引垂线,得到垂足a',b',则线段ab称为力F在x轴上的投影,用F_x表示。线段$a'b'$为力F在y轴上的投影,用F_y表示。

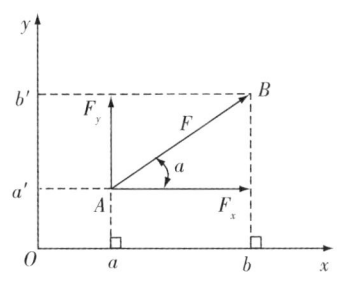

图2-3 力在坐标轴上的投影

力的正负号规定:力在坐标轴上的投影方向与坐标轴正方向一致时,力的投影为正,反之为负。

力在坐标轴上投影的大小:

$$F_x = \pm F\cos \alpha$$
$$F_y = \pm F\sin \alpha$$

显然F_x,F_y分别为力F在x轴上和y轴上的分力,而力F即F_x和F_y的合力,合力F的大小和方向:

合力的大小

$$F=\sqrt{F_x^2+F_y^2}$$

合力的方向

$$\tan\alpha=\left|\frac{F_y}{F_x}\right|$$

②合力投影定理

合力在某一轴上的投影等于各分力在同一轴上投影的代数和。

若刚体在平面上的一点 A 处作用着 n 个力 F_1，F_2，F_3，…，F_n，如图 2-4 所示按两个力合成的平行四边形法则（或三角形法则）依此类推，从而得出力系的合力等于各分力的矢量和，即：

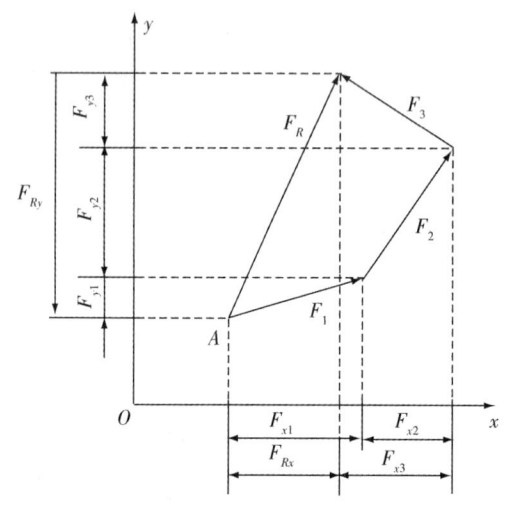

图 2-4 合力投影定理

$$F_R=F_1+F_2+\cdots+F_n=\sum F_i$$

通常地，合力与各分力之间有如下关系：

$$F_{Rx}=F_{1x}+F_{2x}+\cdots+F_{nx}=\sum F_{ix}$$

$$F_{Ry}=F_{1y}+F_{2y}+\cdots+F_{ny}=\sum F_{iy}$$

即合力 F_R 在 x，y 轴上的投影，等于各分力在同轴上投影的代数和。合力投影定理是用解析法求解平面汇交力系合成与平衡问题的理论依据。

③平面汇交力系合成的解析法

平面汇交力系合成的解析法是采用力的投影，先求得力系中所有力分别在 x 轴、y 轴上投影的代数和，即力系合力分别在 x 轴和 y 轴上的投影：

$$F_{1x}+F_{2x}+\cdots+F_{nx}=\sum F_{ix}$$

$$F_{1y}+F_{2y}+\cdots+F_{ny}=\sum F_{iy}$$

$\sum F_x$，$\sum F_y$ 即合力 F_R 在 x 轴、y 轴上的投影。

依据公式

$$F_R=\sqrt{(\sum F_x)^2+(\sum F_y)^2}$$

求合力的大小。

由公式

$$\cos\alpha = \frac{F_{Rx}}{F_R}$$

$$\cos\beta = \frac{F_{Ry}}{F_R}$$

求出合力与 x 轴的夹角 α 或与 y 轴的夹角 β，从而求出合力 F_R 的方向。

2. 力偶及力偶系的简化

两个或两个以上力偶组成的力系称为力偶系。力偶系合成的结果只能是力偶而非力，这个力偶称为合力偶。如图 2-5 所示。

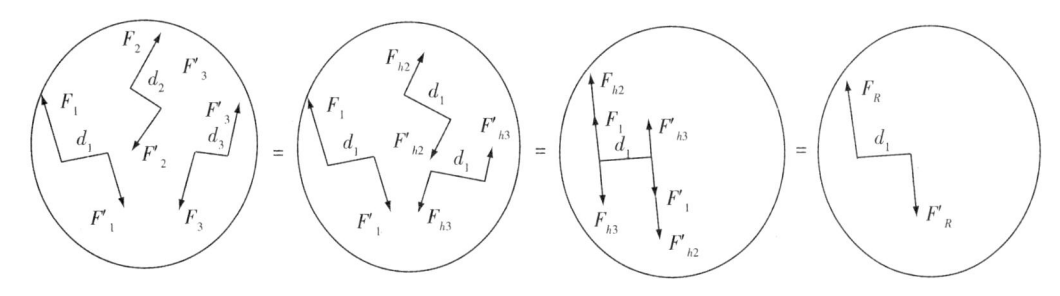

图 2-5 平面力偶系的合成

由图 2-5 分析可知平面力偶系可以合成一个合力偶，合力偶的力矩等于各分力偶矩的代数和。即：

$$M = \sum M_i = M_1 + M_2 + \cdots + M_n$$

3. 平面任意力系的简化

力系中，各力的作用线都处于同一平面内，既不全汇交于一点，又不全平行，如此力系称为平面任意力系。该力系在工程实际中最为常见。平面任意力系的简化以力的平移定理为依据。

(1) 平面任意力系的简化

设刚体上作用有一平面任意力系 F_1, F_2, F_3, $\cdots$, F_n，以力系所在平面内任选一点 O 为简化中心，并依据力的平移定理将力系中各力均平移到 O 点，同时附加相应的力偶。于是原力系等效地简化为两个力系：作用于 O 点的平面汇交力系 F'_1, F'_2, $\cdots$, F'_n 和力偶矩分别为 M_1, M_2, $\cdots$, M_n 的附加平面力偶系，如图 2-6 所示。其中，$F'_1 = F_1$，$F'_2 = F_2$, $\cdots$, $F'_n = F_n$；$M_1 = M_O(F_1)$，$M_2 = M_O(F_2)$, $\cdots$, $M_n = M_O(F_n)$，分别将这两个力系合成。

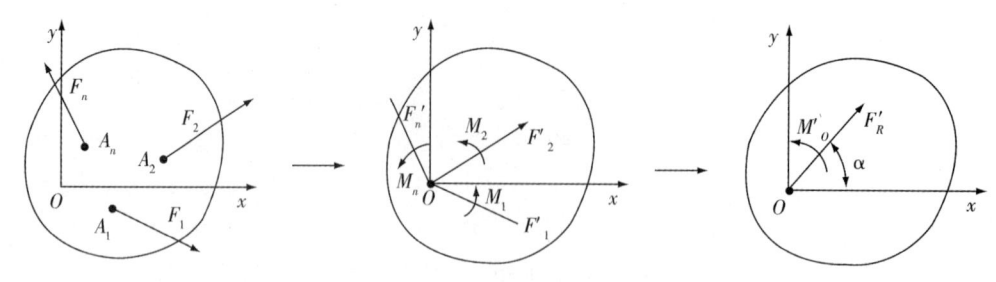

图 2-6 平面任意力系的简化

对平面汇交力系进一步合成，合成结果为一合力，简称主矢。它等于原力系中各分力的矢量和，但并不是原力系的合力，因为它不能代替原力系的全部作用效应，只体现了原力系对物体的移动效应。其作用点在简化中心 O，大小、方向可用解析法计算：

$$F'_R = \sqrt{(\sum F_{ix})^2 + (\sum F_{iy})^2}$$

$$\tan \alpha = \left| \frac{\sum F_{ix}}{\sum F_{iy}} \right|$$

对于附加力偶系，可进一步合成一个合力偶，其力偶矩：

$$M'_O = M_O(F_1) + M_O(F_2) + \cdots + M_O(F_n) = \sum M_O(F_i)$$

M_O 称为原力系的主矩，它等于原力系中各力对简化中心之矩的代数和。同样，它亦不是原力系的合力偶矩，因为它亦不能代替原力系对物体的全部效应，只体现了原力系使物体绕简化中心转动的效应。

(2) 合力矩定理

平面力系的合力对其作用面内任一点之矩，等于各分力对同点之矩的代数和，即

$$\sum M_O(F_R) = \sum M_O(F_i)$$

在解题时，有时可利用合力矩定理使力对点之矩的计算得以简化。

四、平面力系的平衡

1. 平面任意力系的平衡方程

依据前面的分析，平面任意力系向一点简化后，得到一个合力和一个合力偶。力和力偶不能互相平衡，因此要使力系平衡，应使主矢和主矩分别平衡，即平面力系平衡的必要与充分条件是：力系简化所得主矢 F_R 和主矩 M_O 都等于零。

由此得到平面任意力系的平衡方程为

$$\sum F_{ix} = 0$$

$$\sum F_{ij} = 0$$

$$\sum M(F_i) = 0$$

即力系中各力在两个任选的坐标轴上的投影的代数和分别等于零，以及各力对任一点力矩的代数和亦等于零。

平面一般力系的平衡方程还可以表示为如下两种形式。

两力矩形式：

$$\sum F_{ix} = 0$$

$$\sum M_A(F_i) = 0$$

$$\sum M_B(F_i) = 0$$

其中 A、B 两点的连线不能与 x 轴垂直。

三力矩形式：

$$\sum M_A(F_i) = 0$$

$$\sum M_B(F_i) = 0$$

$$\sum M_C(F_i) = 0$$

其中 A、B、C 三点不能共线。

2. 平面汇交力系的平衡方程

平面汇交力系可以合成一个合力 F_R，要使平面汇交力系平衡的必要和充分条件是力系的合力等于零，即

$$\sum F_{ix} = 0$$

$$\sum F_{iy} = 0$$

上式说明：力系中所有各力在两个坐标轴中每一轴上投影的代数和都等于零。

3. 平面力偶系的平衡方程

作用在物体上同一平面内的很多力偶组成平面力偶系。平面力偶系平衡的必要和充分条件是力偶系中各力偶矩的代数和等于零，即

$$\sum M_i = 0$$

4. 平面平行力系的平衡方程

各力作用线在同一平面内并相互平行的力系称为平面平行力系。由于平面平行力系中各力均平行，所以建立直角坐标系，可选择某坐标轴与各力平行，则另一坐标轴与各力垂直。

如图 3-7 中，令 y 轴平行于各力，则各力在 x 轴上的投影均为零，因此平面平行力系的平衡方程为

$$\sum F_i = 0$$

$$\sum M_O(F_i) = 0$$

平面平行力系的平衡方程亦可以表示为两力矩形式，即：

$$\sum M_A(F_i) = 0$$

$$\sum M_B(F_i) = 0$$

其中 A、B 连线不能与各力平行。

五、考虑摩擦时的平衡问题

摩擦这一物理现象在自然界普遍存在，而且极为重要。当物体与另一物体沿接触面的

切线方向运动或存在相对运动趋势时，在两个物体的接触面之间有阻碍它们相对运动的作用力，这种力叫摩擦力。接触面之间的这种现象或特性即"摩擦"。

在分析物体受力时，总是将物体的接触面视为绝对光滑，而不考虑物体之间的摩擦。图2-7平面平行力系之所以如此，是因为有些构件的接触面的确较为光滑，而且润滑条件良好，相较于物体所受的其他力，摩擦力的确小到可以忽略不计，而不会实质影响所研究的问题。为简化研究问题，以便突出主要矛盾，忽略摩擦力这一次要因素的微小影响，是被允许的。

图2-7 平面平行力系

然而，在大多数工程实际问题中，摩擦力的作用至关重要，甚至起决定性的作用，是决不可忽视的因素，必须将其考虑进去。譬如，摩擦离合器和带传动要靠摩擦力才能工作；螺纹连接及工件装夹要依靠摩擦力起紧固作用；车辆靠驱动轮与地面间的摩擦力来起动；制动器靠摩擦力来刹车等，这些都是摩擦力发挥作用的实例。同时，摩擦带来的害处是：摩擦会消耗能量，磨损机器。对于摩擦，要取其长，避其短，对此，对摩擦现象的客观规律予以了解是极为必要的。

摩擦分为滑动摩擦和滚动摩擦两类。

1. 静滑动摩擦力

在粗糙的水平面上放置一重为 G 的物块，在该物块上施加一个水平向右的力 P，如图2-8(a)所示。当力 P 的大小由零逐渐增大而又不太大时，物块仍维持静止状态。

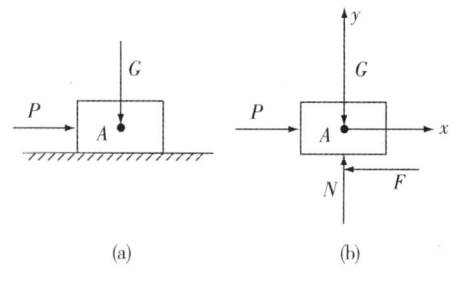

图2-8 静滑动摩擦力

可见，支承面作用于物块的力，除法向反力 N 外，在接触处还存在一阻碍物体滑动的切向力 F，如图2-8(b)所示，此力即静滑动摩擦力，简称静摩擦力。

静摩擦力由平衡条件

$$\sum F_x = 0, \quad P - F = 0$$

得 $P = F$

由上式可见，在物块处于平衡状态下，摩擦力 F 的大小随主动力 P 的增大而增大。但摩擦力 F 并不能无限增大，当力 P 超过某一值时，物体将开始滑动。当 P 增大到使物体将要滑动而又未滑动（即物体处于临界平衡状态）时的静摩擦力为最大静摩擦力，记为 F_{max}。

由上述可得如下结论：静摩擦力是一种切向的约束反力，它的方向与物体相对运动趋势的方向相反，其大小随主动力的变化而变化，但介于零与最大值 F_{max} 之间，即

$$0 < F < F_{max}$$

实验表明，最大静摩擦力的大小与接触面间的法向反力 N 成正比，即
$$F_{max} = \mu N$$

这被称作静滑动摩擦定律或库仑摩擦定律。式中的比例系数 μ 称为静滑动摩擦系数（简称静摩擦系数），其为一个无量纲的量，与相互接触物体的材料及其表面状况（表面粗糙度、温度及湿度等）有关，通常，其与接触面积的大小无关。静摩擦系数的数值可查有关工程手册。

2. 摩擦角和自锁现象

当考虑摩擦时，支承面对物体的约束反力包含两个分量：法向反力 N 和切向反力 F（即静摩擦力）。这两个力的合力 R 称为全反力。全反力与接触面公法线之间的夹角为 ρ，如图 2-9 所示。显然，全反力 R 及夹角 ρ 随静摩擦力 F 的增大而增大，在临界状态下，全反力达到最大值。
$$R_{max} = F_{max} + N$$

此时，最大全反力与接触面法线间的夹角亦达到最大值，以 ρ_{max} 表示，称为摩擦角。由图可知
$$\tan \rho_{max} = \frac{F_{max}}{N} = \frac{\mu N}{N} = \mu$$

即摩擦角的正切等于静摩擦系数。可见，摩擦角和摩擦系数一样，都是表示材料的表面性质的量。

随着水平力作用方向的改变，F_{max} 与 R_{max} 的方向亦将随之改变，这时的 R_{max} 作用线在空间形成一个以接触点为顶点的圆锥，称为摩擦锥。若接触面是各向同性的，则摩擦锥是一个顶角为 $2\rho_{max}$ 的正圆锥，如图 2-10 所示。

全反力与法向线间的夹角 ρ 具有如下范围：
$$0 < \rho < \rho_{max}$$

全反力的作用线不可能超出摩擦角。因而，若作用于物体上的全部主动力的合力的作用线在摩擦锥之内，则不管这个力多大，必存在一全反力与其平衡，使物体保持静止。在机械理论中，这一现象被称作自锁。

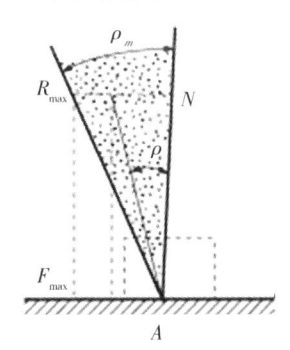

图 2-9 摩擦角的概念　　图 2-10 摩擦锥

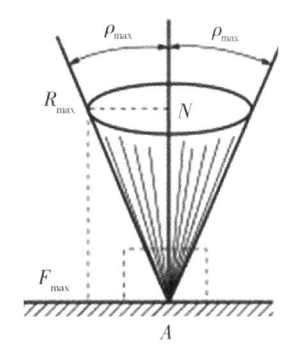

3. 动滑动摩擦力

当两个物体接触面间具有相对滑动时，沿接触面相互产生的切向阻力称为动滑动摩擦力（简称动摩擦力）。

实验证明，动摩擦力 F' 的大小与接触面间的法向约束反力 N 成正比，即：
$$F'=\mu'N$$

式中，μ' 为动摩擦系数，其为一个无量纲的量，其值除与接触物体的材料及其表面状况有关外，通常还随着物体相对滑动速度的增大而略有减小。在通常情况下，动摩擦系数略小于静摩擦系数，即 $\mu'<\mu$。

当两个物体间具有相对滚动（或相对滚动趋势）时，彼此将相互阻碍其滚动，这种现象称为滚动摩擦。

设重为 G，半径为 R 的轮子放在水平面上，在其轮心上作用一水平向右的力 P，如图 2-11(a)所示。当 P 较小时，轮子能保持静止。分析轮子的受力情况，轮子受主动力 P、重力 G、法向约束反力 N 及静摩擦力 F 作用。G 与 N 是一对平衡力，而 P 与静摩擦力 F 组成一力偶。可见支承面的反作用除作用于点 A 的力 N 与 F 之外，还有某一力偶，称为滚阻力偶，它与力偶 (P,F) 相平衡，其偶矩用 M 表示，如图 2-11(b)所示。

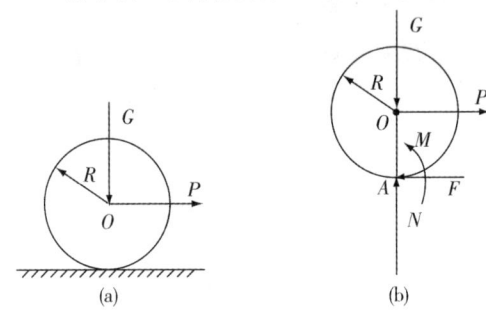

图 2-11 滚动摩擦概念

滚阻力偶与静摩擦力一样，有一定范围，即 $0<M<M_{max}$。

由实验表明，滚阻力偶矩的最大值与法向反力 N 的大小成正比，即
$$M_{max}=\delta N$$

式中的比例系数 δ 称为滚动摩擦系数，由量纲齐次性条件可知，其为具有长度单位的系数。其值与接触物体的材料及表面状况（温度、湿度、硬度等）有关，应由实验测定。

六、空间力系

事实上，结构、机构都是空间的，只有在厚度相对长度较小或具有严格对称平面的情况下，它们才有可能简化成平面的。实际中的力都是空间分布的，如物体的重力就是空间平行力系；力的方向亦可在空间变化，如结构物所受风力及由此而产生的约束力。若力系中的各力作用线不在同一平面上，则构成空间力系。空间力系的简化与平衡的理论基本上与平面力系一样，只是因为空间任意一个力存在三个分量，所以需要特殊的几何表达方法。此外，在空间力系中力对点的力矩、力偶矩已不是代数量而是矢量。

1. 空间汇交力系

力在直角坐标轴上的投影：

若已知力 F 与正交坐标系 O_{xyz} 三轴间的夹角，则可用直接投影法。即
$$F_x=F\cos(F,i),$$
$$F_y=F\cos(F,j),$$
$$F_z=F\cos(F,k)$$

当力 F 与坐标轴 Ox、Oy 间的夹角不易确定时,可把力 F 先投影到坐标平面 $Oxyz$ 上,得到力 F_{xy},然后把这个力投影到 x,y 轴上,此为间接投影法。如图 2-12 所示,已知角 λ 和 φ,则力 F 在三个坐标轴上的投影分别为

$$F_x = F\sin\lambda\cos\varphi$$
$$F_y = F\sin\lambda\sin\varphi$$
$$F_z = F\cos\lambda$$

2. 空间中的力、力矩及力偶矩

(1)空间中的力、力矩

空间中力对一点的力矩与平面情况有所不同。设空间中有力 F 及点 O(见图 2-13),力使物体绕点 O 的转动效应不只与三角形 OAB 的面积有关,而且与三角形 OAB 所在平面(力 F 与点 O 形成的平面,又称为力矩作用平面)在空间的方位有关。由此可知,空间中力 F 对

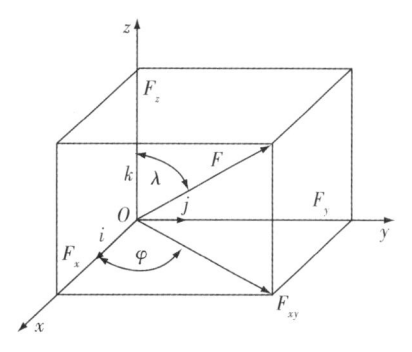

图 2-12 间接投影法

点 O 的力矩为 M_O,F 是矢量,其作用点在 O 点,方向沿力矩作用平面的法线,大小等于 $|M|_O(F) = F_d = 2\Delta OAB$,指向则用右手螺旋定则确定(将右手四指弯曲表示力矩的转动方向,拇指所指即力矩矢量的指向)。力矩矢量的作用点在矩心,所以力矩是定位矢量。若由矩心 O 向力 F 的作用点 A 引一矢量 r,称为点 A 的位置矢量或位矢、矢径,则发现:作用点的矢径 r、力矢量 F 及力矩矢量 $M_O(F)$ 三个矢量之间满足矢量叉乘的法则。即

$$M_O(F) = r \times F$$

空间中还有力对轴的力矩概念。一扇门具有铅垂转动轴,当对门施力使它转动时,力的铅垂分量对门没有转动效应,只有力的水平分量才能使门转动。因此可知,力 F 对 x 轴(见图 2-14)的力矩 $M_z(F)$ 等于力 F_{xy} 在垂直于 x 轴的平面上的投影 F_{xy} 对平面与 x 轴交点 O 的力矩。

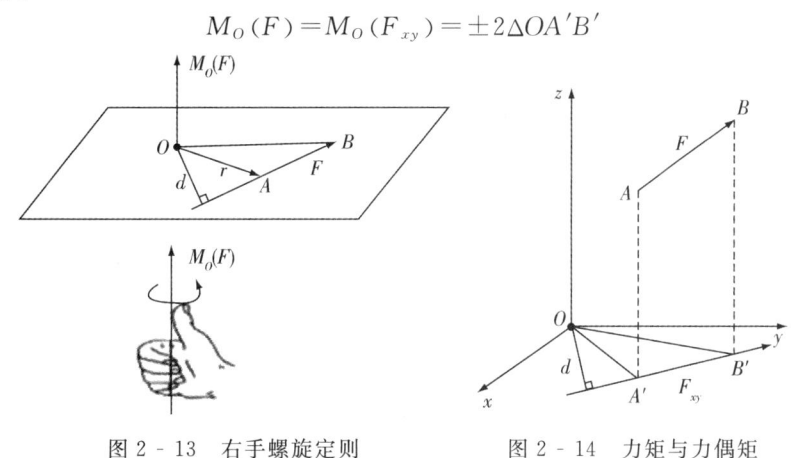

$$M_O(F) = M_O(F_{xy}) = \pm 2\Delta OA'B'$$

图 2-13 右手螺旋定则   图 2-14 力矩与力偶矩

其为代数量,其正负号由右手定则确定:即用右手弯曲的四指表示力使物体绕两轴的转动方向,当拇指指向与 z 轴正向相同时,取正号。依据合力矩定理还可以写出力对轴之力矩的坐标表达式

$$M_z(F) = xF_y - yF_x$$

式中:x,y 为力的作用点 A 的坐标;F_y,F_x 为力 F 在坐标轴上的投影。同理可得

力 F 对 x 轴及 y 轴之力矩的坐标表达式

$$M_x(F)=yF_z-zF_y$$
$$M_y(F)=zF_x-xF_z$$

下面讨论空间力对点之矩与力对（通过该点的）轴之矩之间的关系。将矢量式写成坐标式

$$r=xi+yj+zk$$
$$F=F_xi+F_yj+F_zk$$

$$M_O(F)=r\times F=\begin{vmatrix}i & j & k\\ x & y & z\\ F_x & F_y & F_z\end{vmatrix}=(yF_z-zF_y)i+(zF_x-xF_z)j+(xF_y-yF_x)k$$

通过对比可知：力对点之矩通过该点的某轴上的投影等于对该轴之矩。

(2) 空间中的力偶

空间中的力偶对物体的转动效应亦与力偶的作用平面在空间的方位有关，因此空间中度量力偶转动作用的力偶矩 M 亦应看成矢量，力偶矩矢沿力偶作用面的法线方向的指向，按右手螺旋定则确定，其大小等于力与力偶臂的乘积，$M=Fd$，如图 2-15(a) 所示。在平面情况下，力偶有两个特性，即力偶可以在平面内任意转移，或改变力及力偶臂的大小但保持力偶矩不变，则力偶对刚体的转动作用不变。在空间中，可以增加力偶的第三个特性，即力偶可以从一个平面移至另一个平行平面。只要力偶矩不变，对刚体的作用效应就不变。由此可见，力偶矩 M 是一个可在空间任意移动的自由矢量。在平面情况下，力偶中两力对平面中任一点的力矩的代数和不变，并由此引出力偶矩。这个概念在空间中同样适用，即力偶的两力对空间中任一点的力矩的矢量和为常矢量，且等于力偶的力偶矩，如图 2-15(b) 所示。

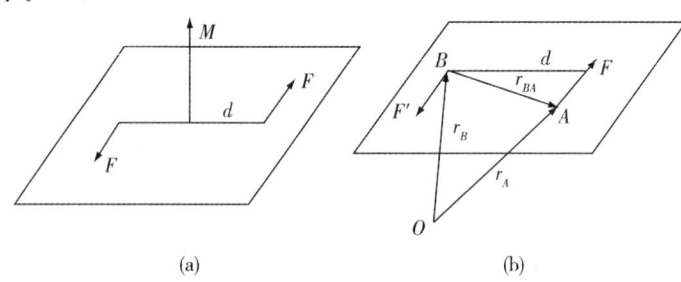

(a)　　　　　(b)

图 2-15　空间中的力偶矩

$$M_O(F)+M_O(F')=r_A\times F+r_B\times F'=r_A\times F-r_B\times F=(r_A-r_B)\times F=r_{BA}\times F$$

式中：r_{BA} 为力作用点 A 相对力作用点 B 的矢径。另外，容易验证：r_{BA}，F 与力偶矩 M 三个矢量之间满足矢量叉乘关系

$$M=r_{BA}\times F$$

由此得

$$M_O(F)+M_O(F')=M$$

3. 空间力偶系的简化与平衡条件

同平面的两力偶可以合成一个力偶，合力偶的力偶矩等于分力偶力偶矩的代数和，这个结论同样适用于空间情况，只需将代数和改为矢量和。

在平面Ⅰ、Ⅱ上各有一个力偶(见图2-16)，其偶矩分别是M_1，M_2。依据力偶的特性，可以调整二力偶的力偶臂使其相同；再将二力偶移到两平面的交线处形成力偶(F_1，F'_1)及力偶(F_2，F'_2)。将力F_1与F_2相加，力F'_1与F'_2相加得二力偶(F，F')。容易证明，力偶(F，F')的力偶矩M与力偶矩M_1，M_2满足平行四边形法则，即$M=M_1+M_2$。

由此得结论：二力偶的合成仍为一力偶。其力偶矩等于两力偶力偶矩的矢量和。当有多个力偶合成时，可以多次使用该式，因而可知多个力偶亦能合成一个力偶。其力偶矩为各分力偶矩的矢量和

$$M=\sum_{i=1}^{n}M_i$$

因为

$$M=M_x i+M_y j+M_z k$$

将式子分别向x，y，x轴投影，有

$$M_x=M_{1x}+M_{2x}+\cdots+M_{nx}=\sum_{i=1}^{n}M_{ix}$$

$$M_y=M_{1y}+M_{2y}+\cdots+M_{ny}=\sum_{i=1}^{n}M_{iy}$$

$$M_z=M_{1z}+M_{2z}+\cdots+M_{nz}=\sum_{i=1}^{n}M_{iz}$$

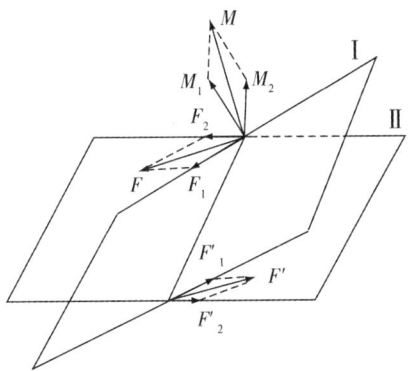

图2-16 空间力偶系的简化与平衡

即合力偶矩矢在x，y，z轴上的投影等于各分力偶矩矢量在相应轴上的投影的代数和（为便于书写，下标i可略去）。因而，力偶系简化的步骤与计算和汇交力系完全相同。

空间力偶系平衡的必要且充分条件是合力偶的力偶矩为零。即

$$\sum_{i=1}^{n}M_i=0$$

因而空间力偶系的平衡方程有三个，即

$$\sum M_x=0, \quad \sum M_y=0, \quad \sum M_z=0$$

4. 空间任意力系的简化

(1)平面任意力系向一点简化的思想完全可以扩展到空间任意力系

空间中，一力向一点可以平移，但必须附加一力偶才能等效，附加力偶的力偶矩矢量等于该力对平移点的力矩矢量。空间力系(F_1，F_2，…，F_n)简化时，首先选一点O作为

简化中心，将各力向简化中心 O 平移，得一作用于简化中心的空间汇交力系（F'_1，F'_2，…，F'_n）及一空间力偶系。各力偶矩矢量分别等于原作用力对简化中心 O 的力矩矢量，$M_1=M_O(F_1)$，$M_2=M_O(F_2)$，…，$M_n=M_O(F_n)$，将此空间汇交力系合成一个力，它作用在简化中心 O，大小与方向用矢量 F_R 表示；将此空间力偶系合成一个力偶，其力偶矩用 M_O 表示，则有

$$F_R = \sum_{i=1}^n F_i, \quad M_O = \sum_{i=1}^n M_O(F_i)$$

与平面情况相同，F_R 是空间力系中各力的矢量和，称为力系的主矢量或主矢，M_O 是空间力系中各力对简化中心 O 的力矩的矢量和，称为力系对简化中心 O 的主矩。由此得出结论：空间力系可以简化为任意选定的简化中心上作用的一个力及一个力偶。力的矢量及力偶矩分别用空间力系的主矢及主矩描述。显然，主矢与简化中心的选择无关，主矩则与之有关。

（2）空间任意力系向一点简化的实例

飞机飞行中除受重力 P 及发动机推力 F_T 外。各处表面均受空气动力的作用，是空间分布力系。将空气动力向飞机质心 C 简化。得一力及一力偶；力沿速度坐标系 $Cx'y'z'$ 轴的分量分别称为侧力、阻力及升力；力偶矩沿机体坐标系 $Cxyz$ 轴的分量分别称为俯仰力矩（M_x）、滚动力矩（M_y）与偏航力矩（M_z）（见图2-17）。

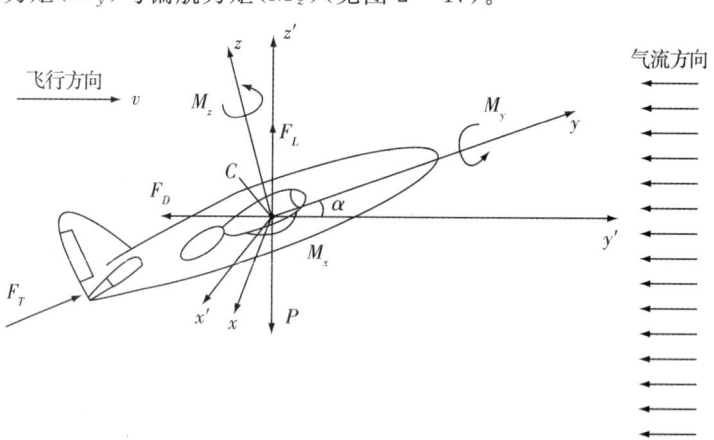

图2-17 俯仰力矩、滚动力矩和偏航力矩

空间插入端或空间固定端约束如图2-18(a)所示，其约束力亦是分布力系，因约束限制物体不能有任何位移或转动，故其总效果可用向固定端中心简化的结果表示为三个力分量和三个力偶分量。这种约束方式在工程中广为采用，譬如，工件固定在车床三爪卡盘上如图2-18(b)所示，飞机机翼的根部同接在机身上如图2-18(c)所示等。还有一些约束能限制物体的空间运动，它们的约束力均可依据约束的性质用向一点简化的方法表示。

5. 空间任意力系的平衡条件

（1）空间任意力系的平衡方程

空间任意力系平衡的必要且充分条件是向任一点简化的主矢量及主矩均为零

$$\sum_{i=1}^n F_i = 0, \quad \sum_{i=1}^n M_O(F_i) = 0$$

将上式在直角坐标系中投影,可得空间任意力系平衡方程

$$\sum F_x = 0, \quad \sum F_y = 0, \quad \sum F_z = 0$$
$$\sum M_x = 0, \quad \sum M_y = 0, \quad \sum M_z = 0$$

注:为了简化书写,此处略去了下标 i。

和平面情况相同,空间力系的平衡方程亦有多种形式。列写平衡方程时,投影轴及取矩轴必须满足一定条件,才能保证各平衡方程彼此的独立。这些条件相当复杂,不做理论上的讨论;但从实用角度上看,若所列写的平衡方程真能解出新的未知量,那么它一定是独立的。

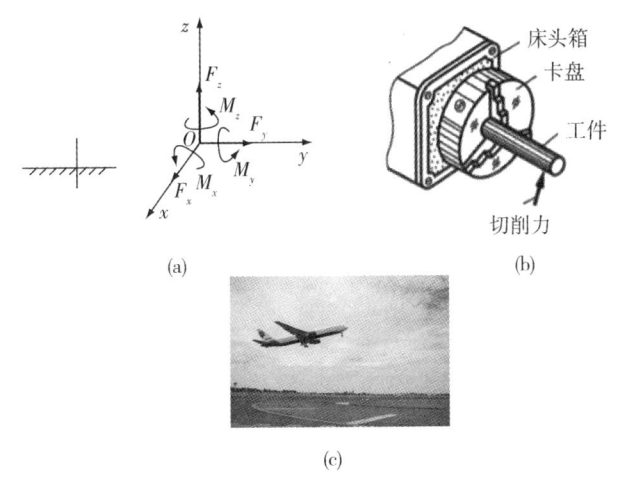

图 2-18 约束力简化

(2)空间约束的类型举例

通常情况下,当刚体受到空间任意力作用时,在每个约束处,其约束力的未知量可能有 1~6 个。决定每种约束的约束力未知量个数的基本方法是:观察被约束物体在空间可能的 6 种独立的位移中(沿 x, y, z 三轴的移动和绕此三轴的转动),有哪几种位移被约束所阻碍。阻碍移动的是约束力,阻碍转动的是约束力偶。现将几种常见的约束及其相应的约束力综合列表,如表 2-1 所示。

表 2-1 空间约束的类型及约束力举例

序号	约束力未知量	约束类型
1	F_{Az}	光滑表面　滚动支座　绳索　二力杆
2	F_{Az}, F_{xy}	径向轴承　圆柱铰链　铁轨　蝶铰链

续　表

序号	约束力未知量	约束类型
3	(球形铰链图示，含 F_{Az}, F_{Ay}, F_{Ax})	球形铰链　　止推轴承
4	(a) 含 F_{Az}, M_{Az}, M_{Ay}, F_{Ay}；(b) 含 F_{Az}, M_{Ay}, F_{Ax}, F_{xy}	导向轴承(a)　　万向接头(b)
5	(a) 含 F_{Az}, M_{Az}, M_{Ay}, M_{Ax}, F_{Ay}, F_{Ax}；(b) 含 F_{Az}, M_{Az}, M_{Ay}, F	带有销子的夹板(a)　　导轨(b)
6	含 F_{Az}, M_{Az}, M_{Ay}, M_{Ax}, F_{Ay}, F_{Ax}	空间的固定端支座

单元任务实施

汽车发动机曲柄连杆机构的受力分析

发动机曲柄连杆机构受到的力主要有气体的压力、往复惯性力、旋转运动的离心力及相对运动件接触表面的摩擦力。

1. 气体的压力

在每个工作循环的四个行程中，气体压力是始终存在的。但由于进气、排气两个行程中气体压力较小，对机件的影响不大。这里主要研究做功和压缩两个行程中的气体作用力。

在做功行程中，如图 2-19(a)所示，气体压力是推动活塞向下运动的。这时，燃烧气体产生的高压直接作用在活塞顶部，如图所示，设活塞所受总压力为 F_p，传到活塞销上，可分解为 F_{p1} 和 F_{p2}，分力 F_{p1} 通过活塞销传给连杆，并沿连杆方向作用在曲柄上。F_{p1} 可分解为两个分力 R 和 S。沿曲柄方向分力 R 使曲柄主轴颈与主轴承间产生压紧力；与曲柄相垂直的分力 S 除了使主轴颈和主轴承之间产生压紧力外还对曲柄形成转矩 T，推动曲柄旋转。水平力 F_{p2} 把活塞压向气缸壁，形成活塞与气缸壁间的侧压力，使两者产生摩擦，并有使机体翻转的趋势。

在压缩行程中，如图 2-19(b)所示，气体压力是阻碍活塞向上运动的阻力。这时作用在活塞顶的气体总压力 F 可以分解为两个分力 F_{p1} 和 F_{p2}，而 F_{p1} 又分解为 R 和 S。R 使曲轴主轴颈与主轴承间产生压紧力；S 对曲轴造成一个旋转阻力矩 T，企图阻止曲轴旋转。而 F_{p2} 则将活塞压向气缸的另一侧壁，也使两者产生磨损。

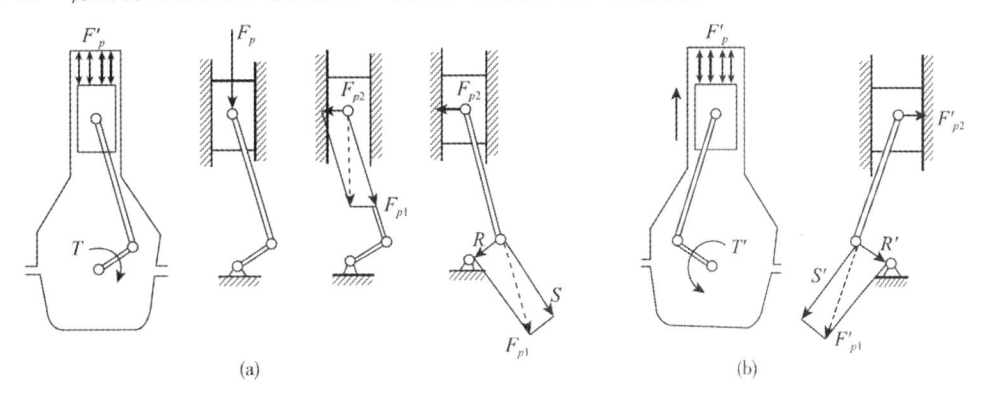

(a)做功行程　(b)压缩行程

图 2-19　气体压力作用情况示意图

2. 往复惯性力和离心力

往复运动的物体，当运动速度变化时，就要产生往复惯性力。物体绕某一中心做旋转运动时，就会产生离心力。这两种力在曲柄连杆机构的运动中都是存在的。活塞和连杆小头在气缸中做往复直线运动时，速度很高，而且数值在不断变化。当活塞从上止点向下止点运动时，其速度变化规律是：从零开始，逐渐增大，临近中间达最大值，然后又逐渐减小至零。也就是说，当活塞向下运动时，前半程是加速运动，惯性力向上，以 F_j 表示，如图 2-20(a)所示。后半程是减速运动，惯性力向下，以 F'_j 表示，如图 2-20(b)所示。同理，当活塞向上时，前半程惯性力向下，后半程惯性力向上。

活塞、活塞销和连杆小头的质量越大，曲轴转速越高，则往复惯性力也放大。它使曲轴连杆机构的各零件和所有轴颈承受周期性的附加载荷，加快了轴承的磨损；未被平衡的变化着的惯性力传到气缸体后，还会引起发动机的颤动。

偏离曲轴轴线的曲柄和连杆大头绕曲轴轴线旋转，产生离心力，其方向沿曲柄半径向外，其大小与曲轴半径、旋转部分的质量及曲轴转速有关。曲柄半径长，旋转质量大，曲轴转速高，则离心力大。如图 2-20(a)所示，离心力 F_c，在垂直方向的分力与往复惯性力方向总是一致的，因而加剧了发动机的上、下颤动。而水平方向分力则使发动机产生水平方向的颤动。离心力使连杆大头的轴瓦和活塞销、曲轴主轴颈及其轴承受到又一个载荷，增加了它们的变形和磨损。

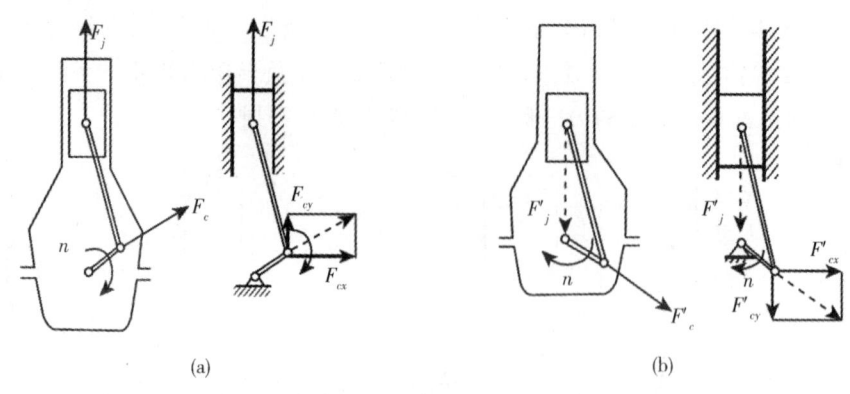

(a)活塞在上半行程的惯性力　(b)活塞在下半行程的惯性力
图 2-20　往复惯性力和离心力作用情况示意图

单元二　工程构件的变形

单元目标

1. 认识构件在外力作用下的受力、变形和破坏规律。
2. 掌握各种基本变形条件下构件的内力计算方法及应力计算方法。
3. 能对杆件进行强度、刚度等承载能力的计算与分析，从而解决构件的强度或刚度等的校核、截面设计及承载能力确定等工作。
4. 初步了解运动学，认识到运动学的任务在于建立描述物体运动规律的方法；确定物体运动的有关特征，包括点的运动方程、轨迹、速度和加速度，刚体的角速度和角加速度，刚体上任一点的速度和加速度，以及它们之间的关系等。
5. 清楚在一般工程问题中，是以固结于地面的坐标系为参考系。

单元知识准备

一、承载能力研究的任务

各构件在工作过程中都会受到相应的载荷作用，如受拉（压）、受扭、弯曲等，若载荷过大或构件性能不好或尺寸过小等，就会损坏构件。因此，为保障这些构件能安全、可靠地工作，必须对构件材料的性能、尺寸、形状等提出相应的要求，使其具备足够的承载能力。

构件承载能力主要包括三个方面：①强度。构件抵抗破坏的能力。构件强度不够，会在工作中出现过大的塑性变形或断裂等现象，导致失效。②刚度。构件抵抗变形的能力。刚度不足的构件在工作中会出现过大的变形，从而影响机械设备的正常运行。齿轮轴变形过大会使齿轮不能正确啮合。③稳定性。构件保持原有平衡状态的能力。一些受压的细长杆，若其稳定性不够，在工作中将不能始终保持原有的直线平衡状态而失控，譬如，活塞杆、千斤顶中的丝杆等。

二、变形体及其基本假设

任何研究对象均有多方面的性质。就某一问题而言，这些性质中又有主、次之分，一些次要因素对所研究的问题影响甚微，则可忽略不计。因而，对不同学科需建立不同的理想化模型，对研究对象的属性予以概括。在静力分析中，为简化问题，常将研究对象抽象为"刚体"，忽略其变形因素。但在对构件承载能力进行研究时，需考查物体的受力、变形、失效的现象及规律，变形是主要因素，因而，应将研究对象看作变形体。

实际变形体的结构、形态很复杂，当考查宏观变形时，同样应忽略其次要因素，对其做适当抽象，即做出如下基本假设：①连续性假设。组成物体的物质毫无间隙地充满物体的几何容积。②均匀性。假设物体各处的力学性能是完全相同的。③各向同性。假设物体沿各个方向的力学性能是相同的。

三、杆件变形的基本形式

工程中构件的几何形状样式繁多，大致可分为杆件、板件和箱体类零件。其中，杆件是构件承载能力的主要研究对象。杆件指的是某一方向的尺寸远大于其余两个方向尺寸的构件。在研究问题时，外形因素往往会被忽略，将其抽象、简化为计算简图，从而简化问题。大量工程构件都可简化为杆件，如汽车传动轴、发动机中的连杆等。

杆件受力形式不同，发生的变形亦各不相同，归纳为如下几类：

(1)拉伸和压缩。在图 2-21 所示的支架中，杆 AB 受拉，杆 BC 受压。

(2)剪切和挤压。在图 2-22 中，钢板受力 F、F' 作用而发生剪切变形。

(3)扭转。如图 2-23 所示，传动轴受一对作用面与轴线垂直的力偶作用后，发生扭转变形。

(4)弯曲。在图 2-24 中，吊车横梁受一对力偶作用后发生弯曲变形。

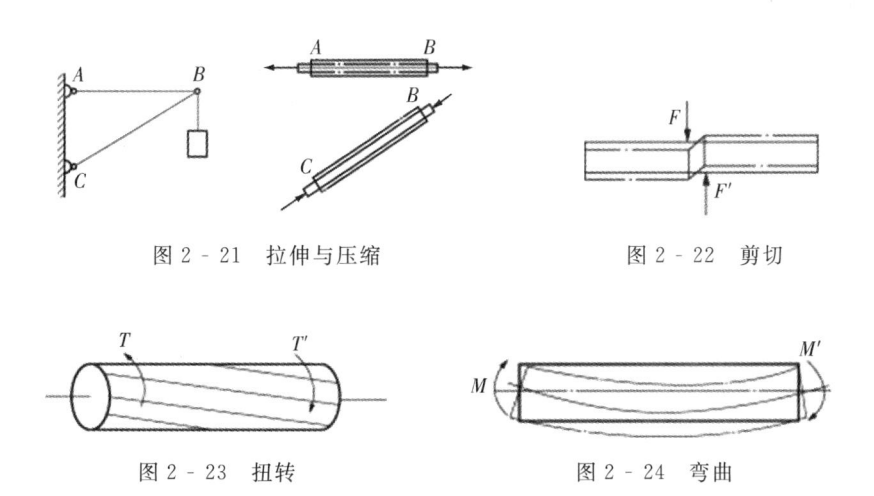

图 2-21 拉伸与压缩

图 2-22 剪切

图 2-23 扭转

图 2-24 弯曲

四、内力、截面法和应力

1. 内力

构件工作中受到其他物体对它的作用力称为外力,包括主动力和约束反力。在外力的作用下,会引起物体内部各质点之间的相对位置及相互作用力发生改变,表现出来的就是构件发生了变形。构件内部质点之间相互作用力(固有内力)的改变量称为附加内力,简称内力。

内力随外力的大小而变化,当内力达到某一极限值时,构件即发生破坏。因而,构件的内力大小及其分布方式与其承载能力之间的关系极为密切,研究和分析内力是解决强度、刚度等问题的基础。

2. 截面法

截面法是分析、计算内力的方法,就是假想用一截面把构件截为两部分,取其中一部分为研究对象,并以内力代替另一部分对研究部分的作用,依据研究部分内力与外力的平衡来确定内力的大小和方向。

如图 2-25 所示,杆件在外力 F_1,F_2,F_3 和 F_4 的作用下平衡,欲求杆件的内力。可用一假想的截面 m-m 将杆件一分为二,任取其中一段来研究。由于杆件处于平衡状态,所以其中任一段亦应平衡,这时可利用静力平衡条件来列出平衡方程,求出截面 m-m 上的内力。

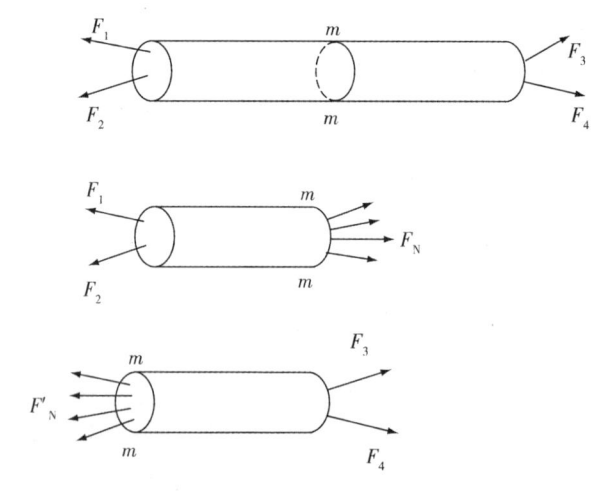

图 2-25 截面法研究力的平衡

3. 应力

截面法可确定杆件截面上内力的合力,但不能确定内力在截面上的分布密度,由此需引入应力的概念。

五、刚体的基本运动

实验表明,任何物体在受力作用或其他外界作用时,都会发生不同程度的变形。譬如,汽车过桥,桥墩将发生压缩变形,桥身将发生弯曲变形;压电晶体在电场作用下将发生伸缩变形等。对于一般物体而言，这种变形往往极其微小，只有用应变仪等精密仪器才能测量出来。在力的作用下，物体的这种变形对于所研究的问题可不必考虑，形状和大小都保持不变的物体称为刚体。事实上，物体在外力作用下总是有变形的，因此刚体是一个理想模型，在工程技术问题中具有重要的实用价值。

刚体的运动是相当复杂的，但可以看作平动和转动的叠加。下面就讨论刚体运动中这两种最简单、最基本的运动形式。

1. 刚体的平动

刚体运动时，若刚体内部任意两个质点之间连线的方向都始终保持不变，这种运动称为刚体的平动。电梯的上下运动、缆车的运动都可看成刚体平动。

2. 刚体绕固定轴转动

刚体运动时，若刚体内部各质点都绕同一直线做圆周运动，则这种运动称为刚体的转动。

该直线称为转轴，如火车车轮的运动、飞机螺旋桨的运动都是转动。若转轴相对于参考系是固定不动的，则称为刚体绕定轴转动。如车床齿轮的运动、吊扇扇页的运动均属于定轴转动。定轴转动中刚体上的任一质点都绕一个固定轴做圆周运动。如图 2-26 所示，习惯上常把转轴设为 z 轴，圆周所在平面 M 称为质点的转动平面，转动平面与转轴垂直。质点做圆周运动的圆心 O 叫质点的转心，质点对于转心的位矢，叫质点的矢径。

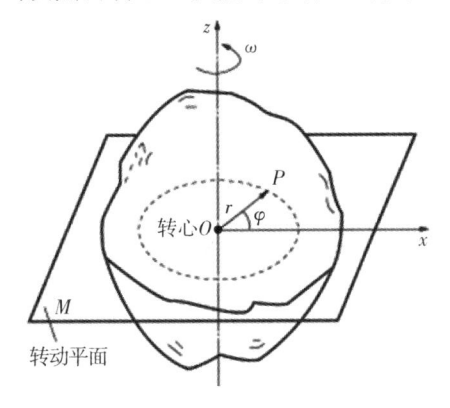

图 2-26 刚体绕固定轴转动

六、动能定理

能是物质运动的度量，功是能量变化的度量。从能量角度来看问题，物体动能发生改变，势必有力做了功。动能定理建立了物体运动过程中的动能变化与作用力的功的关系。动能定理与质心运动定理、动量矩定理及质点运动微分方程的综合应用，可用于解决复杂的动力学综合问题。

七、动静法

物体在做加速运动时，物体内每个质点都受到惯性力的作用，依据达朗贝尔原理，质点惯性力的大小在数值上等于质点的质量与加速度的乘积，方向与加速度相反，它的作用遍布物体的每个质点。

将惯性力附加到加速运动的构件上，则构件在外力和惯性力共同作用下保持动力平衡状态，此时，动载荷问题可应用理论力学中的静力法进行求解，这种求解方法称为动静法。值得注意的是，研究的这些问题仍然是小变形问题，在计算构件的运动特性时，仍然可以忽略构件的变形而以刚体进行分析。

单元任务实施

如图 2-27 所示，重力为 P，以速度 v 行驶于直线公路上的汽车，因故紧急制动，制动后还滑动了一段距离 s。试求在制动过程中地面对前、后轮作用的法向力。已知汽车重心 C 离地面的距离为 h，它到前、后轮的水平距离分别为 l_1 和 l_2。

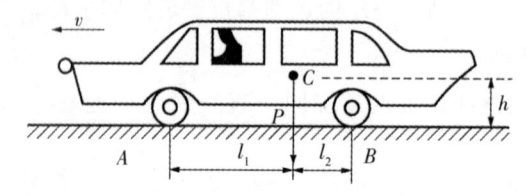

图 2-27 汽车受力分析图

模块三　汽车常用机构

单元一　机构的组成及运动简图

单元描述

汽车发动机通常采用的是内燃机，掌握其平面机构的组成及相关概念，可以帮助学生理解内燃机的工作原理，同时，有助于掌握内燃机的机构组成。

单元目标

1. 了解机构的组成要素。
2. 熟知机构运动简图。
3. 掌握机构自由度计算及能够确定运动的条件。
4. 能够分析平面机构的组成原理。

单元知识准备

一、机构组成要素

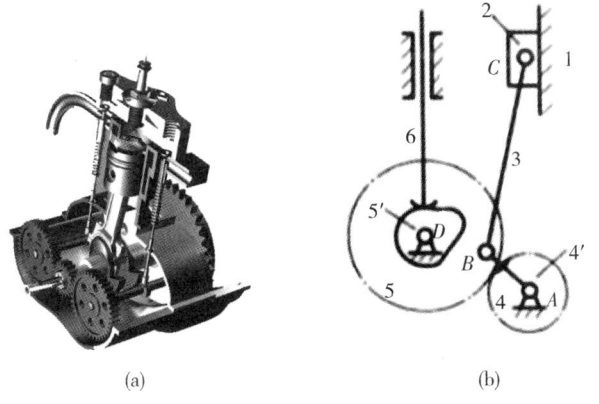

(a)　(b)

1——壳体　2——活塞　3——连杆　4——曲轴　4'——曲轴齿轮　5——凸轮
5'——凸轮轴齿轮　6——气门推杆

图 3-1　内燃机的构件组成

1. 构件与零件

机构是由具有确定运动的单元体组成的，这些运动单元体称为构件。在机械原理中，构件一般被认为刚体或柔韧体(如皮带、钢丝绳和链条等)，而非液体和气体。组成构件的制造单元体称为零件。构件可由一个或多个零件构成，如图3-1所示，内燃机的曲轴4为一个零件，而连杆3为多个零件组成。因而，构件是相互固接在一起的零件组合体。

2. 运动副及其分类

(1)运动副

在机构中，每一构件都以一定方式与其他构件相互连接，这种使两构件直接接触的可动连接称为运动副，譬如轴与轴承、滑块与导轨、轮齿与轮齿、凸轮与推杆等的连接都构成了运动副，如图3-2所示。两构件组成运动副时，构件上参与接触的点、线、面被称为运动副元素。在图3-2中，运动副元素分别为圆柱面和圆孔面、棱柱面和棱孔面、齿廓曲面，以及从动件尖顶和凸轮廓线。为保证两构件始终处于接触状态，运动副应是几何封闭或力封闭。至于组成运动副后，两构件能产生哪些相对运动，则与该运动副性质或该运动副所引入的限制条件有关。

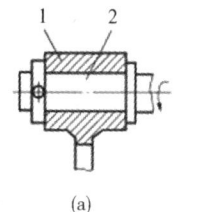

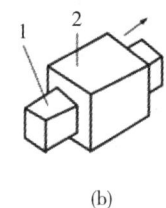

图3-2 运动副

(2)运动副分类

由理论力学可知，做平面运动的构件可有三个独立运动，即在直角坐标系中沿 x 轴、y 轴及 z 轴的转动。构件的独立运动数目称为构件的自由度。显然，做平面运动的构件具有三个自由度，而做空间运动的构件具有六个自由度，即三个移动和三个转动。

当一构件与另一构件组成运动副后，由于构件间的直接接触，使构件的某些独立运动受到限制，构件自由度便随之减少。这种对构件独立运动的限制称为约束。增加一个约束，构件便失去一个自由度。显然，做平面或空间运动的构件，其约束数不能超过2或5个，否则构件将没有相对运动。

运动副的分类方法如下：

①按运动副所引入的约束数目分。引入一个约束的运动副称为Ⅰ级副，引入两个约束的运动副称为Ⅱ级副，依次有Ⅲ级副、Ⅳ级副和Ⅴ级副。

②按两构件间的接触情况分。凡两构件以面接触构成的运动副称为低副，如图3-2中(a)(b)所示的运动副。凡两构件以点或线接触构成的运动副称为高副，如图3-2中(c)(d)所示的运动副。

③按两构件间的相对运动形式分。两构件之间做相对转动的运动副称为转动副(或称铰链)，如图3-2中(a)所示；做相对移动的运动副称为移动副，如图3-2中(b)所示，还有做相对螺旋运动的螺旋副和做相对球面运动的球面副和球销副等。

此外，若构成运动副的两构件之间的相对运动为平面运动，则该运动副称为平面运动副；若相对运动为空间运动，则该运动副称为空间运动副。

常用运动副的符号如表 3-1 所示。

表 3-1 常用运动副的符号(图中 1、2 表示构件；画斜线表示固定构件)

运动副名称		运动副符号	
		两运动构件构成的运动副	有一个固定构件时的运动副
平面运动副	转动副		
	移动副		
	平面高副		
	螺旋副		
	圆柱副		
	球面副及球销副		

3. 运动链与机构

若干构件经由运动副的连接而构成的相对可动的系统称为运动链。若运动链中各构件构成了首末封闭的系统，则称其为闭式运动链，如图 3-3 中(a)(b)所示；若未构成首末封闭的系统，则称其为开式运动链，如图 3-3 中(c)(d)所示。依据运动链中各构件的运动平面是否重合或平行，运动链又可分为平面运动链和空间运动链，分别如图 3-3 和图 3-4 所示。

图 3-3 平面运动链

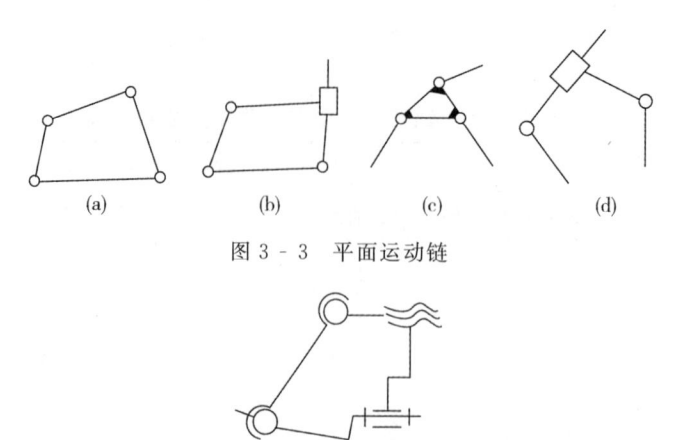

图 3-4 空间运动链

将运动链中的一个构件固定，并且其中一个或几个构件做给定的独立运动时，其余构件便随之做确定的运动，如此，运动链便成为机构。此处，固定的构件称为机架，做独立运动的构件称为原动件，而其余的活动构件则称为从动件。从动件的运动规律取决于原动件的运动规律和机构的组成结构。因而，机构是由机架、原动件和从动件所组成的构件系统。若机构中各构件的运动平面是相互平行的，则该机构称为平面机构，不然则称为空间机构。

二、机构运动简图

在研究分析现有机械和设计新机械时，为便于分析，可忽略那些与运动无关的因素，譬如，构件外形、断面尺寸、组成构件的零件数目及其连接方式、运动副的具体结构等，仅用简单的线条和符号来代表构件和运动副，并按一定比例确定各运动副的相对位置，这种表示机构中各构件间相对运动关系的简单图形称为机构运动简图。

机构运动简图能简洁明了地表示一台复杂机器的传动原理，还能依据运动简图进行机构的位移、速度、加速度等运动分析及受力分析。实际应用的机器虽千差万别，但从运动学观点看，很多机器都有一些共同之处。譬如，尽管活塞式内燃机、空气压缩机、冲床等的外形和用途不同，但它们的主要传动机构的运动简图是相同的。

在机构运动简图中，运动副的符号如表 3-1 所示，一般构件常用表示法如表 3-2 所示。

表 3-2 一般构件的常用表示法

同一构件				

续 表

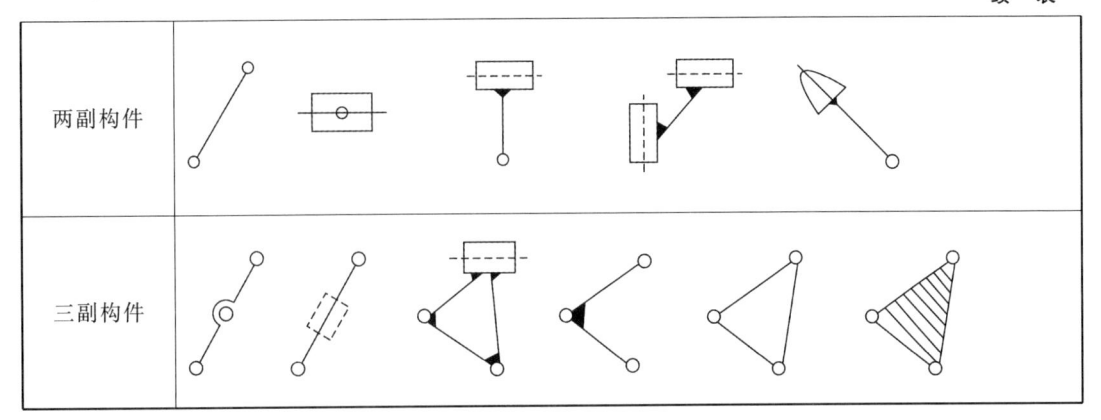

两副构件					

三副构件					

机构运动简图必须与原机械具有完全相同的运动特性，唯有如此才能依据运动简图对机械进行运动分析和受力分析。若只是为了表明机械的结构，亦可不按比例来绘制简图，这样的简图称为机构示意图。

绘制机构运动简图的步骤如下：

①依据机构的实际结构和运动情况，找出机构的原动件（即做独立运动的构件）及工作执行构件（即输出运动的构件）。

②确定机构的传动部分，即确定构件数及运动副数、类型和相对位置。

③确定机架，选择多数构件的运动平面作为绘制简图的投影面。

④依据适当比例尺，用构件和运动副的符号正确绘出机构运动简图。

三、机构自由度计算及确定运动条件

1. 机构自由度

构件自由度指的是构件具有独立运动的数目。机构自由度是机构具有独立运动的数目。在对机构的结构、运动及受力进行分析之前，必须研究机构的自由度，以确定使机构具有确定运动规律所需的独立运动数目。

2. 平面机构自由度计算公式

自由运动的构件通过运动副组成机构时，由于运动副的约束，其构件自由度将减少。而平面机构中的运动副只能由平面低副（转动副和移动副）和平面高副组成。对于构成运动副的两构件，转动副和移动副分别限制了两个运动（即两个移动和一个移动、一个转动），从而减少两个自由度；平面高副仅限制了一个方向的移动，则减少一个自由度。设平面机构有 n 个活动构件，P_l 个低副，P_h 个高副，则组成机构前构件共有 $3n$ 个自由度，组成机构后将减少 $2P_l+P_h$ 个自由度，因此可得平面机构的自由度计算公式为

$$F=3n-2P_l-P_h$$

该公式亦称平面机构的结构公式。

3. 机构具有确定运动的条件

在对机构进行分析和设计中，都要求机构有确定运动，即当通过原动件（绝大多数原动件与机架相连）给定机构的独立运动时，其从动件都应有确定运动。机构有一个独立运动（如驱动电动机的转动、液压驱动缸的移动等），机构就必须有一个原动件来传递此独立

运动，而机构的这些独立运动数目正是该机构的自由度数。由此得到，机构具有确定运动的条件是：机构的自由度数等于机构的原动件数。若机构的自由度数大于原动件数，机构的运动将不确定；若原动件数大于机构的自由度数，机构将不动甚至导致机构中最薄弱环节损坏。这可由图3-5加以说明。图3-5(a)所示为五杆机构。很显然，该机构的自由度$F=2$。

当给一个原动件的独立运动参数如转角φ_1，构件2、3、4的运动不确定，可能是实线位置，亦可能是虚线位置。图3-5(b)所示为四杆机构，其自由度$F=1$。当给两个原动件的独立运动参数如转角φ_1和φ_3时，构件2将无法运动，直至机构的薄弱环节损坏。

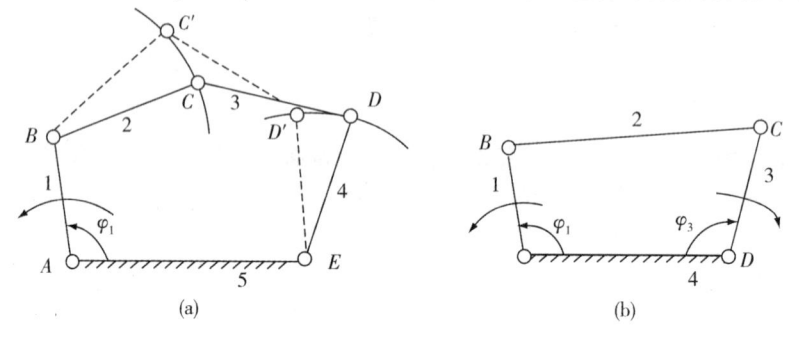

图3-5 五杆机构和四杆机构

4. 计算平面机构自由度的注意事项

在计算机构自由度时，往往会遇到依据公式计算的结果与实际机构自由度不相符的情况，所以在计算的时候必须特别注意，否则将导致不正确的结果。

(1) 复合铰链

三个或三个以上构件在同一处构成的转动副称为复合铰链。

图3-6(a)所示为一六杆机构，其中$n=5$，$P_l=6$，$P_h=0$，由式$F=3n-2P_l-P_h$得$F=3\times5-2\times6-0=3$。

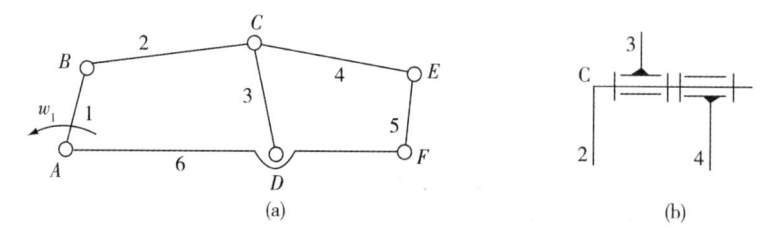

图3-6 六杆机构

实际上，当构件1独立运动时，由于四杆机构$ABCD$自由度为1，所以构件2、3便具有确定运动；同理，由于构件3的确定运动，四杆机构$DCEF$中构件4、5亦有确定运动，因此实际上该机构的自由度应为1。这种计算的自由度与实际机构的自由度不一致，其问题在于由构件2、3、4组成此处的转动副C有两个铰链，即复合铰链，如图3-6(b)所示，实际该机构的低副数$P_l=7$。因而，由式$F=3n-2P_l-P_h$得$F=3\times5-2\times7-0=1$。

依此类推，若有m个构件组成复合铰链，则复合铰链处的转动副数应为$(m-1)$个。

(2)局部自由度

在机构中,某些构件具有局部的、不影响其他构件运动的自由度称为局部自由度。

图 3 - 7(a)所示为凸轮机构,其中 $n=3$,$P_l=3$,$P_h=1$,由式 $F=3n-2P_l-P_h$ 得 $F=3\times3-2\times3-1=2$。

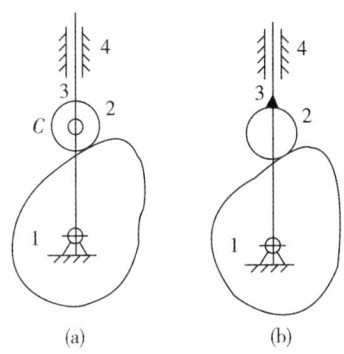

图 3 - 7 凸轮机构

实际上,构件 2(小滚子)绕 C 点的转动不影响构件 1、3 的运动,故构件 2 的转动为局部自由度。因而,计算机构自由度时应将局部自由度除去不计,即假想把构件 2 与构件 3 焊在一起,如图 3 - 7(b)所示。此时机构的低副数 $P_l=2$,机构自由度的正确结果为 $F=3\times2-2\times2-1=1$。

(3)虚约束

在机构中,有些运动副引入的约束对机构不起实际约束的作用,这种约束称为虚约束。计算机构自由度时,应忽略虚约束,即去掉虚约束后再利用公式计算机构的自由度。

虚约束常以下列形式出现:

①轨迹重合的虚约束。

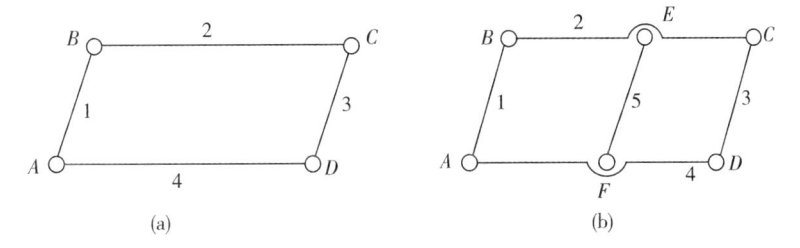

图 3 - 8 平行四边形机构和加带两个转动副示意图

如图 3 - 8(a)所示为平行四边形机构,该机构的自由度 $F=3\times3-2\times4-0=1$。若在构件 2、4 之间加上带有两转动副的构件 5,并使 $AB/\!/CD/\!/EF$,如图 3 - 8(b)所示,显然该机构仍有确定运动。但这时按式 $F=3n-2P_l-P_h$ 计算,该机构的自由度为 $F=3\times4-2\times6-0=0$。这种计算结果与实际情况不一致,其原因在于构件 2 做平动,引入构件 5 前后,构件 2 和构件 5 上 E 点轨迹均为以 F 点为圆心、EF 为半径的圆弧,即两点轨迹重合,说明构件 5 引入后,并没起到实际约束构件 2 上 E 点轨迹的作用,故此种构件所引入的约束为轨迹重合的虚约束。

②转动副轴线重合的虚约束

当两构件之间在多处形成转动副,并且各转动副的轴线重合,则其中只有一个转动副起实际约束作用,而其余转动副所引入的约束均为虚约束,如图3-9所示的齿轮机构中,转动副 A(或 B)、C(或 D)所引入的约束就为虚约束。

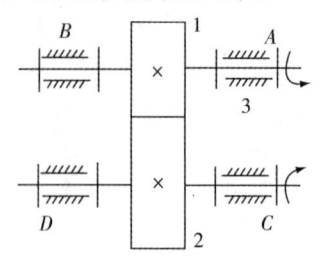

图 3-9 凸轮机构

③移动副导路平行的虚约束

当两构件之间在多处形成移动副,并且各移动副的导路互相平行,运动副起实际约束作用,而其余移动副所引入的约束均为虚约束,如图3-10所示机构中,移动副 D(或 E)所引入的约束就为虚约束。

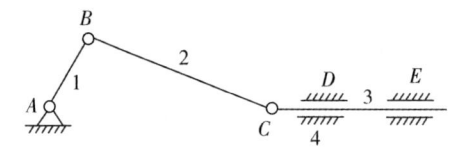

图 3-10 曲柄滑块机构

④机构中对称部分的虚约束

在机构中,对运动不起实际约束作用的对称结构部分为虚约束。如图3-11所示行星轮系中,三个行星轮中只有一个起实际约束作用,其余两个所引入的约束均为虚约束。

需要指出:只有在特定的几何尺寸条件下才能构成虚约束,若不满足这些特定几何尺寸条件(如定长度关系、轴线重合、导路平行等)或加工误差太大,虚约束将成为实际约束,从而使机构卡住不能运动。虚约束虽不影响机构的运动,却可以增加机构的刚度,改善受力状况,保持传动的可靠性等,因而在机构设计中被广泛使用。

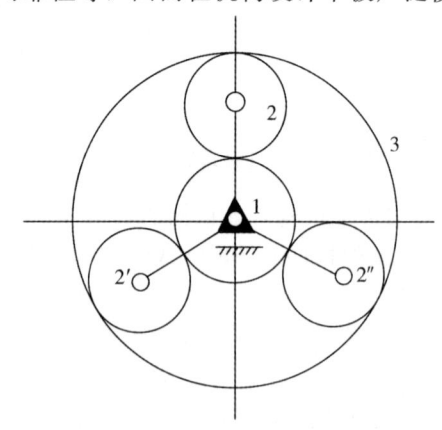

图 3-11 行星轮系

四、平面机构的组成原理分析

1. 平面机构的组成原理

任何机构均由机架、原动件和从动件系统组成。依据机构具有确定运动的条件，即原动件数应等于机构的自由度数，而从动件系统的自由度必然为零，该从动件系统称为杆组。有时机构还可分解成若干个不可再分的自由度为零的杆组，称为基本组。因而，可认为任何机构都是由自由度为零的杆组依次与机架、原动件连接所组成的，这便是机构的组成原理。

对全低副机构，设杆组的构件数为 n，低副数为 P_l，则构成杆组的条件是

$$F = 3n - 2P_l = 0$$

或

$$3n = 2P_l$$

由于构件数和运动副数总是整数，所以满足杆组条件的构件数和运动副数的组合为

$$n = 2, 4, 6, 8, \cdots$$
$$P_l = 3, 6, 9, 12, \cdots$$

最简单的杆组为 $n=2$，$P_l=3$，称之为 Ⅱ 杆组，其形式如图 3-12 所示；$n=4$，$P_l=6$ 的杆组称为 Ⅳ 杆组，如图 3-13 所示，依此类推。

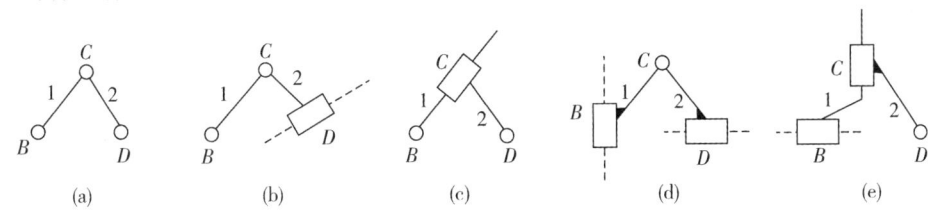

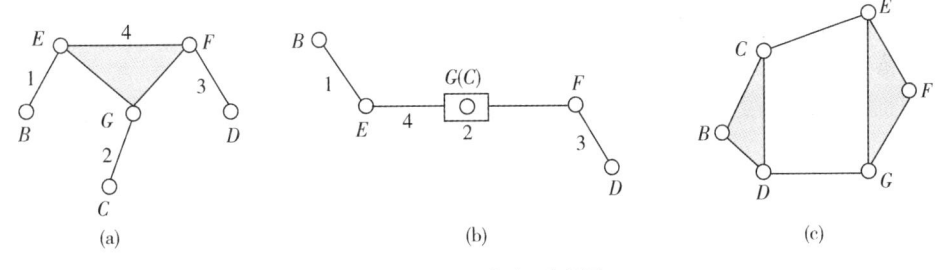

图 3-12 Ⅱ 杆组示意图

图 3-13 Ⅳ 杆组示意图

图 3-14(d)所示机构可看作由图 3-14(a)(b)两个 Ⅱ 杆组依次与图 3-14(c)中的原动件和机架连接组成的。

需要注意：同一杆组的各外接运动副不能接于同一构件上，否则将起不到增加杆组的作用。

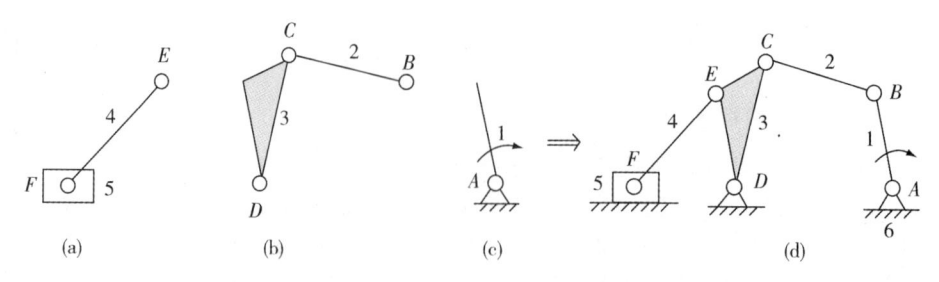

图 3-14 两个Ⅱ杆组与原动件和机架连接示意图

2. 平面机构的组成分析

机构的结构分析就是将已知机构分解为原动件、机架和杆组,并确定机构的级别。机构的分解过程与其组成过程相反,一般是从远离原动件的构件开始分解拆组。

拆组的步骤是:①除去虚约束和局部自由度,并将机构中的高副全部用低副代替,计算机构自由度,标出原动件。②从远离原动件的构件开始先试拆Ⅱ杆组,如试拆不成,再试拆Ⅳ杆组,重复上述过程,直到只剩下机架和原动件为止。

拆组的要求:①拆出的杆组应满足式 $F=3n-2P_l-P_h$。②拆组后,剩下的原动件数应等于机构自由度数。③拆出杆组后,剩余机构不允许存在只有一个运动副的构件(原动件除外)和只属于一个构件的运动副,因为前者将产生局部自由度,后者将导入虚约束。

3. 平面机构的高副低代法

除了了解全低副机构的组成原理,对于含有高副的机构如何进行结构组成分析,亦须进行研究。常使用的方法是将高副用低副替代,使高副机构瞬时变成低副机构,即高副低代法。高副低代是瞬时替代,其替代条件是替代前后机构的自由度数、瞬时速度和瞬时加速度保持不变。

如图 3-15 所示的高副机构由两个绕定轴转动的圆盘 2、3 和机架 1 组成。当机构运动时,两圆盘的连心线 $O_2O_3=r_2+r_3$ 始终保持不变。因而,该高副机构可以用铰链四杆机构 AO_2O_3B 来瞬时代替,并且代替机构原机构的自由度数、瞬时速度和瞬时加速度完全相同。

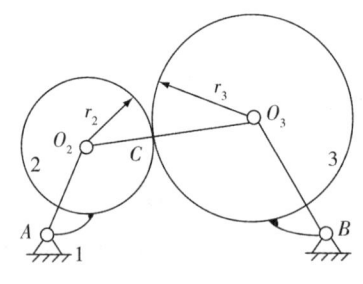

图 3-15 高副机构的组成

对含有任意曲线轮廓的高副机构,如图 3-16 所示,过高副接触点 C 作公法线 n,两高副元素在接触点 C 的曲率中心分别为 O_2 和 O_3,则可用铰链四杆机构 AO_2O_3B 来瞬时代替原高副机构,并且代替前后机构的自由度、瞬时速度和瞬时加速度完全相同。

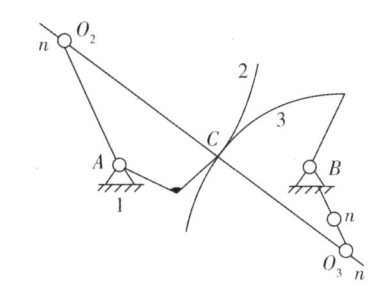

图 3‑16 任意曲线轮廓的高副机构

综上所述，高副低代的方法是以一个带有两个转动副的构件来代替一个高副，并且两个转动副分别位于两轮廓接触点的曲率中心处。

若组成高副的运动副元素之一是直线，由于直线在接触点的曲率中心位于无穷远处，因此转动副转化为移动副，其代替方法如图 3‑17(a) 所示。

若组成高副的运动副元素之一为点，由于点的曲率中心与该点重合，因此代替方法如图 3‑17(b) 所示。

若组成高副的两运动副元素分别为直线和点，则代替方法如图 3‑17(c) 所示。

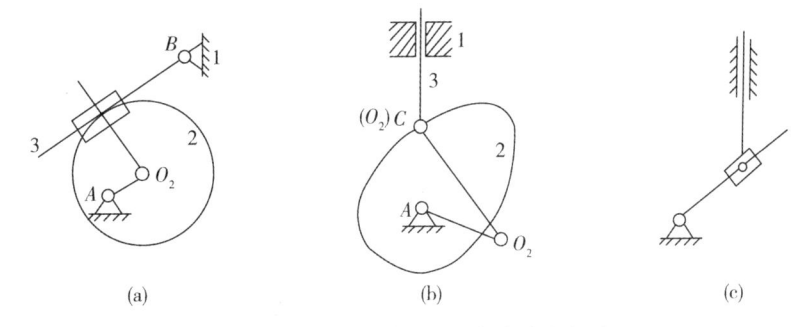

图 3‑17 转动副转化为移动副示意图

单元任务实施

请观察内燃机的实物、结合机构运动简图，回答下面的问题。

(1) 分析结构，确定图中哪些构件为机架、原动件和从动件？

由结构图 3‑18 可知，壳体和气缸体 8 是一个整体，在内燃机中起机架的作用，气缸体内的活塞是原动件，连杆 2、曲轴 3 和与之相固连的齿轮 4、齿轮 5、凸轮 6 和顶杆 7 是从动件。

(2) 按运动传递路线和相对运动的性质分析图中有哪些类型的运动副

该机构的运动由活塞 1 输入，活塞 1 与气缸组成移动副；活塞 1 与连杆 2、连杆 2 与曲轴 3、曲轴 3 与壳体之间组成转动副；运动经齿轮 4 传到齿轮 5，它们之间是线接触，组成高副；齿轮 5 与机架组成转动副；齿轮 5 与凸轮 6 连在一起为同一构件，凸轮 6 与顶杆 7 之间是点或线接触，组成高副；顶杆 7 与机架 8 组成移动副。

(3) 选择视图平面和比例尺，用规定符号和线条绘制机构运动简图

由于内燃机的主运动机构是平面运动，故取其运动平面为视图平面，选择适当的绘图比例尺，用规定符号和线条画出所有构件和运动副，即可得到内燃机的机构运动简图，图

示有箭头的构件活塞 1 表示该构件是原动件。

提示：由齿轮轮廓接触组成的高副，在绘制机构运动简图时常用其节圆相切来表示，见图中的点划线。

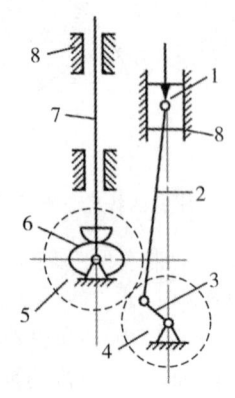

图 3-18　内燃机机构运动简图

单元二　铰链四杆机构

单元描述

平面连杆机构的应用非常广泛，例如，内燃机中的活塞、连杆、曲轴等组成了平面连杆机构，而汽车的转向机构、车门的启闭机构采用了铰链四杆机构，那这些铰链四杆机构是怎样实现汽车转向和车门启闭的呢？

单元目标

1. 掌握铰链四杆机构的基本类型。
2. 掌握曲柄的存在条件。
3. 掌握平面四杆机构的运动特性。
4. 熟悉铰链四杆机构的设计方法。
5. 掌握平面连杆机构的组成和特点。

微课视频

单元知识准备

一、平面连杆机构的组成与特点

1. 平面连杆机构的组成

连杆机构又叫低副机构，是由很多构件采用低副连接组合而成的机构。如果连杆机构中全部构件都在某一平面内运动或者在相互平行的平面内运动，则被称为平面连杆机构。

连杆机构中的构件称为杆,连杆机构一般都是以它所含杆的数量来命名的。由四个构件组合而成的平面连杆机构称为平面四杆机构,在平面连杆机构中,它的结构是最简单且最为常用的形式。其中应用最广泛的有铰链四杆机构、曲柄滑块机构及导杆机构,如图3-19所示。

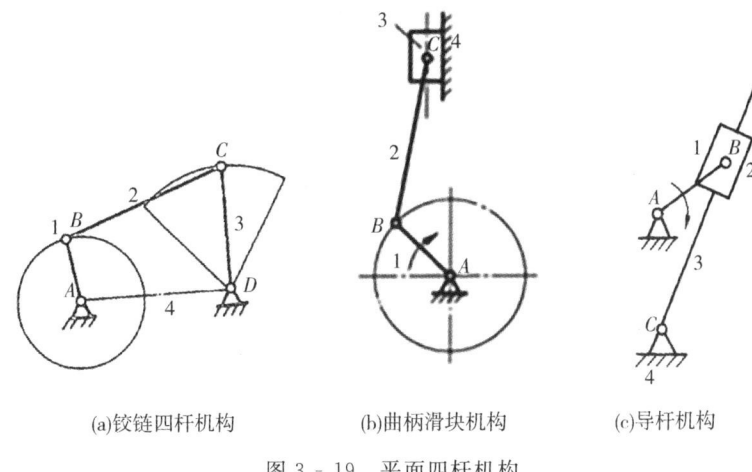

(a)铰链四杆机构　　(b)曲柄滑块机构　　(c)导杆机构

图3-19　平面四杆机构

如果平面四杆机构中的低副全部都是转动副,则将它称为铰链四杆机构。铰链四杆机构是平面四杆机构的基本形式,可以将其余形式的平面四杆机构看成从它的基础上演化而成的。在此机构中,构件4称为机架,与机架直接相连的构件1、3称为连架杆,连接两连架杆并与机架相对的构件2称为连杆。能够做整周回转运动的连架杆称为曲柄,只能在特定角度内摆动的连架杆称为摇杆。

2. 平面连杆机构的特点

因为连杆机构是由很多构件采用低副连接而成的,且机构之间的接触形式为面接触,所以传运的时候压力较小,利于润滑,磨损较轻,寿命较长,而且结构简单,易于制造和加工,能够远距离操控;经常用来实现预定运动轨迹或者预定运动规律。连杆机构的设计计算复杂又烦琐,所实现的运动规律精准度不高,运动的时候所产生的惯性难以平衡,因此不适合用于高速场合。

二、铰链四杆机构的类型与应用

依据两连架杆能否成为曲柄或者摇杆,将铰链四杆机构分成三种类型。

1. 曲柄摇杆机构

两连架杆中一个是曲柄,另外一个是摇杆的铰链四杆机构,被称为曲柄摇杆机构。曲柄摇杆机构通常是以曲柄为原动件做等速转动,摇杆为从动件做往复摆动。如图3-20所示,雷达天线俯仰角调整机构是用曲柄作为原动件的曲柄摇杆机构。主动曲柄1做整周转动时,与天线连接的从动摇杆3被带动并做往复摆动,以此达到调节天线角度的目的。在曲柄摇杆机构中亦有用摇杆做原动件,曲柄做从动件的情况,如图3-21所示的脚踏砂轮机构。

微课视频

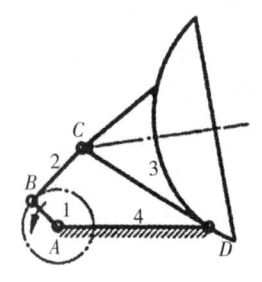

图 3-20 雷达天线仰角调整机构　　图 3-21 脚踏砂轮机构

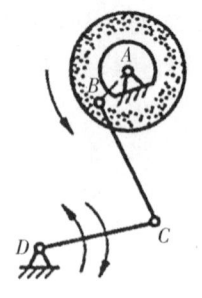

2. 双曲柄机构

双曲柄机构是指两连架杆都为曲柄的铰链四杆机构。原动曲柄一般做等速转动，而动曲柄做变速转动。如图 3-22 所示，其中四杆机构中的 $ABCD$ 为双曲柄机构。当主动曲柄 1 做等速转动，从动曲柄 3 做变速转动时，通过连杆 5 带动滑块 6 上的筛子，让它具备所需的加速度，让被筛的物料在惯性作用下达到筛选的目的。

平行四边形机构是指双曲柄机构中的一种特殊机构，它的连杆长度和机架的长度相等，两曲柄的长度亦相等，两曲柄转向一致、速度相等。因为该机构两曲柄的角速度始终相等，而且连杆在运动过程中一直在做平移运动，所以应用比较广泛。如图 3-23 所示为摄影车升降机构，它的升降高度变化利用了两组平行四边形机构来实现，并且利用连杆 7 一直在做平动这个特点，让和连杆连接成一体的座椅始终保持在水平位置，确保摄影人员的安全。

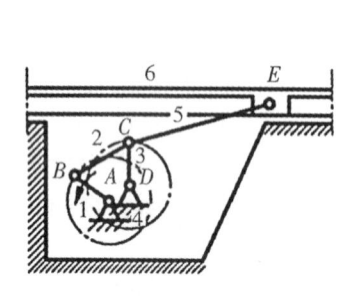

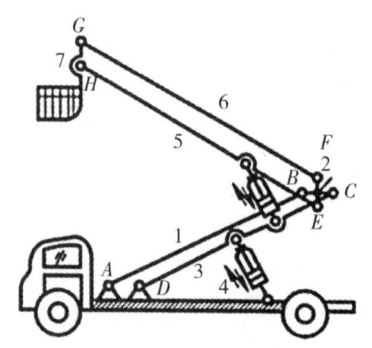

图 3-22 惯性筛机构　　图 3-23 摄影车升降机构

在图 3-24 所示的机车车辆机构中含有一个虚约束，主要是为了防止曲柄和机架共线时运动的不确定。如果将虚约束去掉，则得到如图 3-25 所示的平行四边形机构，在曲柄和机架共线时，B 点转到 B_1 位置，C 点转到 C_1 位置，原动曲柄 AB 继续转到 B_2 位置时，从动曲柄 CD 可能会继续转到 C_2 位置，亦可能反转到 C_2' 位置，这个时候从动件运动不确定现象发生了。依靠构件惯性和添加辅助构件能够消除这种不确定现象。

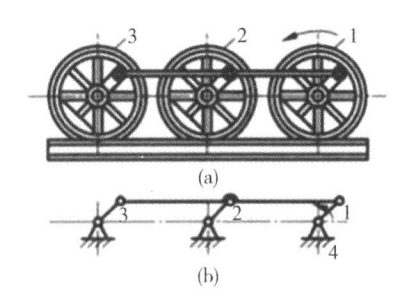

图 3-24 机车车辆机构

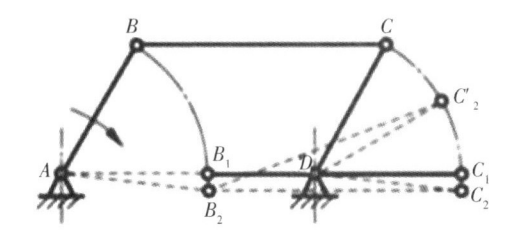

图 3-25 平行四边形机构的运动不确定性

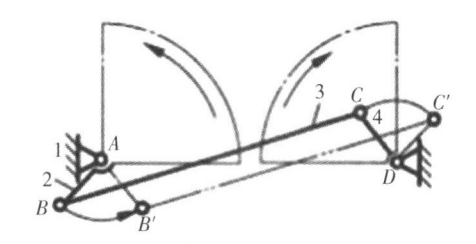

图 3-26 车门开闭机构

反平行四边形机构是指双曲柄机构的对边构件长度相等但不平行。它的特点是原动件曲柄 AB 在做等速转动时，从动件曲柄 CD 做反向变速运动。如图 3-26 所示，反平行四边形机构亦被用于公共汽车的车门开闭机构。

3. 双摇杆机构

双摇杆机构是指两连架杆都为摇杆的四杆机构。双摇杆机构被用于操纵机构及仪表机构等。如图 3-27 所示为港口式起重机变幅机构，摇杆 CD 在摆动时，连杆 BC 上的 M 点做近似水平直线运动，可以防止在移动重物时因为不必要的升降导致事故发生。如图 3-28 所示为电风扇的摇头机构，将电动机安装在摇杆 4 上，铰链 A 处有一个蜗轮和连杆 1 连接成一体，电动机在转动的时候，电动机轴上的蜗杆带动蜗轮迫使连杆 1 绕 A 点做整周转动，从而带动连架杆 2 与 4 做往复摆动，达到电风扇摇头的目的。

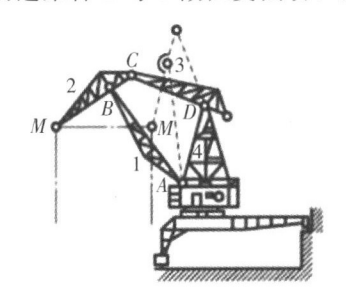

图 3-27 港口式起重机变幅机构

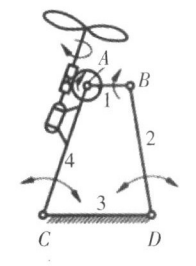

图 3-28 电风扇的摇头机构

三、铰链四杆机构存在曲柄的条件

机构中是否存在曲柄决定了铰链四杆机构的类型。铰链四杆机构中是否存在曲柄，这个问题取决于机构里各个构件的尺寸关系，还有最短杆在机构中的位置。连架杆要想成为曲柄所需的条件为：

(1)最短杆与最长杆长度之和应该小于或者等于其余两杆长度之和，称为杆长和条件（必要条件）。

(2)连架杆与机架中一定有一杆是最短杆(充分条件)。

依据曲柄存在的条件可以得出以下推论。

(1)当最短杆与最长杆之间的长度之和小于或者等于其余两杆长度之和时：①最短杆相邻的杆为机架时得到如图3-29(a)(c)所示的曲柄摇杆机构；②最短杆为机架时，得到如图3-29(b)所示的双曲柄机构；③最短杆的对面杆为机架时，得到如图3-29(d)所示的双摇杆机构。

(2)当最短杆和最长杆长度之和大于其余两杆的长度之和时，则不管用什么杆来做机架，得到的都只有双摇杆机构。

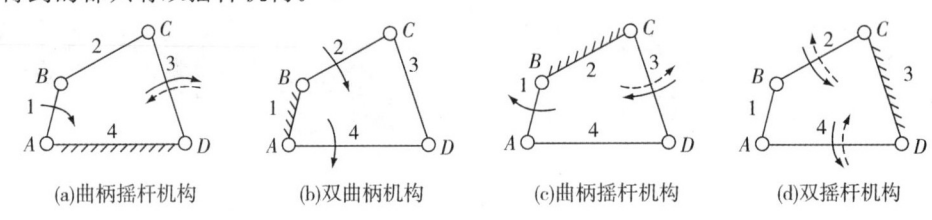

(a)曲柄摇杆机构　　(b)双曲柄机构　　(c)曲柄摇杆机构　　(d)双摇杆机构

图3-29　铰链四杆机构取不同构件为机架的演化

四、含有移动副的四杆机构

1. 曲柄滑块机构

如图3-30(a)所示为曲柄摇杆机构，摇杆3以D点为圆心，上到C点的轨迹，即CD为半径的圆弧mm。现在扩大转动副D的半径，并且在机架4上做出弧形槽，摇杆3做成和弧形槽相配合的弧形滑块，如图3-30(b)所示。这个时候，虽然改变了转动副D的外形，但机构的相对运动性质没有变化。如果把弧形槽的半径增加到无穷大，并且将转动副D的中心转移到无穷远处，此时弧形槽就变成了直槽，弧形滑块亦变成了平面滑块，摇杆3上C点的轨迹亦变成了直线mm，转动副D亦变成了如图3-30(c)所示的移动副，机构的相对运动性质亦发生了变化。

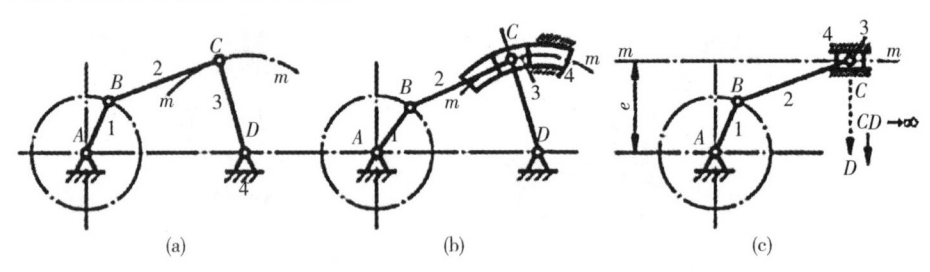

图3-30　曲柄滑块机构的演变

一个转动副转换为移动副后得到的机构称为曲柄滑块机构。

在图3-30(c)中，因为滑块的移动导路线mm不经过曲柄的转动中心A，因此称为偏置曲柄滑块机构，滑块移动导路线mm垂直到曲柄的转动中心A的距离叫偏距e。e=0时，滑块移动导路线经过曲柄的转动中心，如图3-31所示，称为对心曲柄滑块机构。曲柄滑块机构被广泛应用于冲床、空压机、内燃机等机械设备中。

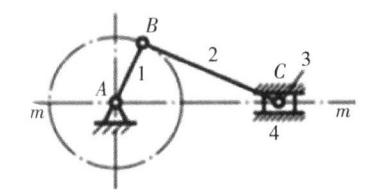

图 3-31 对心曲柄滑块机构

2. 导杆机构

可以将导杆机构看作由改变曲柄滑块机构中的机架演变而成。如果把图 3-32(a)中的构件 1 作为机架，当 $n<6$ 时，构件 2 与构件 4 分别绕着固定轴 B 和 A 做整周转动，如图 3-32(b)所示，称为曲柄转动导杆机构。图 3-33 所示的回转式油泵主体机构中的机构 ABC 就是曲柄转动导杆机构。当 $n>6$ 时，如图 3-32(c)所示，导杆 4 只能绕转动副 A 相对于机架 1 做往复摆动，故该机构称为曲柄摆动导杆机构。如图 3-34 所示的牛头刨床主体机构中的机构 ABC 为曲柄摆动导杆机构的应用实例。

(a)曲柄滑块机构　　(b)曲柄转动导杆机构　　(c)曲柄摆动导杆机构

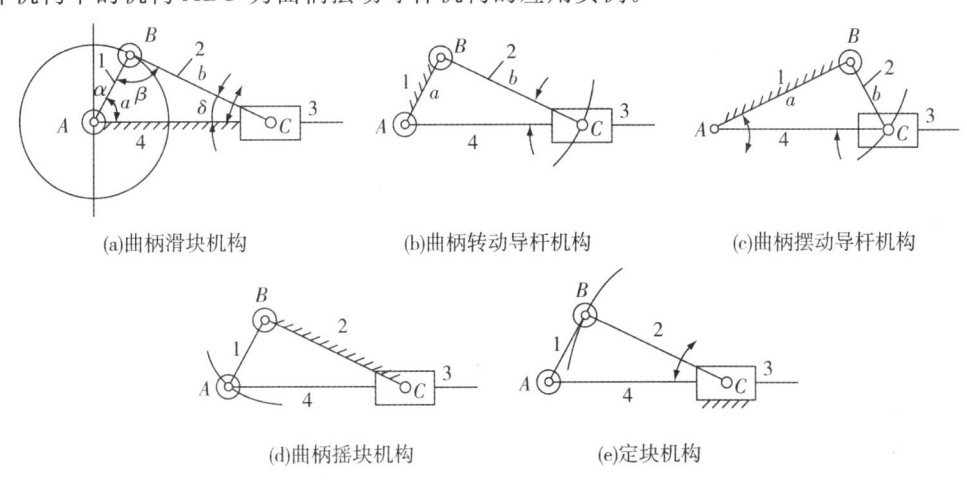

(d)曲柄摇块机构　　(e)定块机构

图 3-32 含有移动副的铰链四杆机构

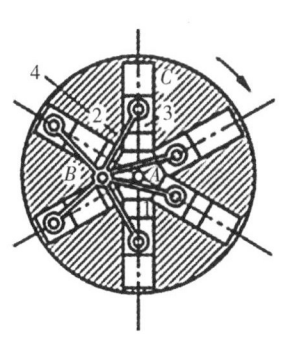

图 3-33 回转式油泵　　图 3-34 牛头刨床

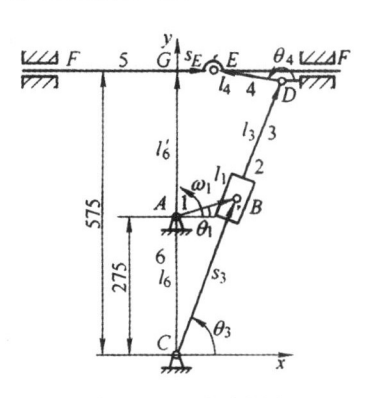

3. 曲柄摇块机构

如果把图 3-32(a)中的构件 2 作为机架,如图 3-32(d)所示,则滑块 3 只能是绕固定轴 c 做往复摆动的摇块,因此该机构称为曲柄摇块机构。如图 3-35 所示的汽车自动卸料机构使用的就是曲柄摇块机构。

图 3-35 汽车自动卸料机构

4. 移动导杆机构

如果将图 3-32(a)中的 3 作为机架,如图 3-32(e)所示,则导杆只能够在固定滑块 3 中做往复直线移动,因此该机构称为移动导杆机构或者定块机构。如图 3-36 所示的手压式抽水唧筒所使用的就是移动导杆机构。

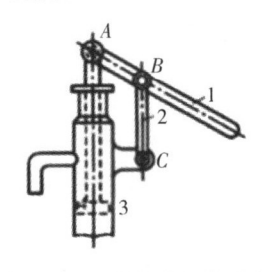

图 3-36 手压式抽水唧筒

5. 曲柄移动导杆机构

演化一个转动副可以得到如图 3-37(a)所示的曲柄滑块机构,在此基础上,依照相同的演化原理就可以得到如图 3-37(c)所示的两个含有转动副的机构,机构中构件 3 演变成了滑块 2 的移动导杆,因此该机构称为曲柄移动导杆机构(又统称为正弦机构)。曲柄移动导杆机构亦能够用如图 3-38(a)所示的机构来表示,杆 1 是曲柄,杆 4 是机架。图 3-38(b)所示的缝纫机刺布机构所使用的就是曲柄移动导杆机构。

如图 3-38(a)所示的曲柄移动导杆机构中:(1)如果取杆 1 为机架,则能够得到如图 3-39(a)所示的双转块机构,图 3-39(b)所示的是十字滑块联轴器所使用的双转块机构。

(2)如果取杆 2 为机架,则能够得到另外一个曲柄移动导杆机构。

(3)如果取杆 3 为机架,则可以得到如图 3-40(a)所示的双滑块机构,图 3-40(b)所示椭圆绘图仪所使用的就是双滑块机构,在构件 1 上除了 A、B 两点和与 A 连线的中点外,其上(或延长线上)任意一点 M 的轨迹一定为椭圆。

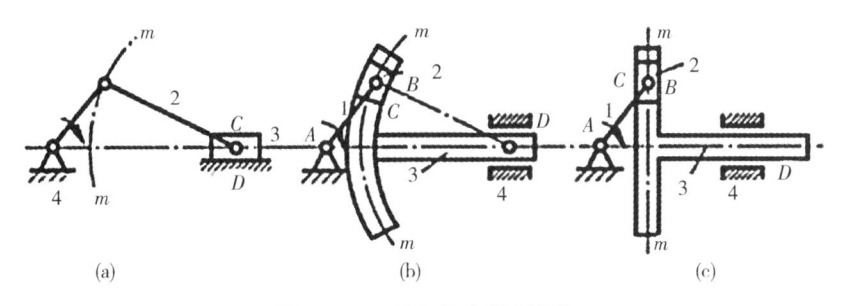

图 3-37 两个转动副的演化

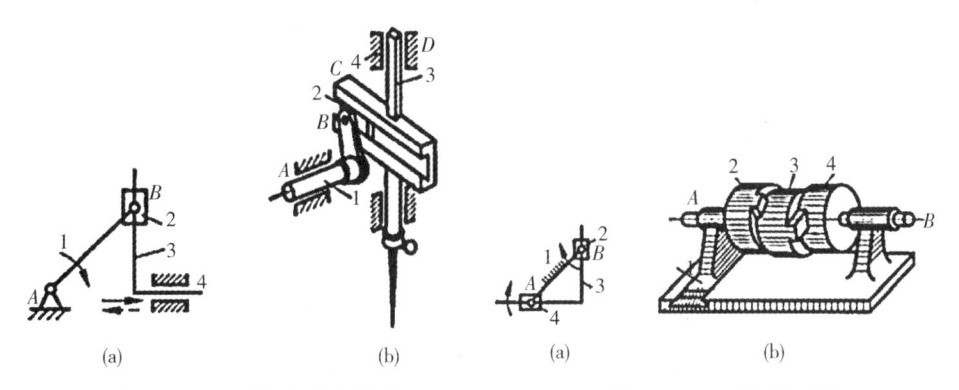

图 3-38 缝纫机刺布机构

图 3-39 双转块机构

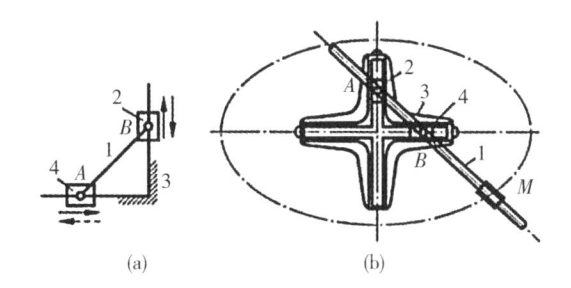

图 3-40 双滑块机构

单元任务实施

请同学们观察汽车前轮转向机构实物，结合模型和图 3-41 运动简图，思考并回答下面的问题。

(1)转向机构各杆件之间是通过什么连接的？
(2)此机构中机架、连架杆、连杆分别是哪些杆件？
(3)汽车左右两前轮的转角 α 和 β 相等吗？
(4)图中 ABCD 组成的四边形是等腰梯形吗？
(5)此转向机构中是否存在曲柄？
(6)在汽车上转动转向盘，证实左、右两前轮能做整周回转运动。

汽车机械基础

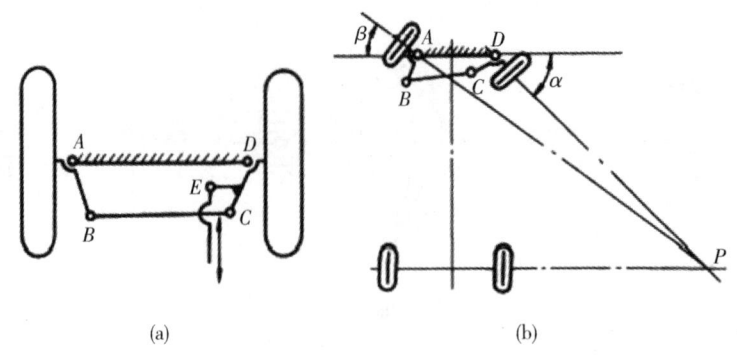

(a)　　　　　　　　　(b)

图 3-41　汽车前轮转向机构

(7)确定汽车两前轮转向机构的类型为双摇杆机构。

(8)总结。

汽车的前轮转向机构是具有等长摇杆的双摇杆机构，又称等腰梯形机构。它能使与摇杆固连的两前轮轴转过的角度 α 和 β 不同，使车辆转弯时每一瞬时都绕一个转动中心 O 点转动，保证四个轮子与地面之间做纯滚动，从而避免轮胎由于滑拖所引起的磨损，增加了车辆转向的稳定性。

单元三　凸轮机构

单元描述

汽车内燃机中的配气机构是发动机中的重要机构，工作时要求在一个工作循环内，气门迅速打开，随即迅速关闭，然后保持关闭不动。这种要求用平面四杆机构是不能实现的，那么配气机构是如何控制气门的适时启闭的呢？

单元目标

1. 掌握凸轮机构的组成和应用。
2. 掌握凸轮机构的分类。
3. 熟悉凸轮机构常用的运动规律。
4. 了解凸轮及滚子的材料及结构。

微课视频

单元知识准备

一、凸轮机构的组成、特点及分类

1. 凸轮机构的组成

如图 3-42 所示为内燃机的配气机构。内燃机工作的时候，具有曲线外轮廓形状的凸

轮1回转，它的轮廓迫使气门杆2往复运动，控制气门有规律地开闭（关闭是弹簧3的作用），而气门开启或者关闭时间的长短，以及运动的速度与加速度的变化则是由凸轮的轮廓形状决定的。这种要求用连杆机构是很难实现的。

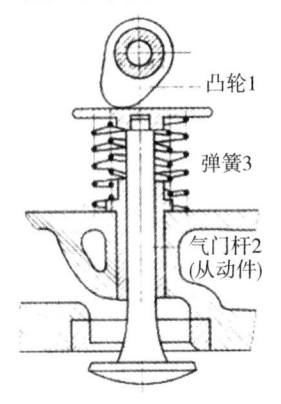

图 3-42 内燃机的配气机构

如图 3-43 所示为自动车床的走刀机构。当有凹槽的圆柱凸轮 1 回转时，凹槽的侧面推动摆杆 2 末端的滚子 3，让摆杆绕着轴 O 摆动，摆杆另外一端的扇形齿轮和刀架下部的齿条相互啮合，让刀架实现进刀与退刀运动。进刀与退刀的运动规律是由凹槽的曲线形状来决定的。

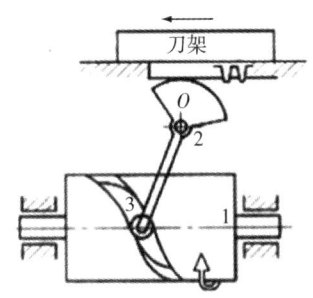

1——凸轮　2——摆杆（从动件）　3——滚子
图 3-43 自动车床的走刀机构

上述应用实例中的由凸轮与推杆（或者摆杆）所组成的机构称为凸轮机构。凸轮是一个有曲线轮廓或者凹槽的构件，一般作为主动件做等速转动或者移动。而凸轮直接推动的推杆或者摆杆则被称为从动件。凸轮在运动的时候，通过高副接触能够让从动件得到连续或者不连续的任意预期往复运动。凸轮机构是由三个主要构件组合而成的高副机构，分别是凸轮、从动件及支承它们的机架。凸轮机构通常用来变换运动的形式，把凸轮的连续转动或者移动转换为从动件连续或者间歇的往复移动或摆动。

2. 凸轮机构的特点

（1）凸轮机构的优点：组成凸轮机构的构件数量比较少，结构较简单、紧凑；只需要设计适当的凸轮轮廓，就能够让从动件得到预期的运动规律，且便于设计。

（2）凸轮机构的缺点：容易磨损，只适合用于传力不大的场合；从动件的行程不能过大，不然会使凸轮尺寸过大，机构变得笨重；凸轮制造比较复杂，轮廓精度要求高时需要用数控机床来进行加工。

3. 凸轮机构的分类

凸轮机构的种类繁多，可以依据凸轮的形状、从动件的形式及锁合方式进行分类。

(1)依照凸轮的形状可将其分为以下三类

①盘形凸轮

盘形凸轮是指具有径向轮廓尺寸变化，并且绕着固定轴线回转的盘形构件，如图3-44所示，盘形凸轮为凸轮的基本形式，结构比较简单，应用最广泛。但从动件的行程不宜太大，不然会导致凸轮的尺寸变化过大，不利于凸轮机构的工作。

②移动凸轮(亦叫滑板凸轮)

移动凸轮可以看成回转中心在无穷远处的盘形凸轮的一部分，当移动凸轮相对机架做直线往复移动时，推动从动件获得预定要求的运动。移动凸轮大多用于靠模仿形机构中(如图3-45所示)。

图3-44 盘形凸轮　　　　图3-45 移动凸轮

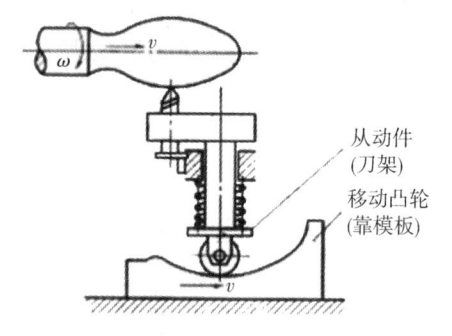

③圆柱凸轮

圆柱凸轮是指在圆柱面上开有曲线沟槽或者在圆柱端面上做出曲线轮廓的构件，亦可以看成将移动凸轮卷成圆柱并且绕固定轴回转而构成的(如图3-46所示)。

图3-46 圆柱凸轮

(2)依照从动件端部结构形式可将其分为以下三类

①尖顶从动件

如图3-47(a)(b)所示，从动件端部为尖顶。这种从动件结构简单，尖顶能够和任何形状的凸轮轮廓逐点接触，能够实现复杂的运动规律，缺点是容易磨损。只适合用于作用力不大、转速比较低的场合，譬如用于仪表等机构中。

②滚子从动件

如图3-47(c)(d)所示,从动件端部为滚子。滚子从动件与凸轮轮廓之间为滚动摩擦,减少了摩擦与磨损,可以传递较大的动力,但结构比较复杂,不宜高速。

③平底从动件

如图3-47(e)(f)所示,从动件端部为平面。这种从动件的结构简单,平底和凸轮接触面间容易形成润滑油膜,利于润滑,被广泛应用于高速传动中,但不能用于凸轮轮廓是凹形的场合(运动规律受到限制)。

(3)依照从动件的运动形式可将其分为以下两类

①移动从动件

如图3-47(a)(c)(e)所示,从动件做直线往复移动。移动从动件的导路中心线经过凸轮的回转中心时,称为对心移动从动件凸轮机构,否则称为偏置移动从动件凸轮机构。

②摆动从动件

如图3-47(b)(d)(f)所示,从动件做往复摆动。

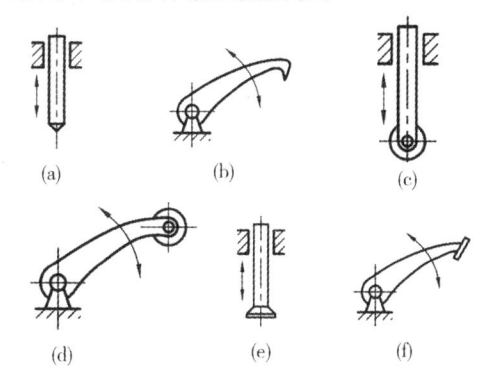

图3-47 从动件端部结构形式

(4)依照凸轮与从动件维持高副接触(锁合)的方式,可将其分为以下两类

①力锁合

力锁合是指利用从动件的重力、弹力或者其他外力保持从动件与凸轮接触。

②形锁合

形锁合是指依靠凸轮和从动件的特殊几何结构使从动件与凸轮保持接触。

上述介绍了几种凸轮机构的分类方法。不同类型的凸轮与从动件组合能够得到不同类型的凸轮机构。在凸轮机构中盘形凸轮、移动凸轮与从动件属于平面凸轮机构,它们之间的相对运动为平面运动。圆柱凸轮与从动件属于空间凸轮机构,它们之间的相对运动为空间运动。

二、从动件常用的运动规律

凸轮在凸轮机构中做等速转动或者等速移动,迫使从动件直线往复移动或摆动。从动件在运动的时候,它的位移与凸轮轮廓曲线上向径的变化有关,而凸轮轮廓曲线上各点向径的大小随着凸轮转角的变化而变化。亦就是说,从动件的位移会随着凸轮转角的变化而发生变化,从动件的运动速度、加速度亦会随之而发生变化。从动件在运动时的位移、速度及加速度随着凸轮转角变化的关系,称为从动件的运动规律。同一机器或者不同的机器在工作过程中对从动件的运动规律要求是不一样的。下面主要介绍常用的两种运动规律。

1. 凸轮机构的工作过程

如图 3-48(a)所示为对心式尖顶移动从动件盘形凸轮机构。其组成凸轮轮廓的四段曲线分别是 AB、BC、CD、DA。凸轮轮廓曲线的最小半径为 r_0，以凸轮的回转轴心 O 为圆心，以凸轮的最小半径为半径所作的圆，称为凸轮的基圆，基圆半径为 r_0。图示中从动件与凸轮在 A 点接触，从动件处于最低位置。当凸轮以等角速度 ω 沿逆时针方向回转一个角度 $δ_1$ 时，凸轮轮廓 AB 段推动从动件以一定的运动规律由最低位置 A 上升到最高位置 B'，从动件自最低位置上升到最高位置的过程称为推程或升程，所对应的凸轮转角 $δ_1$ 称为推程角。凸轮继续回转一个角度 $δ_2$ 时，凸轮轮廓 BC 段与从动件接触，由于 BC 段是以凸轮轴心 O 为圆心的圆弧，因此从动件在最高位置静止不动，此过程称为远停程或者远休止，所对应的凸轮转角 $δ_2$ 称为远停程角或者远休止角。凸轮继续回转一个角度 $δ_3$ 时，凸轮轮廓 CD 段与从动件接触，从动件以一定的运动规律从最高位置下降至最低位置，这个过程称为回程，所对应的凸轮转角 $δ_3$ 称为回程角。凸轮继续回转一个角度 $δ_4$ 时，凸轮轮廓 DA 段与从动件接触，从动件在最低位置静止不动，此过程称为近停程或近休止，所对应的凸轮转角 $δ_4$ 称为近停程角或近休止角。当凸轮继续回转时，从动件重复上述运动。从动件在推程和回程过程中移动的最大距离 h 称为行程。

从动件的位移曲线是指以凸轮转角 δ 为横坐标，从动件的位移 s 为纵坐标所作的曲线，如图 3-48(b)所示为从动件在做等速运动规律时的位移曲线。由此可知，从动件的速度曲线与加速度曲线就是指以凸轮转角 δ 为横坐标，以从动件的速度与加速度为纵坐标所作的曲线。这些曲线图展示了从动件的运动规律。

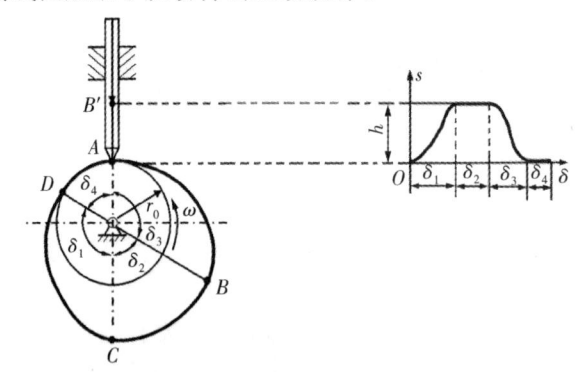

(a)凸轮机构的工作过程　　(b)从动件的位移曲线

图 4-48　凸轮机构的工作原理

2. 从动件常用的运动规律

(1)等速运动规律

等速运动规律是指在凸轮机构中，当凸轮做匀角速度回转时，从动件以常数 v 的速度上升或下降的运动规律。它的简易运动方程为

$$\begin{cases} s = vt = \dfrac{v}{\omega}\delta \\ v = 常数 \\ a = 0 \end{cases}$$

如图 3-49 所示为从动件做等速运动规律时的运动线图。因为 $\dfrac{v}{w}$ 是常数，所以从动件的位移曲线为斜直线，速度曲线为平行于横坐标轴的水平线。从动件在推程与回程的过程中做等速运动，加速度 $a=0$。但凸轮开始转动的一瞬间，从动件立刻由静止状态转为上升，速度发生突变，从动件上升到最高位置后立刻转为下降或者静止，速度再次发生突变，从动件从最高位置等速下降到最低位置立刻停止，速度又一次发生突变。速度发生突变，加速度理论上达到无穷大 $\left(\alpha=\dfrac{\Delta v}{\Delta t}=\pm\infty\right)$，产生的惯性理论上亦达到无穷大（因为材料的弹性变形，加速度和惯性力实际上不会达到无穷大），导致机构受到强烈的冲击。这种由于速度而产生的突变让加速度达到无穷大时产生的冲击称为刚性冲击。所以，做等速运动规律的凸轮机构，随着凸轮的不断转动，从动件将会产生周期性的刚性冲击，引起凸轮机构工作时的强烈振动。因此，等速运动规律只适合用于凸轮做低速转动与从动件质量小的场合。

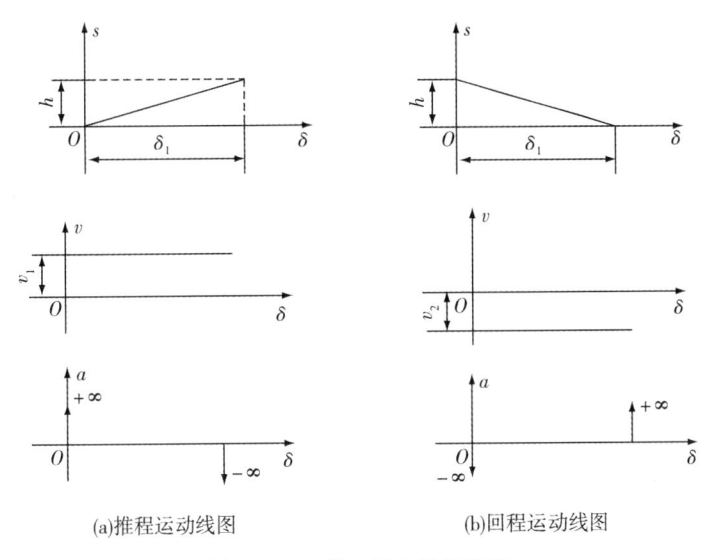

(a)推程运动线图　　　　　(b)回程运动线图

图 3-49　等速运动规律线图

(2)等加速、等减速运动规律

等加速、等减速运动规律主要是将从动件运动的整个行程 h 分为两段，前 $\dfrac{h}{2}$ 段做等加速运动，后 $\dfrac{h}{2}$ 段做等减速运动，如果等加速段与等减速段时间相等，那加速度的绝对值亦相等。它的简易运动方程为

$$\begin{cases} s=\dfrac{1}{2}at^2 \\ v=at \\ a=\text{常数} \end{cases} \rightarrow \begin{cases} s=\dfrac{a}{2\omega^2}\delta^2 \\ v=\dfrac{a}{w}\delta \\ a=\text{常数} \end{cases}$$

如图 3-50 所示为从动件做等加速、等减速运动规律线图。因为 $\dfrac{a}{2\omega^2}$ 为常数，位移 s

为转角 δ 的二次函数,所以它的位移曲线为抛物线,等加速段与等减速段是两段开口方向不相同的抛物线。速度曲线为斜直线,从动件运动到 $\frac{h}{2}$ 行程时,速度最大。因为加速度是常数,所以加速度曲线是平行于横坐标轴的水平线。做等加速、等减速运动规律的凸轮机构,从动件的速度曲线在整个运动过程中是连续的,也就是说速度没有发生突变,但在推程与回程的两端及中点,加速度发生了有限突变,惯性同样发生了有限突变。由于加速度出现有限突变产生的冲击称为柔性冲击。因此,等加速、等减速运动规律改善了凸轮机构工作的平稳性,避免了刚性冲击,但柔性冲击依然存在,适合用于凸轮做中速回转、从动件质量较小或轻载的场合。

等加速、等减速运动规律位移曲线作图方法:

①先画出坐标轴,横坐标表示凸轮转角 δ,纵坐标表示从动件的位移 s。

②选择合适的长度比例尺(实际长度/图示长度)μ_1(mm/mm)及角度比例尺(实际角度/图示长度)μ_δ(°/mm),在横坐标轴上依据角度比例尺 μ_δ 截取推程角 δ_1 及它的半角 $\frac{\delta_1}{2}$,在纵坐标轴上依据长度比例尺截取行程 h 及它的一半 $\frac{h}{2}$ 等。

③将 $\frac{\delta_1}{2}$ 分成若干等份,现取 4 等份,得分点 1、2、3、4。将 $\frac{h}{2}$ 取相同的等份,得分点 1′、2′、3′、4′。连接抛物线顶点与各分点 1′、2′、3′、4′,得斜线 O1′、O2′、O3′、O4′,过分点 1、2、3、4 做横坐标轴的垂线,分别与斜线 O1′、O2′、O3′、O4′ 相交于 1″、2″、3″、4″。

④将平滑的曲线与顶点 O 及各交点 1″、2″、3″、4″ 相连接,就能得到等加速段的位移曲线。用相同的方法可以画出等减速段的位移曲线及回程段的位移曲线。

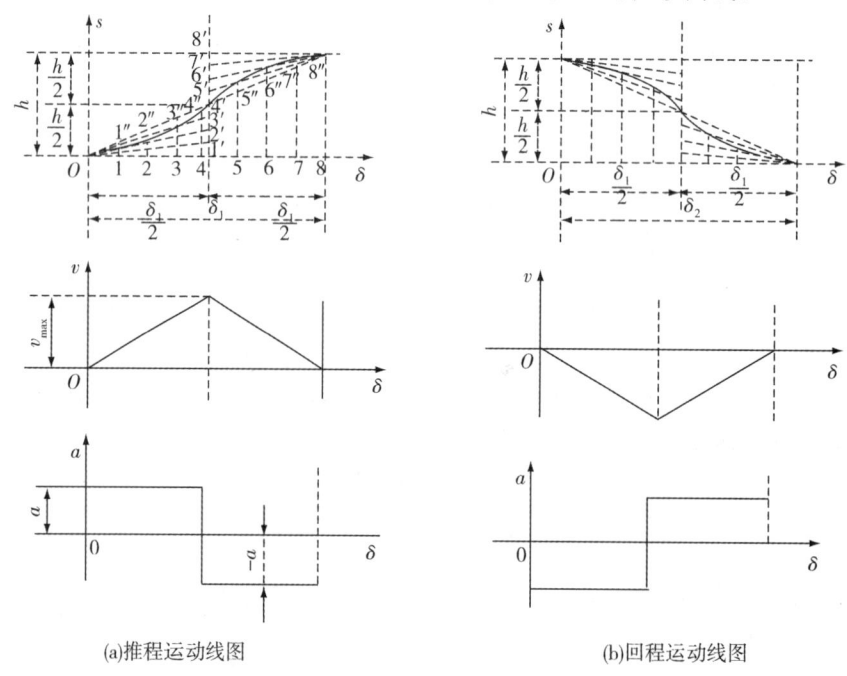

(a)推程运动线图　　(b)回程运动线图

图 3-50　等加速、等减速运动规律线图

除了上述的几点外,从动件的运动规律还有余弦加速度运动规律及正弦加速度运动规律等,比较适用于中、高速凸轮机构。

三、盘形凸轮轮廓曲线的设计

依据机械的工作要求选择合适的从动件的运动规律后(表 3‑3 从动件的运动规律),就可以依据选定的运动规律及其他条件对凸轮轮廓进行设计。凸轮轮廓的设计方法有两种,分别是图解法与解析法,这里只介绍图解法。

凸轮机构在工作的时候,凸轮等角速度转动,但在绘制凸轮轮廓的曲线时,凸轮需要相对静止。依据相对运动的原理,假如为整个机构加上一个公共角速度($-\omega$),这个时候凸轮与从动件之间的相对运动并不发生改变,但凸轮变为相对静止,而且从动件与机架导路一方面以角速度($-\omega$)绕轴心 O 回转,另一方面从动件又相对于机架导路做往复移动。因为从动件的尖顶始终保持与凸轮轮廓接触,所以,反转后尖顶的运动轨迹就是凸轮的轮廓。依据上述分析,在设计凸轮轮廓的时候,可以假设凸轮静止不动,从动件与机架相对凸轮做反向转动,同时,从动件在机架导路中往复移动,作出从动件在这种复合运动中的一系列位置,则其尖顶的轨迹就是所要求的凸轮轮廓,这种设计方法称为反转法。

1. 对心尖顶移动从动件盘形凸轮轮廓曲线的绘制

已知条件:凸轮沿逆时针方向回转,基圆半径$r_0=30$ mm,从动件的运动规律如下:

表 3‑3 从动件的运动规律

凸轮转角	0°～120°	120°～180°	180°～360°
从动件运动规律	等速上升 20 mm	停止不动	等速下降回原位

作图步骤:

(1)合理选择比例尺作位移曲线圈

选择长度比例尺为$\mu_1=1$ mm/mm,角度比例尺为$\mu_\delta=6$ °/mm,依据角度比例尺在横坐标轴上从原点至右量取 20 mm、10 mm、30 mm 分别代表推程角 120°、远休止角 60°、回程角 180°。将推程角与回程角分成若干等份(分点越多,作图越精确),现在每 30°取一分点等分推程角与回程角,得分点 1、2、3、…、11,停程不必取分点。依照长度比例尺在纵坐标轴上向上截取 20 mm 代表行程 20 mm,依照前面描述的位移曲线作图法画出从动件的位移曲线[如图 3‑51(a)所示]。过每个分点作垂线得到和各分点相对应的从动件的位移 11′、22′、…、(11)(11)′(11′与 11 重合)。

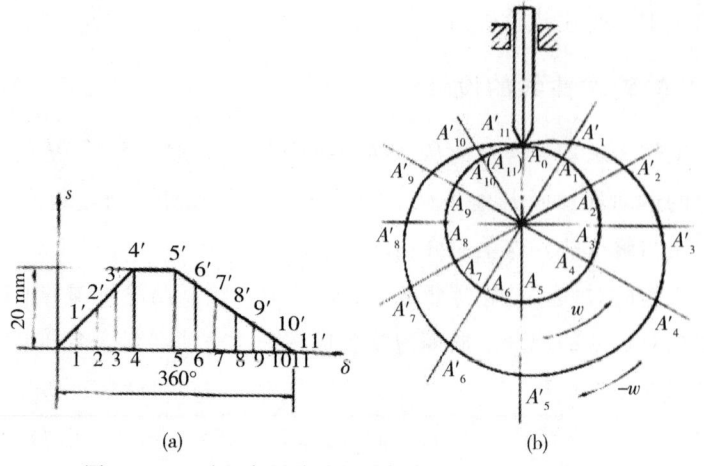

图 3‑51 对心尖顶移动从动件盘形凸轮轮廓的绘制

（2）作基圆取分点

如图 3‑51(b) 所示，任取一点为圆心 O，以点 A_0 为从动件尖顶的最低位置，以 $OA_0 = \dfrac{r_0}{\mu_1} 30$ mm 为半径作基圆，以 A_0 点为凸轮轮廓的起始点，依照顺时针（$-\omega$）方向在基圆圆周上分别量取推程角 120°、远休止角 60°、回程角 180°、近休止角 60°，并且把推程角与回程角分成和位移曲线图对应的等份，在基圆圆周上得分点 A_1，A_2，A_3，…，A_{11}，其中 A_{11} 与 A_0 重合。

（3）画凸轮轮廓曲线

分别连接 OA_1，OA_2，…，OA_{11} 并延长，然后在其延长线上截取 $A_1A_1' = 11'$ 得点 A_1'，$A_2A_2' = 22'$ 得点 A_2'，…，$A_{11}A_{11}' = (11)(11)'$ 得点 A_{11}'，其中 A_{11}' 与 A_{11} 重合。将点 A_0，A_1'，A_2'，…，A_{11}' 用光滑的曲线连接起来，就是所求的凸轮轮廓曲线。

2. 滚子移动从动件盘形凸轮轮廓曲线的绘制

滚子从动件和尖顶从动件的区别在于从动件的端部加装了半径为 k 的滚子，在运转过程中，凸轮轮廓线一直与滚子相切，所以，轮廓线和滚子的接触点到滚子中心的距离恒等于滚子半径，因此可以将滚子中心看成尖顶从动件的尖顶，先绘制出滚子中心的移动轨迹，再绘制出凸轮的轮廓曲线。

作图步骤：

(1) 将滚子中心看成尖顶从动件的尖顶，依据所给的运动规律、依照绘制尖顶移动从动件盘形凸轮轮廓的方法作出一条如图 3‑52 所示的轮廓曲线，这条轮廓曲线就是滚子中心在复合运动中的移动轨迹，称为凸轮的理论轮廓。

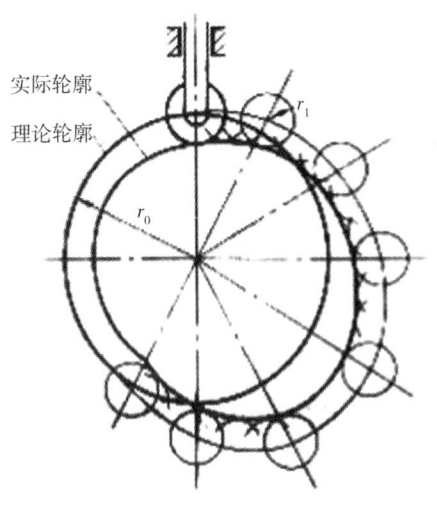

图 3 - 52　滚子移动从动件盘形凸轮轮廓的绘制

(2)以理论轮廓曲线上的各点为圆心,滚子半径 k 为半径作一系列滚子圆,之后作这些滚子圆的内包络线,这条内包络线就是所求的凸轮轮廓曲线,它是与滚子实际接触的轮廓,称为凸轮的实际轮廓。

3. 平底从动件盘形凸轮轮廓曲线的绘制

平底从动件盘形凸轮轮廓的设计与滚子从动件盘形凸轮轮廓的设计差不多,亦分两步进行。

绘图步骤:

(1)将从动件的导路中心线和平底的交点 A_0 看成尖顶从动件的尖顶(如图 3 - 53 所示),依照前面描述的方法作凸轮理论轮廓曲线上一系列点 A_1,A_2,…,A_8。

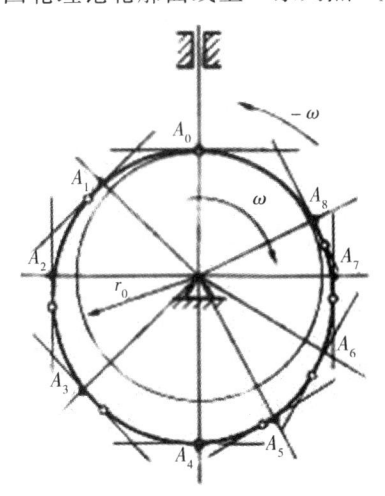

图 3 - 53　平底移动从动件盘形凸轮轮廓的设计

(2)过理论轮廓线上各点,画出每个位置的平底线,之后作平底线的包络线,这个包络线就是所求凸轮的实际轮廓曲线。

4. 偏置移动从动件盘形凸轮轮廓曲线的绘制

当凸轮机构的结构不允许从动件的导路中心线通过凸轮轴心，或者为了得到比较小的机构尺寸时，可以采用如图 3 - 54 所示的偏置从动件盘形凸轮机构。从动件的导路中心线偏离凸轮回转中心的距离 e 称为偏距。从动件在反转运动中依次占据的位置变成了一条和凸转回转中心 O 保持一偏距 e 的直线。那么以凸轮回转中心 O 为圆心、偏距 e 为半径所作的圆，称为偏距圆。而在反转运动中从动件依次占据的位置一定在偏距圆的切线上（B_1A_1，B_2A_2，B_3A_3，…）。从动件的位移（$A_1A'_1$，$A_2A'_2$，…）亦应该沿着这些切线量取，这是与对心移动从动件不一样的地方。其他的作图步骤和尖顶对心移动从动件盘形凸轮廓线的方法相同。

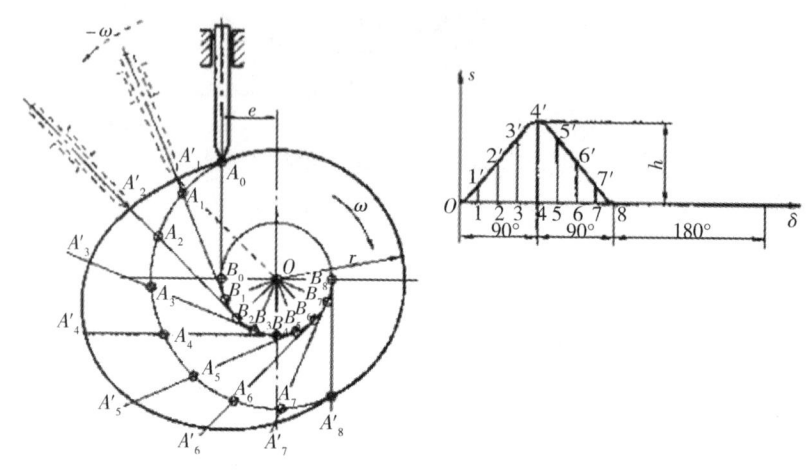

图 3 - 54 偏置尖顶移动从动件盘形凸轮轮廓的绘制

5. 图解法正确绘制盘形凸轮轮廓曲线应注意的问题

(1)因为绘制凸轮轮廓时所用的方法为反转法，所以在基圆圆周上依照位移曲线图截取分点时，一定要依照($-\omega$)的方向截取，不然就与预定的运动规律不相符。

(2)在绘制同一凸轮轮廓时，关于长度方面的尺寸，譬如、行程、基圆半径、偏距及滚子半径等一定要用同一长度的比例尺。

(3)等分推程角与回程角时，分点取得越多，作出的凸轮轮廓就越精确。实际设计时可以依据对凸轮工作准确程度的要求决定。

(4)连接各分点的曲线一定要圆滑。

四、凸轮机构设计中的几个问题

对于凸轮机构，不但要确保从动件能够实现预期的运动规律，还要求凸轮机构有较好的传力性能及紧凑的结构，这些要求和压力角、凸轮基圆半径及滚子半径等因素有关。

1. 压力角及其校核

如图 3 - 55 所示为凸轮机构在推程的某一位置时，从动件运动方向与过该点的法线之间的夹角，称为凸轮机构在图示位置的压力角 α。凸轮机构的压力角会伴随着凸轮的转动、凸轮轮廓曲线的变化及接触点法线方向的变化而变化。

将凸轮作用在从动件上的力 F 进行分解，可得

$$F_1 = F\cos\alpha$$
$$F_2 = F\sin\alpha$$

从动件的运动方向和F_1一致，F_1是推动从动件运动的有效分力，F_2和从动件的运动方向垂直，作用在导路上，是让从动件和导路间产生摩擦阻力的有害分力。压力角越大，则有效分力F_1越小，而有害分力F_2越大，导致摩擦阻力越大。压力角增大到某个数值时，有效分力F_1无法克服由有害分力F_2所引起的摩擦阻力，这个时候，不管从动件上的作用力F有多大，都无法使从动件运动，这种现象称为"自锁"。因此，为了确保凸轮机构能够正常运转，必须限制凸轮机构的最大压力角，用许用压力角来表示。

凸轮机构的最大压力角不能大于许用压力角。通常许用压力角的推荐数值为：

移动从动件推程：$[\alpha]=30°$

摆动从动件推程：$[\alpha]=45°$

回程：$[\alpha]=70°\sim80°$

通常，从动件的回程通常是依靠自重或者弹簧的作用而下降，并不会有自锁现象发生，因此压力角可以取大一些。

凸轮的轮廓曲线设计好了之后，必须校核，看一看最大压力角是否大于许用值。校核方法如图3-56所示，先确定校核点，最大压力角通常出现在凸轮轮廓坡度比较陡的地方，所以应从轮廓坡度较陡的地方挑选出几个点来做校核点。然后用量角器的底边和凸轮轮廓曲线上的校核点相切，量角器上的90°线就是校核点的法线，该线与从动件运动方向线之间的夹角即该点的压力角。如果量出的最大压力角大于许用值时，可以适当增加凸轮基圆的半径，重新设计凸轮轮廓来减小压力角。如果量出的最大压力角远远小于许用值，证明设计的凸轮轮廓传力性能较好，但尺寸还可以再缩小一些，是否还需要修改设计可依据具体情况决定。

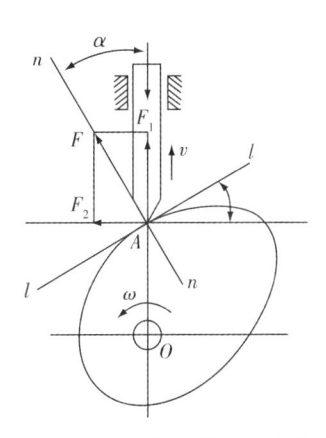

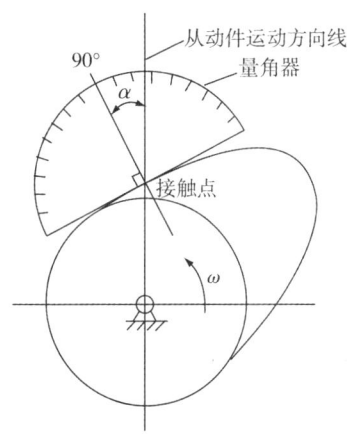

图3-55 凸轮机构的压力角　　图3-56 凸轮机构压力角的校核

2. 压力角与凸轮尺寸的关系

从压力角的概念可以知道，压力角越小，凸轮机构的传力性能越好，但压力角不止和传力性能有关，还和凸轮尺寸有关。如图3-57所示，在同一凸轮中预选两种基圆半径r_{01}，r_{02}，且$r_{01}<r_{02}$，当凸轮转过相同的角度δ，从动件上升相同位移h时，基圆较小的凸轮的廓线比较陡，压力角较大；基圆较大的凸轮，其廓线比较缓，压力角较小。很明

显，压力角减小会让基圆的半径增大，导致整个机构的尺寸增大。在设计凸轮机构的时候，必须要处理好这一矛盾。通常情况下，如果没有严格要求机构的结构尺寸，可以将基圆的半径取大一些从而减小压力角，让机构具有较好的传力性能。如果需要减小机构尺寸，则基圆的半径应该取小一些，但必须要保证最大压力角不能大于许用值。

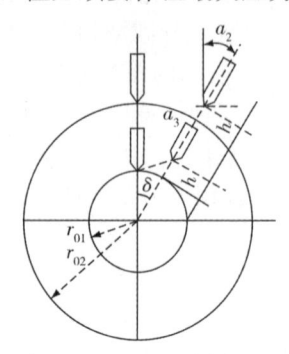

图 3-57 基圆半径与压力角的关系

3. 滚子半径的选择

在滚子从动件盘形凸轮机构中，当理论轮廓曲线求出来之后，如果选错了滚子半径，实际轮廓曲线就会出现过度切割，从而导致运动失真。

如图 3-58 所示，理论轮廓曲线完全相同，滚子半径不同，则所得的实际轮廓曲线亦不相同。假如滚子半径为 r_g，理论轮廓曲线上的最小曲率半径为 $p_{\min}$，实际轮廓曲线上的最小曲率半径为 $p'_{\min}$。

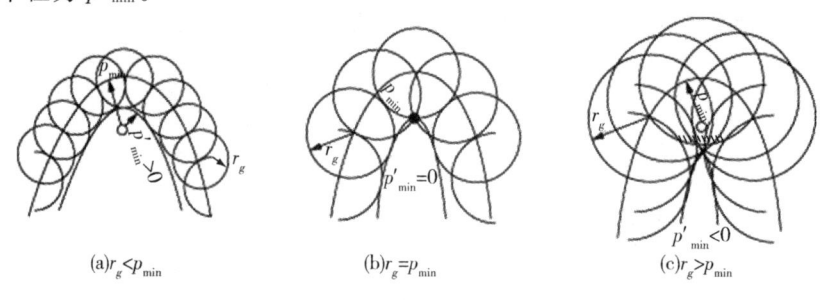

图 3-58 滚子半径的选择

如图 3-58(a)所示，当 $r_g < p_{\min}$ 时，$p_{\min}' = p_{\min} - r_g > 0$，所得的实际轮廓曲线依然为一条平滑的曲线。

如图 3-58(b)所示，当 $r_g = p_{\min}$ 时，$p_{\min}' = p_{\min} - r_g = 0$，所得的实际轮廓曲线出现尖点，这种尖顶轮廓在传动时容易被磨损，磨损后会改变原有的运动规律。

如图 3-58(c)所示，当 $r_g > p_{\min}$ 时，$p_{\min}' = p_{\min} - r_g < 0$，此时实际轮廓曲线出现交叉，图中的阴影部分在凸轮加工时将被切掉，这一部分的运动规律将无法实现，这种失掉真实运动规律的现象称为失真。

挑选滚子半径 r_g 时，为了让凸轮实际轮廓曲线不论在什么位置既不交叉又不变尖，滚子半径 r_g 必然小于理论轮廓曲线外凸部分的最小曲率半径 $p_{\min}$（理论轮廓曲线的内凹部分对滚子半径大小的选择没有要求），但从滚子的结构、安装及强度等方面考虑，滚子半径亦不能太小。综合考虑，通常 r_g 取 $(0.1 \sim 0.5) r_0$，校核时使 $r_g \leqslant 0.8 p_{\min}$。

在设计滚子从动件盘形凸轮轮廓曲线的时候,如果出现运动失真的情况,可以通过减小滚子半径来解决。如果因为结构原因无法减小滚子半径时,可以适当增大基圆半径,达到增大理论轮廓曲线的最小曲率半径的目的。

单元任务实施

(1)观察汽车配气机构实物、模型,结合图 3-59 所示回答下面的问题。

①配气机构的凸轮属于哪种类型?

②配气机构中从动件属于哪种类型?

③凸轮在机构中是主动件吗?

④凸轮和其支承轴可以分离吗?

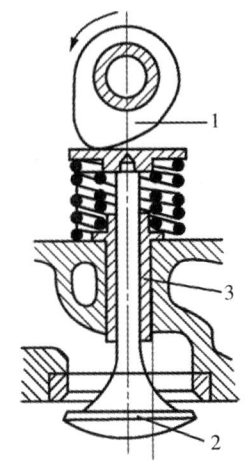

1——凸轮　2——气门阀杆　3——导套

图 3-59　汽车配气机构

(2)为什么要采用凸轮轴而不将轴和凸轮分开进行加工制造?

单元四　间歇运动机构

单元描述

如图 3-60 所示为牛头刨床工作台进给机构。进给运动是最直接、最简单的控制刀具移动的方式。这种利用棘轮机构来实现周期性的运动与停歇,能够将主动件的连续运动转换成从动件有规律性的运动与停歇的机构,称为间歇运动机构。

微课视频

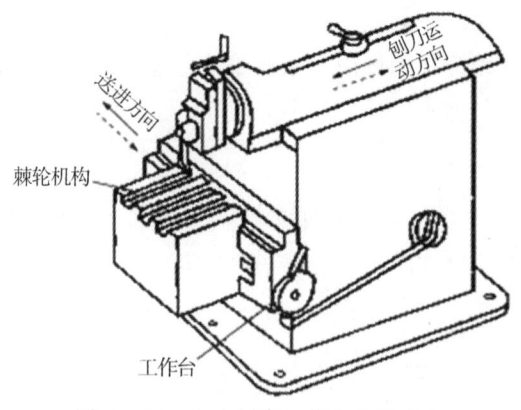

图 3-60 牛头刨床工作台进给机构

单元目标

1. 了解间歇运动机构的种类。
2. 掌握各种间歇运动机构的种类的特点组成及它的工作原理。

单元知识准备

一、棘轮结构

棘轮结构主要是由棘轮、棘爪及摇杆组合而成的一种单向间歇运动机构。牛头刨床的棘轮机构的作用是将摇臂齿轮轴的旋转运动间歇地传递给横梁内的水平进给丝杠，让工作台在水平方向能够做自动进给运动。

1. 棘轮机构的组成与工作原理

棘轮机构的组成如图 3-61 所示，主要包括棘轮、棘爪、止退棘爪等。棘轮机构的工作原理为当主动摇杆逆时针方向摆动时，摇杆上铰接的主动棘爪插入棘轮的齿内，推动棘轮同方向转动一定角度。当主动摇杆沿着顺时针方向摆动时，止退棘爪阻止棘轮反向转动，这个时候主动棘爪在棘轮的齿背上滑回原位，棘轮则保持静止不动，将主动件的往复摆动转换成从动棘轮的单向间歇转动。弹簧可以迫使止退棘爪紧压齿面，确保止退棘爪工作可靠。

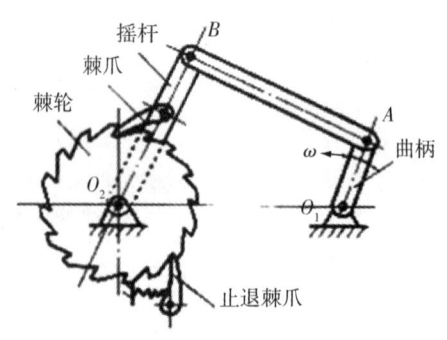

图 3-61 棘轮机构的组成

2. 棘轮机构的类型和特点

表 3-4 为常见的棘轮机构形式及其特点。

表 3-4 常见的棘轮机构形式及其特点

形式	齿啮式	摩擦式 用楔块	摩擦式 用滚子
外接			
内接			
特点	运动可靠，但棘轮转角只能有级调节，而且主动件摆角要大于棘轮运动角。有噪声，易磨损，不适合用于高速的场合	运动不准确，但转角可以无级调节。噪声小，适合用于低速轻载的场合	特点同用楔块。内接式常用于超越离合器

3. 棘轮转角的调节与转向的调整

(1) 棘轮转角的调节如图 3-62 所示，可以通过调节曲柄 O_1A 的长度使摇杆的摆角发生改变，达到调节棘轮转角的目的；或者如图 3-63 所示，让摆杆与摆角保持不变，通过调节遮板的位置，改变遮齿的多少，从而调节棘轮的转角。

(2) 如图 3-64(a)所示为棘轮转向调整，可以通过改变棘爪 AB 的位置从而改变棘轮的转向。棘爪是可以翻转的。或者如图 3-64(b)所示，将棘爪提起旋转 180°后放下，亦可以使棘轮的转向发生改变。

图 3-62 调节曲柄长度改变摇杆摆角　　图 3-63 改变遮板位置调节棘轮转角

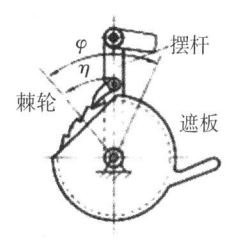

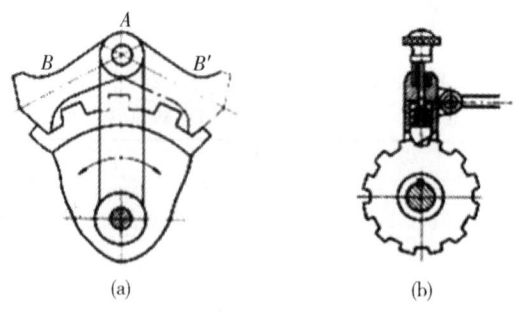

图 3-64 棘轮转向调整

4. 棘轮的其他功用

棘轮机构除了前面介绍的能实现间歇运动以外，还能实现制动与超越等功能。

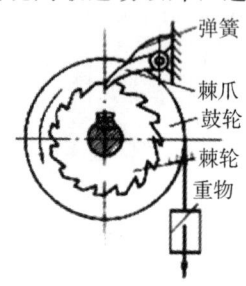

图 3-65 起重设备中常用的棘轮机构

如图 3-65 所示为起重设备中常用的棘轮机构。鼓轮与棘轮用键连接在轴上，当轴依据图示方向回转的时候鼓轮提升重物，棘爪在同步转动的棘轮齿背表面滑过，达到需要高度时，轴、鼓轮及棘轮就会停止转动，这个时候棘爪在弹簧的作用下镶嵌到棘轮的齿背中，起到防止鼓轮逆转的作用，从而保证了起重工作的安全可靠。

如图 3-66 所示，假设棘轮与内圈都沿着顺时针的方向转动，当外圈转速小于内圈转速时，棘爪就会在棘轮齿背上滑过，从而实现内圈的超越运动；当外圈转速想要超过内圈转速时，因为棘爪的作用，内圈和外圈被迫同速转动。这样的超越式棘轮机构被应用于自行车后轮的轴上。

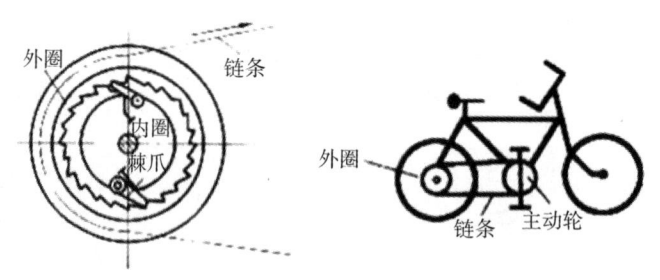

图 3-66 自行车后轴上的棘轮机构

二、槽轮机构

除了棘轮机构外，槽轮机构亦能够实现间歇运动。

1. 槽轮机构的组成和工作原理

(1)槽轮机构的组成。如图3-67所示,主要由曲柄、圆销、槽轮组成。

(2)槽轮是由4条分布均匀的径向槽与4段锁止凹弧构成的,主动销轮上带有锁止凸弧。主动销轮以逆时针方向做等速连续转动,圆销还没有进入径向槽时,因为槽轮内凹的锁止弧被销轮外凸的锁止弧锁住而保持静止;圆销开始进入径向槽时,两锁止弧脱开,在圆销的驱动下,槽轮沿着顺时针方向转动;圆销在脱离径向槽时,槽轮因为另一锁止弧被锁住而静止不动,所以当主动锁轮连续转动时,从动槽轮做周期性的间歇运动。

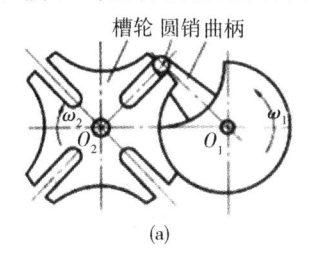

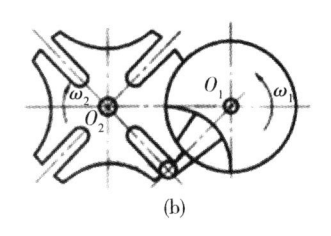

图3-67 槽轮机构

2. 槽轮机构的类型及特点

(1)槽轮机构的类型。平面式槽轮机构的类型主要有两种,分别是外啮合与内啮合。如图3-67所示的外啮合槽轮机构主动销轮的转向与从动槽轮相反,如图3-68所示的而内啮合槽轮机构主动销轮的转向和从动槽轮一致。实际应用时可以依据这些特点选择所需要的槽轮机构。

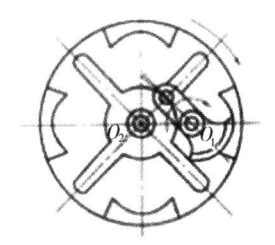

图3-68 内啮合槽轮机构

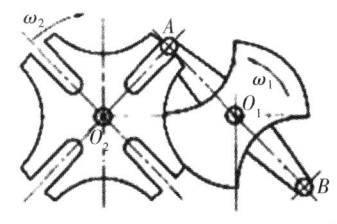

图3-69 双圆销外啮合槽轮机构

(2)槽轮机构的特点。槽轮机构能够精准地控制转角,工作可靠,机械效率比棘轮机构高;槽轮的角速度不是常数,在启动与停止时加速度的变化大,因此惯性力亦较大,所以不适合用于转速较高的场合;槽轮机构的结构与棘轮机构相比,要更加复杂,制造和加工的精度要求亦比较高。

如图3-67所示,曲柄每回转1周,槽轮间歇运动1次,槽轮长时间保持静止不动。如果需要静止时间短一点儿,可以增加圆销的数量。如图3-69所示为双圆销外啮合槽轮机构,销轮每回转1周,槽轮间歇运动2次。

3. 槽轮机构的应用

如图 3-70 所示为电影放映机转片机构。放电影的时候,胶片以 24 张/秒的速度经过镜头,镜头前的每张画面都有一个短暂的停留,人们通过视觉暂留得到连续的场景。

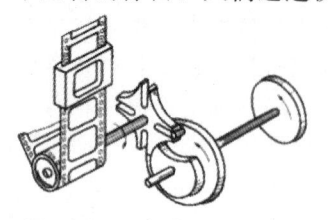

图 3-70 放映机转片机构

如图 3-71 所示为自动机床的刀架转位机构。刀架转位机构可以依据零件加工工艺要求,自动调换所需刀具。

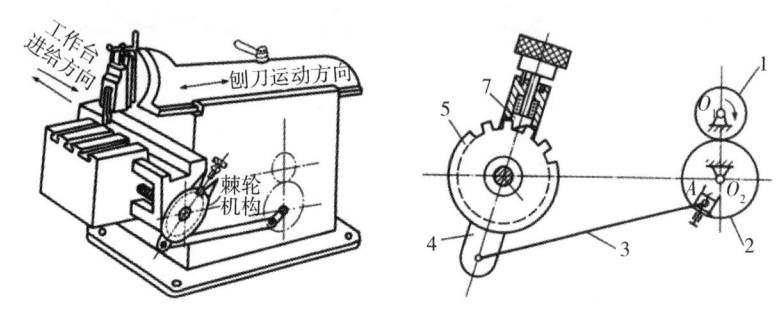

1、2——齿轮　3——连杆　4——摇杆　5——棘轮　6——丝杠　7——棘爪
图 3-71 刀架转位机构

单元任务实施

1. 如图 3-71 所示的刀架转位机构采用的是棘轮机构。齿轮 1 带动齿轮 2 连续回转,通过连杆 3 使摇杆 4 往复摆动,从而使棘爪 7 推动固定于进给丝杠 6 上的棘轮 5 做单向间歇运动,进而带动工作台做横向进给运动。当需要改变进给量(即改变棘轮每次转过的角度)时,可调节 O_2A 的长度。若需换向进给,则需要将棘爪 7 提起并转动 180°。

2. 如图 3-72 所示,当拨盘 1 转动时,圆柱凸轮跟着一起转动,推动从动件(定位销 4)沿槽轮轴线方向移动,定位销 4 和转塔刀架 5 脱离时,拨盘上的圆柱销 2 进入槽轮径向槽,拨盘带动槽轮转动 60°,使得转塔刀架上下一个工位上的刀具进入工作位置。刀架的进给是由进给凸轮带动扇形齿轮摆动,再通过齿轮齿条机构带动工作台进给完成的。

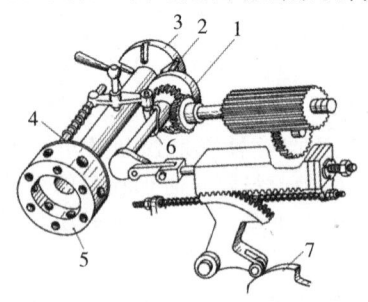

1——拨盘　2——圆柱销　3——槽轮　4——定位销　5——转塔刀架　6——圆柱凸轮　7——进给凸轮
图 3-72 自动车床中的转塔式自动换刀装置

单元五　螺旋机构

单元描述

螺旋机构应用较广，常用的螺旋机构有：千斤顶、千分尺、丝杠等。

单元目标

1. 了解螺旋传动的类型和应用。
2. 掌握滑动螺旋的结构和材料。
3. 熟练进行滑动螺旋的设计计算。

单元知识准备

一、螺旋传动的类型和应用

1. 应用

螺旋传动是利用螺杆和螺母组成的螺旋副来实现传动要求的。它主要用于将回转运动转变为直线运动，同时传递运动或动力。

2. 螺杆与螺母相对运动形式

(1) 螺杆转动螺母移动——多用于机床的进给机构中，如图3-73所示。

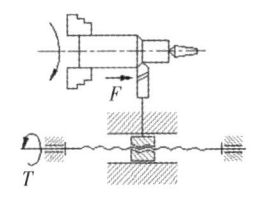

图3-73　机床进给机构

(2) 螺杆转动并移动(螺母固定)——多用于螺旋起重器或螺旋压力机中，如图3-74所示。

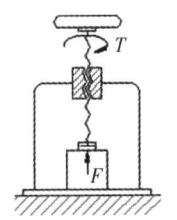

图3-74　螺旋起重器

3. 螺旋传动类型

(1) 按用途分

①传力螺旋——传递动力为主，要求以较小的转矩产生较大的轴向推力，如举重器、千斤顶、加压螺旋。

特点：转矩小、低速、间歇工作，传递轴向力大、自锁。

②传导螺旋——传递运动为主，有时也承受较大的轴向载荷，如机床进给机构的螺旋等特点：速度高、连续工作、精度高。

③调整螺旋——调整、固定零件的相对位置，如机床、仪器及测试装置中的微调机构的螺旋。

特点：不经常转动，一般在空载下调整。

(2) 螺旋传动按摩擦副的性质分

①滑动螺旋——螺母与螺杆间为滑动摩擦，如图3-75所示。

滑动螺旋传动构造简单、承载能力高、便于制造、传动平稳、工作可靠、易于自锁。但磨损快、寿命短，低速时有爬行现象(滑移)，摩擦损耗大，传动效率低(30%～40%)，传动精度低。

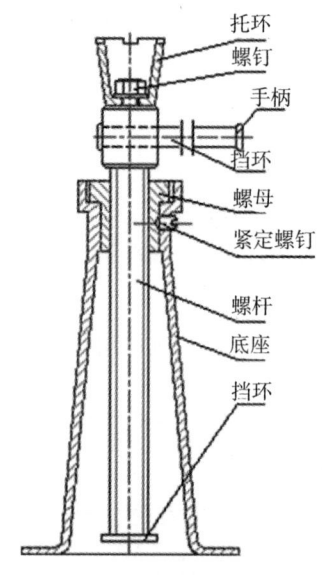

图3-75 滑动螺旋传动

②滚动螺旋——在具有圆弧形螺旋槽的螺杆和螺母之间连续装填若干滚动体(多用钢球)，如图3-76，如图3-77所示，当传动工作时，滚动体沿螺纹滚道滚动形成循环。有内循环、外循环两种循环方式。

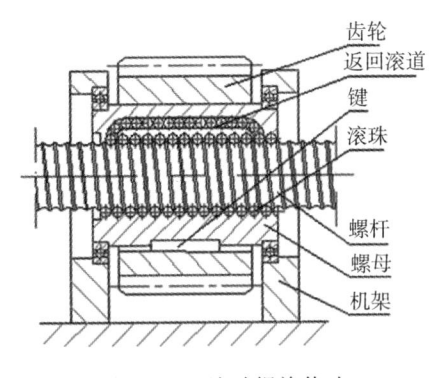

图 3-76 滚动螺旋传动

图 3-77 滚动螺旋传动实物图

滚动螺旋传动效率高（可达 90%），起动力矩小，传动灵活平稳，低速不爬行，同步性好，定位精度高，正逆运动效率相同，可实现逆传动。但不自锁，需附加自锁装置，抗震性差，结构复杂，制造工艺要求高，成本较高。

③静压螺旋——液体摩擦，靠外部液压系统提高压力油，压力油进入螺杆与螺母螺纹间的油缸，促使螺杆、螺母、螺纹牙间产生压力油膜而分隔开，如图 3-78 所示。

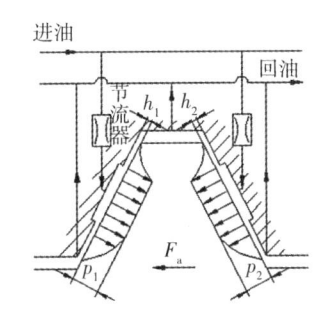

图 3-78 静压螺旋工作原理

静压螺旋传动摩擦系数小，效率高，工作稳定，无爬行现象，定位精度高，损小，寿命长。但螺母结构复杂（需密封），需一稳压供油系统、成本较高。适用于精密机床中进给和分度机构中。

二、滑动螺旋的结构和材料

滑动螺旋的结构主要是指螺杆、螺母的固定和支承的结构形式。螺旋传动的工作刚度与精度等和支承结构有直接关系，当螺杆短而粗且垂直布置时，如起重及加压装置的传力螺旋，可以利用螺母本身作为支承（如图 3-79 所示）。当螺杆细长且水平布置时，如机床的传导螺旋（丝杠）等，应在螺杆两端或中间附加支承，以提高螺杆工作刚度。螺杆的支承结构与轴的支承结构基本相同。

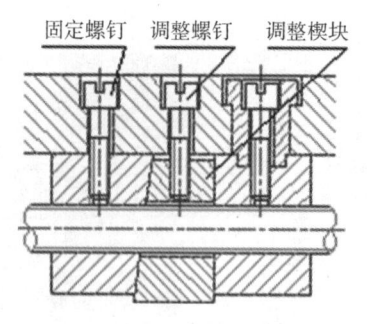

图 3-79 滑动螺旋的结构

螺母的结构有整体螺母、组合螺母和剖分螺母等形式。整体螺母结构简单，但由磨损而产生的轴向间隙不能补偿，只适合在精度要求较低的螺旋中使用。对于经常双向传动的传导螺旋，为了消除轴向间隙和补偿旋合螺纹的磨损，常采用组合螺母或剖分螺母螺杆的材料要有足够的强度和耐磨性。螺母的材料除了要有足够的强度外，还要求在与螺杆材料相配合时摩擦系数小和耐磨。螺旋传动常用的材料和应用范畴见表 3-5。

表 3-5 螺旋传动常用的材料和应用范围

螺旋副	材料牌号	应用范畴
螺杆	Q235、Q275、45、50	材料不经热处理，适用于受力不大、转速较低的传动
	40Cr、65Mn、T12、40WMn、20CnMnTi	材料需经热处理，以提高其耐磨性，适用于重载、转速较高的重要传动
	9Mn2V、CrWMn、38CrMcAl	材料需经热处理，以提高其尺寸的稳定性，适用于精密传导螺旋传动
螺母	ZCuSn10P1、ZCuSn5Pb5Zn5（铸锡青铜）	材料耐磨性好，适用于一般传动
	ZCuAl9Fe4Ni4Mn2（铝青铜） ZCuZn25Al6Fe3Mn3（铝黄铜）	材料耐磨性好，强度高，适用于重载、低速的传动。对于尺寸较大或高速传动，螺母可采用钢或铸铁制造，内孔浇注青铜或巴氏合金

三、滑动螺旋的设计计算

1. 耐磨性条件： $p = \dfrac{F}{A} = \dfrac{F}{\pi d_2 h u} = \dfrac{FP}{\pi d_2 h H} \leqslant [p]$

设计公式：$d_2 \geqslant \sqrt{\dfrac{FP}{\pi h \phi [p]}}$

2. 自锁性校核： $\varphi = \mathrm{arctg} \dfrac{L}{\pi d_2} = \mathrm{arctg} \dfrac{np}{\pi d_2} \leqslant \phi_v$

3. 螺杆的强度计算

螺杆工作时同时承受轴向压力（拉力）F 与扭矩 T 的作用，截面受拉（压）应力与扭剪应力的复合作用。

按弯扭复合强度条件计算——第四强度理论

$$\sigma_{ca}=\sqrt{\sigma^2+3\tau^2}=\sqrt{\left(\frac{F}{A}\right)^2+3\left(\frac{T}{W_T}\right)^2}\leqslant[\sigma]$$

4. 螺母的螺纹牙强度计算

由于螺母材料的强度通常低于螺杆材料的强度，因此螺纹牙受剪和弯曲均在螺母上。将螺母一圈螺纹沿螺纹大径处展开，即可视为一悬壁梁，每圈螺纹承受的平均压力 $\frac{F}{u}$ 作用在中径 D_2 的圆周上，如图 3-80。

螺纹牙根部危险剖面的变曲强度条件为：

$$\sigma_b=\frac{6Fl}{\pi Db^2 u}\leqslant[\sigma_b]$$

剖面 $\alpha-\alpha$ 的剪切强度条件为：

$$\tau=\frac{F}{\pi Dbu}\leqslant[\tau]$$

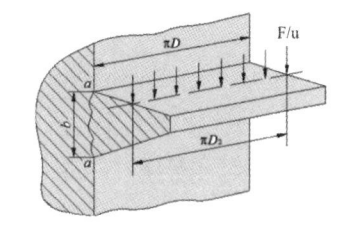

图 3-80 螺母螺纹圈的受力

5. 螺杆的稳定性计算

当螺杆较细长且受较大轴向压力时，可能会双向弯曲而失效，螺杆相当于细杆，螺杆所承受的轴向压力 F 小于其临界压力 F_{ca}。

$$S_{sc}=\frac{F_{cr}}{F}\geqslant S_s$$

S_{sc}——螺杆稳定许用安全系数
①传导螺旋 $S_s=2.5\sim4.0$。
②传力螺旋 $S_s=3.5\sim5.0$。
③精密螺杆或水平螺杆 $S_s>4$。

单元任务实施

1. 什么是螺旋传动机构？
2. 根据螺旋副摩擦性质，螺旋传动机构分为哪两种？特点是什么？
3. 滑动螺旋机构分为哪两种？计算公式、方向判别及应用特点是什么？

模块四　汽车常用传动

单元一　带传动

单元描述

汽车发电机、风扇、水泵等均由曲轴通过带传动进行驱动。掌握带传动的工作原理、张紧方法和同步齿形带在汽车上的应用等有利于帮助学生理解汽车发动机附件的驱动情况。

微课视频

单元目标

①了解带传动的特点。
②掌握带传动的工作原理和传动比的定义及计算。
③掌握 V 带的构造、型号。
④了解 V 带的受力情况，包角 α 及带速 γ 对带传动的影响。
⑤掌握带传动的张紧方法。
⑥掌握 V 带传动在汽车上的应用。
⑦了解同步齿形带的传动特点，掌握同步齿形带在汽车上的应用。

单元知识准备

一、带传动的类型与特点

1. 带传动的类型

依据带传动的工作原理，带传动可分为摩擦型与啮合型两类。如图 4-1(a)所示为摩擦型带传动，主要依靠带与带轮接触面之间的摩擦来传递动力。如图 4-1(b)所示为啮合型带传动，主要依靠带与带轮之间的啮合来传递动力，这种带传动又称为同步带传动。

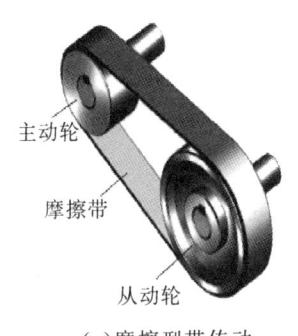

(a)摩擦型带传动　　　　　　　(b)啮合型带传动

图 4-1　带传动

依据带的横截面形状，摩擦带传动可分为平带、V 带、多楔带、圆带等几种类型，如图 4-2 所示。

(a)平带　　(b)V带　　(c)多楔带　　(d)圆带

图 4-2　传动带的主要类型

(1)平带

如图 4-2(a)所示，平带的横截面为长方形，带长可依照需要剪裁后连接成封闭的环形。平带的工作面即其与带轮贴合的内表面。平带传动简单，质轻且挠曲性好，适用于高速和中心距较大的传动。平带传动在汽车上已不再使用了。

(2)V 带

如图 4-2(b)所示，V 带的横截面为等腰梯形，传动时 V 带只接触轮槽的两个侧面，即以两个侧面为工作面。V 带传动较平带传动能产生更大的摩擦力及传递更大的功率，而且这种皮带是无接头的环形带，常常是几根一道使用。汽车发动机中的发电机、空调压缩机常采用两根 V 带驱动。如图 4-3 所示为汽车风扇经由 V 带、发动机曲轴驱动示意图。

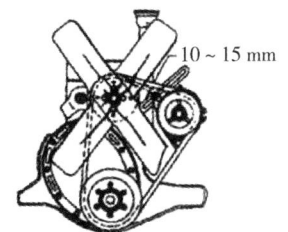

图 4-3　汽车风扇 V 带传动　　　图 4-4　捷达 1.6 升 12 气门发动机多楔带传动

(3)多楔带

如图 4-2(c)所示，多楔带是在平带基体上由多根 V 带组成的，多楔带能传递更大的功率，且能避免多根 V 带长度不一而造成的传力不均的弊端。故适用于传递功率较大且要求结构紧凑的机构。如图 4-4 所示为捷达 1.6 升 12 气门发动机中采用的双面多楔带传动。

085

(4)圆带

如图4-2(d)所示,圆带横截面为圆形,其材质一般为皮带或棉绳。圆形带传动在低速、小功率的机构较为常见,诸如仪表、缝纫机、牙科医疗器械等。

(5)同步带

同步带,即带齿的环形带,依靠带内侧的齿与带轮上的齿相啮合来传递运动及动力,其优点是传动效率高、传动比准确,缺点是结构复杂、成本高,故而,其多用于要求传动平稳、传动精确度较高的地方。汽车上发动机的正时传动机构使用的就是同步齿形带,其不但可以确保传动的精确性,而且噪声小,无须润滑,如图4-5所示。

图4-5 上置凸轮轴的同步齿形带传动　　　图4-6 橡胶正时齿带传动

正时齿带不仅可以在凸轮轴和曲轴之间实现正时传动,还可以驱动水泵、发电机、空调压缩机及转向助力泵等部件,正时齿带已实现了多功能化。如图4-6所示。

2. 传动带的结构和标记

(1)V带

V带有普通V带、窄V带、联组V带、齿形V带、大楔角V带、宽V带等多种类型。带两侧工作面间的夹角α称为带的楔角。V带由顶胶1、抗拉体2、底胶3、包布4这四个部分组成,结构如图4-7所示。其中,抗拉体是工作时的主要承载部分,结构有帘布芯与绳芯两种,绳芯结构的V带更常用。

汽车V带的尺寸也已标准化,依据公称顶宽分为AV10、AV13、AV22等型号。AV后面的数字表示顶宽的大小,单位为mm。汽车V带的标记内容和顺序为型号、有效长度公称值、标准号。譬如AV13×1000 GB/T12732－1996,表示AV13型汽车V带,有效长度公称值1000 mm。

(2)多楔带

多楔带的结构如图4-8所示,由顶布1、芯线2、黏合胶3与楔胶4这四部分组成。

(a)帘布芯结构　　(b)绳芯结构

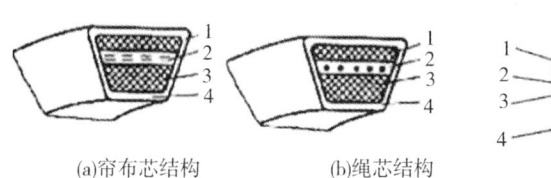

图4-7　V带的结构　　　　图4-8　多楔带结构

汽车工业用的多楔带用节的楔数、型号面及有效长度来表示其特征。它是用一系列数字与字母来标记的。

第一组数字表示带的楔数，字母表示带的型号，第二组数字表示有效长度，单位为mm。譬如，10PJ1018，其中，10表示楔数，PJ表示型号，1018表示有效长度。

(3)同步带

单面齿同步带的规格标记依次为长度代号、型号、宽度代号、标准号。譬如，124MXL0212HG/T2703-1995，其中，124为长度代号，表示节线长为314.96 mm (12.4 in)；MXL为型号，表示节距为2.032 mm(0.080 in)；0212为宽度代号，表示带宽度为6.4 mm(0.212 in)；HG/T2703-1995为标准号。

对称式双面齿同步带的型号标记应在相应的单面齿同步带型号前加DA，交叉式双面齿同步带的型号标记应在相应单面齿同步带型号前加DB，其余标记表示方法一致。

二、带传动的弹性滑动与传动比

传动带为弹性体，受力后将发生弹性变形，如图4-9所示，在传动过程中，紧边拉力F_1大于松边拉力F_2，由于两边拉力不一致，以至两边的弹性变形有所差异，紧边的伸长量较松边的伸长量要大，这种由于带与带轮之间产生的滑动称为带传动的弹性滑动，这种弹性滑动会造成与主动轮接触部分带的速度小于主动轮的圆周速度，与被动轮接触部分带的速度大于被动轮的圆周速度。

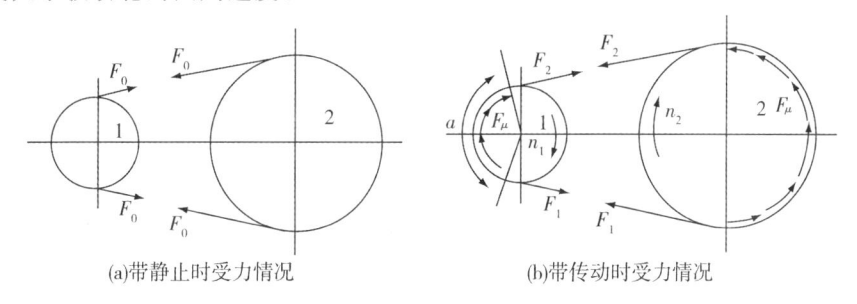

(a)带静止时受力情况　　(b)带传动时受力情况

图4-9　传动带的受力分析

在摩擦传动中，弹性滑动是无法避免的。正是由于弹性滑动的存在，带传动才无法保证准确的传动比。在带传动比的计算中，必须考虑由于弹性滑动造成的从动轮圆周速度下降的因素，为此，传动比公式中引入了滑动系数ε，故从动轮转速的计算公式为

$$n_2 = \frac{n_1 d_1}{d_2}(1-\varepsilon)$$

其中

$$\varepsilon = 1 - \frac{d_2 n_2}{d_1 n_1}$$

一般滑动系数 ε 取 0.01～0.02，因其数值较小，计算时通常可忽略不计。

三、V 带传动结构

1. V 带轮结构

V 带轮是由轮缘（外圈安装 V 带部分）、轮毂（与轴连接的筒形部分）和轮辐（连接轮缘和轮毂的中间部分）三部分组成。轮缘上面开有梯形槽，是传动带安装及带轮的工作部分。轮槽工作面需要精细加工，以减少带的磨损。

V 带轮一般是由铸铁制造的，有时亦采用铸钢或钢板冲压后焊接，普通 V 带轮有实心轮、辐板轮、孔板轮及椭圆辐轮四种典型结构，如图 4-10 所示。

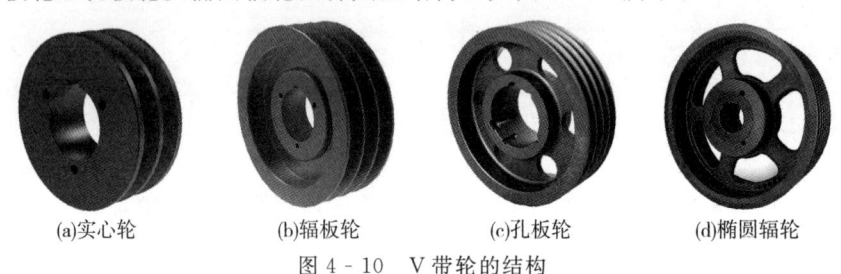

(a)实心轮　　(b)辐板轮　　(c)孔板轮　　(d)椭圆辐轮

图 4-10　V 带轮的结构

2. V 带的正确安装与使用

带传动的安装及维护务必正确，如此，不仅能保证带传动的正常运行，而且有助于传动带使用寿命的延长。

(1)保证 V 带的截面在轮槽中的位置正确，如图 4-11(1)中的(a)所示，(b)(c)则为不正确的。

(2)安装时，两轮轴线应相互平行（误差不得超过 20′），否则会使 V 带扭曲而加剧带的磨损，甚至使带从带轮上脱落，如图 4-11(2)中的(a)所示，(b)则为不正确的。

(3)V 带松紧度要适宜，通常在中等中心距的情况下，以拇指能压下 15 mm 为宜，如图 4-11(3)所示。

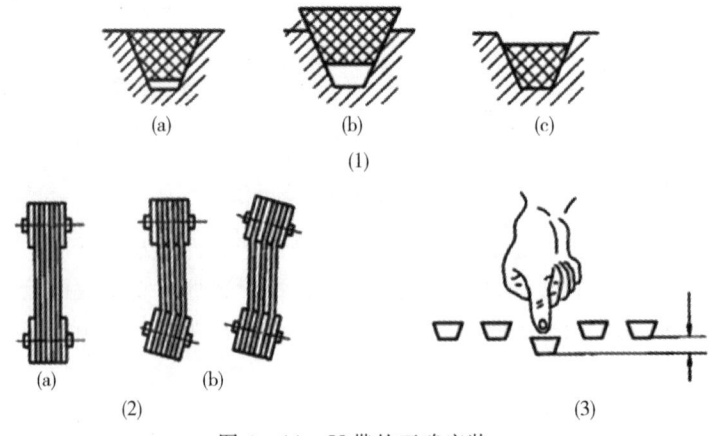

(a)　　(b)　　(c)
(1)

(a)　　(b)
(2)

(3)

图 4-11　V 带的正确安装

(4)定期检查胶带，发现其中一根出现过度松弛或疲劳破坏时，应全部予以更换，切忌新旧混合使用。

(5)安装 V 带时，应先缩小中心距，将 V 带套入槽中后，再调整中心距并进行张紧，不应将带往带轮上撬，以免损坏带的工作表面及降低带的弹性。

3. V 带传动的张紧装置

V 带长时间工作后，会发生塑性伸长而松弛，导致张紧力降低，传动能力下降。为了保持带传动的正常工作，必须对带的张紧度予以调整，一般是通过调整中心距或张紧轮来调整。

(1)调整中心距

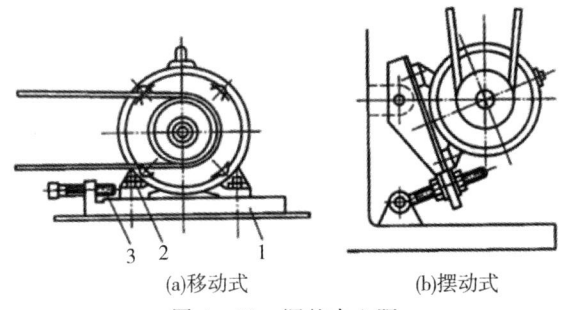

图 4-12　调整中心距

如图 4-12(a)所示为移动式结构，该结构将装有带轮的电动机安装在滑轨 1 上，旋转调节螺钉 3 改变电动机位置，然后由螺母 2 固定。这种装置适合两轴处于水平或倾斜不大的传动。图 4-12(b)为摆动式结构，电动机固定在摇摆架上，利用螺母来调节，这种装置适合垂直或接近垂直的传动。

(2)使用张紧轮

如图 4-13 所示，当中心距无法调节时，可使用张紧轮、张紧带。张紧轮通常应安装在松边内侧，使带只受单向弯曲，防止降低使用寿命。同时张紧轮还应尽量靠近大带轮，从而尽可能小的影响包角。张紧轮的使用会降低带轮的传动能力，在设计时应考虑周全。

图 4-13　汽车发动机张紧轮

单元任务实施

观察 V 带实物，回答下面的问题。

①V 带的工作面是哪个面？

②V 带是如何张紧的？应如何放置？如何判断 V 带的张紧程度？

④V带带轮的安装位置是怎样的？

单元二　链传动

单元描述

汽车发动机中由曲轴带动凸轮轴，且对进气门、排气门的驱动有严格的时刻要求，在带传动不能达到工作要求的情况下，则需要靠链传动来解决问题。

单元目标

①了解链传动的特点。
②熟悉链传动的类型。
③掌握链传动传动比的计算方法。
④熟悉链传动在汽车上的应用。

微课视频

单元知识准备

链传动（如图4-14所示）尺寸紧凑、可靠性高、耐磨性好。汽车发动机的正时传动、机油泵传动、平衡轴传动等愈发广泛地采用了链传动系统，显示了其广阔的应用前景。

如图4-15所示为链传动双轴平衡机构，由曲轴经由链条直接驱动。

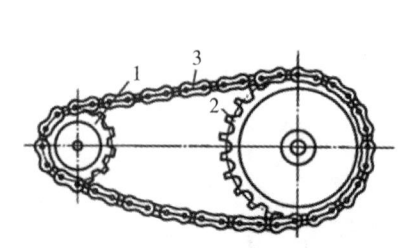

图4-14　链传动　　　图4-15　链传动双轴平衡机构

一、链传动的特点

相较于其他传动，链传动主要有如下特点：①链传动相对于带传动而言，其结构尺寸小，没有滑动现象；能保持准确的平均传动比；链条不需要太大的张紧力，对轴压力较小；传递的功率较大，效率较高，低速时能传递较大的圆周力。②与齿轮传动相比，链传动的结构简单，安装方便，成本低廉；传动中心距适用范围较大（中心距最大可达十多米）；能在高温、多尘、油污等恶劣的条件下工作。③链传动的瞬时传动比不恒定，传动平稳性较差，工作时振动、冲击、噪声较大，不宜用于载荷变化很大、高速和急速反转的场合。

链传动依据其用途可分为传动链、起重链和牵引链。传动链主要用来传递动力，起重链主要用于起重机中提升重物，牵引链主要用在运输机械中移动重物。其中传动链又可分为滚子链、齿形链。齿形链比滚子链工作平稳、噪声小、承受冲击载荷能力强，但结构复杂，成本较高。滚子链的应用最为广泛。

二、滚子链的结构及标记

1. 滚子链的结构

滚子链的结构如图 4-16 所示，它由内链板 1、外链板 2、销轴 3、套筒 4 和滚子 5 组成。内链板与套筒之间、外链板与销轴之间分别使用过盈配合连接。滚子与套筒，套筒与销轴之间为间隙配合。当链条与链轮轮齿啮合时，滚子与轮齿之间基本上为滚动摩擦，套筒与销轴之间、滚子与套筒之间为滑动摩擦。

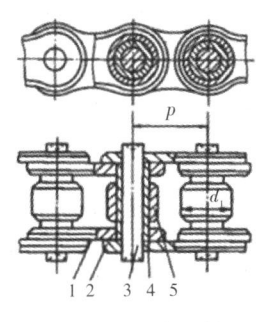

图 4-16 滚子链

2. 滚子链的分类及接头形式

滚子链分为单排链、双排链和多排链，当传递功率较大时，常采用较小节距的双排链（如图 4-17 所示）或多排链。排数越多，承载能力越高，但排数以不超过 4 排为宜。

滚子链使用时为封闭环形，要使用接头加以连接，滚子链有三种接头形式，链节数为偶数时，链条的两端正好是外链板与内链板相连接，在此处可用弹簧卡片[如图 4-18(a)所示]，或用开口销[如图 4-18(b)所示]来固定。通常前者用于小节距，后者用于大节距。当链节数为奇数时，则需要采用过渡链节[如图 4-18(c)所示]，由于过渡链节在链条受拉时，其链板要产生附加弯曲，应尽量避免使用奇数链节。

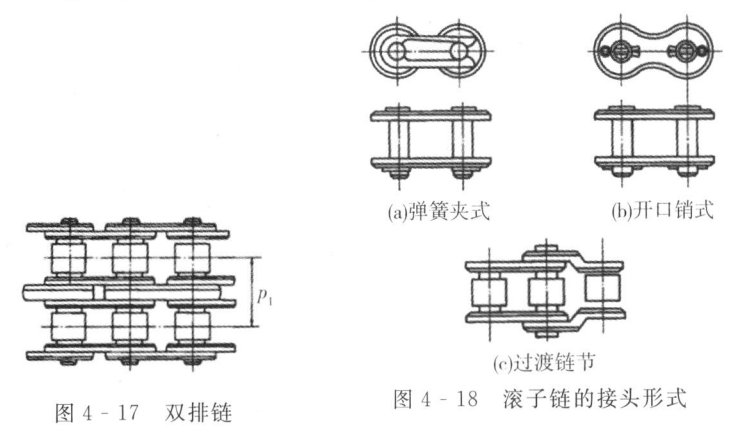

(a)弹簧夹式　　(b)开口销式

(c)过渡链节

图 4-17 双排链　　图 4-18 滚子链的接头形式

3. 滚子链的标记

链条相邻两销轴中心的距离称为链节距，用 p 表示，其为链传动的主要参数。

滚子链已标准化，有 A、B 两种系列产品，A 系列用于重载、高速及重要的传动，B 系列用于一般传动。表 4-1 列出了部分滚子链的基本参数和尺寸。

表 4-1 滚子链规格和主要参数

ISO 链号	节距 p	滚子外径 d_1	内链节内宽 b_1	销轴直径 d_2	内链板高度 h_2	排距 p_1	抗拉载荷 单排	抗拉载荷 双排
	mm	mm	mm	mm	mm	mm	kN	kN
05B	8	5	3	2.31	7.11	5.64	4.4	7.8
06B	9.525	6.35	5.72	3.28	8.26	10.24	8.9	16.9
08A	12.7	7.92	7.85	3.98	12.07	14.38	13.8	27.6
08B	12.7	8.51	7.75	4.45	11.81	13.92	17.8	31.1
10A	15.875	10.16	9.4	5.09	15.09	18.11	21.8	43.6
10B	15.875	10.16	9.65	5.08	14.73	16.59	22.2	44.5
12A	19.05	11.91	12.57	5.96	18.08	22.78	31.1	62.3
12B	19.05	12.07	11.68	5.72	16.13	19.46	28.9	57.8
16A	25.4	15.88	15.75	7.94	24.13	29.29	55.6	111.2
16B	25.4	15.88	17.02	8.28	21.08	31.88	60	106
20A	31.75	19.05	18.9	9.54	30.18	35.76	86.7	173.5
20B	31.75	19.05	19.56	10.19	26.42	36.45	95	170
24A	38.1	22.23	25.22	11.11	36.2	45.44	124.6	249.1
24B	38.1	25.4	25.4	14.63	33.4	48.36	160	280
28A	44.45	25.4	25.22	12.71	42.24	48.87	169	338.1
28B	44.45	27.94	30.99	15.9	37.08	59.56	200	360
32A	50.8	28.58	31.55	14.29	48.26	58.55	222.4	444.8
32B	50.8	29.21	30.99	17.81	42.29	58.55	250	450
36A	57.15	35.71	35.48	17.46	54.31	65.84	280.2	560.5
40A	63.5	39.68	37.85	19.85	60.33	71.55	347	693.9
40B	63.5	39.37	38.1	22.89	52.96	72.29	355	630
48A	76.2	47.63	47.35	23.81	72.39	87.83	500.4	1000.8
48B	76.2	48.26	45.72	29.24	63.88	91.21	560	1000
56B	88.9	53.98	53.34	34.32	77.85	106.6	850	1600

续表

ISO 链号	节距 p	滚子外径 d_1	内链节内宽 b_1	销轴直径 d_2	内链板高度 h_2	排距 p_1	抗拉载荷 单排	抗拉载荷 双排
	mm						kN	
64B	101.6	63.5	60.96	36.4	90.17	119.89	1120	2000
72B	114.3	72.39	68.58	44.48	103.63	136.27	1400	2500

滚子链的标记方法为：链号—排数×整链链节数标准编号。

譬如，08A-1×88 GB1243.1-2006。其意思为 A 系列、节距 12.700 mm、单排、88 节的滚子链。

三、滚子链的失效形式

由于链条在变应力状态下工作，即使在正常安装与润滑条件之下，链条长期工作，亦会造成链条失效。其主要失效形式有：链板发生疲劳破坏，这是链传动的主要失效形式；销轴与套筒之间存在相对滑动，造成铰链磨损，磨损导致链轮节距增加，产生跳齿或脱链而造成传动失效；高载荷及润滑不良时，销轴与套筒之间摩擦增大，导致销轴与套筒发生胶合，或者销轴被剪断，或者销轴、套筒与链板之间的过盈配合松动；在低速重载的传动中或突然过载时，链条断裂。

四、链传动的布置与张紧

1. 链传动的布置

链传动的布置方式有水平布置[如图 4-19(a)]、倾斜布置[如图 4-19(b)]及垂直布置[如图 4-19(c)]三种。进行链传动布置时要考虑如下因素：①两条轮的轴线平行，两链轮端面应位于同一铅垂面内。②要使链条紧边在上，松边在下，以免松边垂度过大干扰链与轮齿的正确啮合。

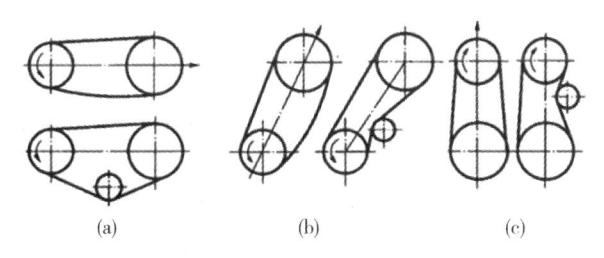

图 4-19 链传动的布置方式

2. 链传动的张紧

链传动是依靠链条和链轮的啮合来传递运动及动力的，不需要很大的张紧力。链条张紧为的是避免在链条的垂度过大时产生啮合不良和链条的振动现象，以及增加链条与链轮的啮合包角。

链条的张紧方法有：①调整中心距张紧。②去掉 1~2 个链节，缩短链长。③安装张紧轮，张紧轮压在松边靠近小轮处，如图 4-19 所示。

单元任务实施

观察汽车发动机上的链传动,回答下面的问题。
①该链传动是如何连接的?
②为什么凸轮轴上置的配气机构比较适合链传动?
③链传动链轮的轴线是否平行?

单元三　齿轮传动

单元描述

齿轮传动是应用最为广泛的一种机械传动形式,它可以用于传递空间任意轴之间的运动和动力。齿轮传动装置向着小型化、高速化、低噪声、高可靠性和硬齿面技术的方向发展。那么在汽车中都有哪些地方用到了齿轮传动?让我们来了解一下。

微课视频

单元目标

①掌握齿轮传动的类型和特点。
②知道齿轮传动的运动特性。
③能够计算齿轮的相关尺寸。
④能够分析计算轮系的传动比。

单元知识准备

一、齿轮传动类型与特点

1. 齿轮传动类型

齿轮传动类型多样,除按两齿轮轴线的相对位置及轮齿齿向的分类外,在设计过程中,还常将齿轮传动做如下分类:

(1)依据工作条件分

依据工作条件的不同,齿轮传动可分为闭式齿轮传动与开式齿轮传动两种。闭式齿轮传动(齿轮箱)的齿轮装在经过精确加工的封闭严密的箱体内,能保证良好的润滑与工作条件,各轴的安装精度及系统的刚度比较高,能保证较好的啮合条件。重要的齿轮传动都采用闭式传动。开式齿轮传动的齿轮完全暴露在外或仅做简单防护,无法保证良好的润滑,而且易落入灰尘、异物等,轮齿齿面易磨损,但该传动的成本相对较低。开式齿轮传动常使用在低速、不重要或尺寸大而难于封闭严密的场合。

(2)依据齿面硬度分

齿轮传动依据齿面硬度,可分为软齿面(≤350 HBW)齿轮传动和硬齿面(>350 HBW)齿轮传动两种。当啮合传动的一对齿轮中至少有一个为软齿面齿轮时,则称为软齿面齿轮传动;两齿轮均为硬齿面齿轮时,则称为硬齿面齿轮传动。

二者相比,软齿面齿轮(不需要磨齿)加工工艺简单,但承载能力弱,常用于强度、速度及精度均要求不高的传动中。硬齿面齿轮一般需要淬火处理,而淬火会使轮齿发生变形,因此,淬火后还需对齿面进行磨削加工,以提高轮齿精度,所以,硬齿面齿轮加工工艺较为复杂,但其承载能力强、结构紧凑,常用于高速、重载、要求尺寸紧凑及精密机器中。

齿轮传动的设计,主要是合理选择齿轮的材料及热处理方法,并经由必要的强度计算确定满足强度条件的齿轮参数及尺寸,进而设计出具有足够承载能力的齿轮传动。

2. 齿轮传动特点

(1)结构紧凑、传动效率高

在常用机械传动中,齿轮传动所需空间尺寸通常较小,且齿轮传动效率很高,如一级圆柱齿轮传动的效率可达99%,这对大功率传动而言极为重要。

(2)功率和速度适用范围广

带传动与链传动的圆周速度都存在一定的限制,而齿轮传动可达到的速度要大得多。

(3)工作可靠、寿命长

若齿轮传动的设计、制造合理正确,使用维护均良好,则工作将非常可靠,寿命可长达一二十年,这是其他机械传动无法比拟的。

(4)瞬时传动比为常数

齿轮传动是一种能实现恒速、恒传动比的机械啮合传动形式,齿轮传动之所以能广泛应用,其中最重要的原因之一就是能实现稳定的传动比。

但齿轮的制造及安装精度要求高,价格较贵,且不宜用于传动距离过大的场合。

齿轮传动类型很多,可以适应不同的要求,但从传递运动和动力要求出发,各种齿轮传动都必须解决如下两个基本问题:①传动平稳。涉及齿轮啮合原理方面的很多内容,在机械原理中会有较详细的介绍。②承载能力足够。要求齿轮传动在尺寸和质量较小的情况下,保证正常使用所需的强度、耐磨性等要求,以期在使用寿命内不发生失效。

二、齿轮传动的失效形式和设计准则

1. 齿轮传动的失效形式

通常,齿轮传动的失效主要是轮齿的失效。由于齿轮传动的装置、使用情况及齿轮齿面的硬度不同,齿轮传动的失效形式亦有所不同,这里仅简单介绍较为常见的轮齿折断和工作齿面磨损、点蚀、胶合及塑性变形等。

(1)轮齿折断

就损伤机理而言,轮齿折断分为疲劳折断、过载折断两种。轮齿工作时相当于一个悬臂梁,在齿根处产生的弯曲变应力最大,再加上齿根过渡部分的截面突变及加工刀痕等引起的应力集中作用,当轮齿重复受载后,其弯曲应力超过弯曲疲劳极限时,齿根受拉一侧将产生微小的疲劳裂纹。随着变应力的反复作用,裂纹不断扩展,最终将引起轮齿折断,该折断称为疲劳折断。由冲击载荷过大或短时的严重过载，或轮齿磨损严重减薄，导致静强度不足而引起的轮齿突然折断，称为过载折断。

从形态上看，轮齿折断有整体折断与局部折断两种。通常，直齿轮的轮齿易发生整体折断，如图 4-20(a) 所示。接触线倾斜的斜齿轮和人字齿轮，以及齿宽较大而载荷沿齿向分布不均的直齿轮，多发生轮齿局部折断，如图 4-20(b) 所示。

为了提高轮齿的抗折断能力，可采取下列措施：①用增大齿根过渡圆角半径及消除加工刀痕的方法来减小齿根应力集中；②增大轴及支承的刚性，使轮齿接触线上受载均匀；③采用合适的热处理方法使齿芯材料具有足够的韧性；④采用喷丸、滚压等工艺措施对齿根表层进行强化处理。

(a)整体折断　　(b)局部折断

图 4-20　轮齿折断类型

(2)齿面磨损

在齿轮传动中，齿面随着工作条件的不同会出现多种不同的磨损形式。当轮齿的工作齿面间落入磨料性物质(如砂粒、铁屑、灰尘等杂质)时，齿面将产生齿面磨损，如图 4-21 所示。齿面磨损严重时，轮齿不仅失去了正确的齿廓形状，而且轮齿变薄易引起折断。齿面磨损是开式齿轮传动的主要失效形式之一。

图 4-21　齿面磨损

提高齿面抗磨损能力的措施：①合理选择润滑油、润滑方式和添加剂，使轮齿啮合区得到良好润滑。②注意润滑油的清洁和更换。改善密封形式和加设润滑油的过滤装置。③适当提高齿面硬度和降低齿面粗糙度。④改用闭式齿轮传动，以避免磨料性物质磨损。

(3)齿面点蚀

轮齿工作时，在齿面间的接触处将产生脉动循环的接触应力。在接触应力反复作用下，轮齿表面出现细线状疲劳裂纹，疲劳裂纹的扩展使齿面金属脱落而形成麻点状凹坑。这种现象称为齿面点蚀。实践表明，齿面点蚀首先出现在齿面节线附近的齿根部分，如图 4-22 所示。发生点蚀后，齿廓形状遭破坏。齿轮在啮合过程中会产生剧烈的震动，噪声增大，导致齿轮不能正常工作而使传动失效。

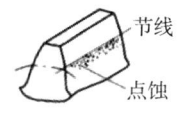

(a)齿面接触力　　(b)齿面点蚀

图 4-22 齿面点蚀

轮齿在啮合时，齿面接触处产生接触应力 σ_H，如图 4-22(a)所示，脱离啮合后齿面接触应力随即消失。所以，齿廓工作面上任一点所受到载荷及产生的接触应力都是近似按脉动变化的。在载荷的多次重复作用下，若接触应力超出轮齿材料的接触疲劳极限，则会在齿面表层产生细微的疲劳裂纹。裂纹逐渐蔓延扩展，相互汇合后使裂纹之间的金属微粒剥落而形成一个个小坑，称为点蚀，如图 4-22(b)所示。点蚀会使轮齿啮合情况恶化，传动失效。

对于闭式软齿面的齿轮，在工作初期，由于齿面接触不良，在个别凸起处接触应力很大。短期工作后，会出现点蚀，但随着齿面磨损和碾压，凸起处逐渐变平，承压面积增加，接触应力下降，点蚀不再发展或反而消失，这种点蚀称为早期点蚀或局限性点蚀。对于长时间工作的齿面，由于齿面疲劳，可再度出现点蚀，此时，点蚀面积将随工作时间的延长而扩大，这种点蚀称为扩展性点蚀。对于闭式硬齿面齿轮，由于齿面接触疲劳强度较高，通常不会出现点蚀，但由于齿面硬、脆，一旦出现点蚀，就是扩展性点蚀。而对于开式齿轮传动，通常不会出现点蚀，这是由于开式齿轮磨损快，在没形成点蚀前就已被磨掉。

提高齿面抗点蚀能力的措施：①提高齿轮硬度。②改善齿面的接触状况，减小载荷集中。③提高润滑油的黏度和采用合适的添加剂。

(4)齿面胶合

胶合是相啮合齿面的金属在一定压力下直接接触发生黏着，同时随着齿面的相对运动使相黏结的金属从齿面上撕脱，在轮齿表面沿滑动方向形成沟痕的现象。齿轮传动中，齿面上瞬时温度愈高、滑动系数愈大的地方，愈容易发生胶合，通常在轮齿顶部胶合最为明显，具体如图 4-23 所示。

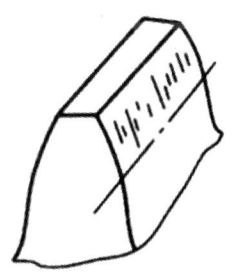

图 4-23 齿面胶合

一般而言，胶合总是在重载条件下发生的。按其形成的条件不同，可分为热胶合和冷胶合。热胶合发生于高速重载齿轮传动中，由于齿面的相对滑动速度高，导致啮合区温度升高，使齿面油膜破裂，造成两齿面金属直接接触而发生胶合。冷胶合发生于低速重载的齿轮传动中，虽然齿面的瞬时温度并无明显增高，但由于齿面接触处局部压力过大，且齿面的相对滑动速度低，不易形成润滑油膜，使两齿面金属直接接触而发生胶合。

提高齿面抗胶合能力的措施包括：①提高齿面硬度。②采用抗胶合能力强的润滑油（如硫化油）。③在润滑油中加入极压添加剂。④改善散热条件，降低供油温度，以降低齿轮的整体温度。

(5) 齿面塑性变形

当轮齿材料较软、载荷及摩擦力又很大时，轮齿在啮合过程中，齿面表层的材料就会沿着摩擦力的方向产生齿面塑性变形。由于主动轮齿上所受摩擦力是背离节线分别朝向齿顶及齿根作用的，故产生塑性变形后，齿面沿节线处形成凹沟。从动轮齿上所受摩擦力方向则相反，产生塑性变形后，齿面沿节线处形成凸棱，如图 4-24(a) 所示。此外，较软的轮齿还会由于突然过载而引起轮齿歪斜，即齿体塑性变形，如图 4-24(b) 所示。轮齿塑性变形破坏了轮齿的正确啮合位置和齿廓形状，使之不能正确啮合。

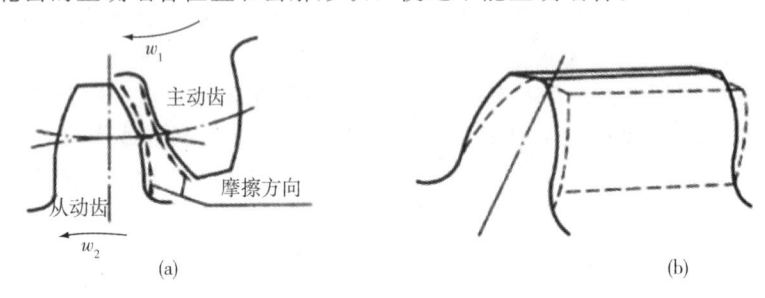

图 4-24 齿面塑性变形

提高齿面抗塑性变形能力的措施包括：①提高轮齿齿面硬度。②采用高黏度的或加有极压添加剂的润滑油。③避免频繁启动、过载或冲击。

轮齿的失效形式很多，除上述几种主要失效形式外，还可能出现齿面熔化、齿面烧伤、电蚀、异物啮入和由于不同原因产生的多种腐蚀和裂纹等。

2. 齿轮传动的设计准则

据上所述，所设计的齿轮传动在具体的工作情况下，必须具有足够的、相应的工作能力，以保证在整个工作寿命期间不致失效。因此，针对上述各种工作情况及失效形式，都应分别确定相应的设计准则。但针对齿面磨损、塑性变形等原因引起的失效，由于尚未建立起广为工程实际使用而且行之有效的计算方法及设计数据，所以，如今在设计使用齿轮传动时，一般只按保证齿根弯曲疲劳强度及保证齿面接触疲劳强度两准则进行计算。对于高速大功率的齿轮传动（如航空发动机主传动、汽车发电机组传动等），还要按保证齿面抗胶合能力的准则进行计算。至于抵抗其他失效的能力，如今虽不进行计算，但应采取相应的措施，以增强轮齿抵抗这些失效的能力。

实践得知，在闭式齿轮传动中，通常以保证齿面接触疲劳强度为主。但对于齿面硬度很高、齿芯强度又低的齿轮（如用 20、20Cr 等钢经渗碳后淬火的齿轮）或材质较脆的齿轮，通常则以保证齿根弯曲疲劳强度为主。若两齿轮均为硬齿面且齿面硬度一样高时，则视具体情况而定。功率较大的传动，譬如，输入功率超过 75 kW 的闭式齿轮传动，发热量大，易于导致润滑不良及轮齿胶合损伤等，为了控制温升，还应进行散热能力计算。

开式（半开式）齿轮传动，按理应依据保证齿面抗磨损及齿根抗折断能力两准则进行计算，但对齿面抗磨损能力的计算方法至今尚不完善，故对开式（半开式）齿轮传动，如今仅以保证齿根弯曲疲劳强度作为设计准则。为了延长开式（半开式）齿轮传动的寿命，可视具体需要而将所求得的模数适当增大10%～20%。对于齿轮的轮圈、轮辐、轮毂等部位的尺寸，一般仅进行结构设计，不进行强度计算。

单元任务实施

观察汽车手动变速器实物、模型，结合图4-25，回答下列问题：
(1)汽车手动变速器属于哪种轮系？
(2)分析观察该变速器的输入轴和输出轴，并分析其旋向。
(3)分析该变速器可以得到几挡转速。

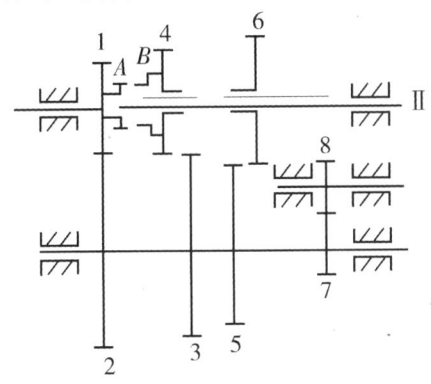

图4-25 手动变速器模型图

单元四 蜗杆传动

单元描述

蜗轮的局部相当于螺母，蜗杆相当于螺杆，但牙型与螺纹有些差异。特点是传动比大，结构紧凑；工作平稳，无噪声；一定条件下反行程可自锁；效率较低，一般需用贵重的减摩材料(如青铜等)。

单元目标

①了解蜗杆传动机构的组成及应用。
②了解蜗杆传动的类型与特点。
③掌握蜗杆传动的基本参数及正确啮合。
④掌握蜗杆传动的螺旋方向和转动方向的判定。

微课视频

单元知识准备

一、蜗杆传动的组成及应用

蜗杆传动机构由蜗杆和蜗轮组成,由螺旋齿轮机构演化而来。通常,蜗杆做主动件,蜗轮做从动件。蜗杆和蜗轮的轴线在空间交错,交角一般为 90°。不少汽车的转向器就是采用蜗杆传动的形式工作的。

二、蜗杆传动的类型与特点

1. 蜗杆传动的类型

蜗杆传动可分为如图 4-26 所示圆柱蜗杆传动、图 4-27 所示圆弧面蜗杆传动和图 4-28 所示锥蜗杆传动。其中,圆柱蜗杆还可分为:阿基米德蜗杆、圆弧齿蜗杆、渐开线蜗杆和法向直廓蜗杆等具体形式。

图 4-26 圆柱蜗杆传动

图 4-27 圆弧面蜗杆传动   图 4-28 锥蜗杆传动

阿基米德蜗杆又称为普通圆柱蜗杆,其螺旋线的齿形在主平面内为一直边的齿条齿廓。主平面内的参数为标准值。主平面就是经由蜗杆轴线并与蜗轮轴线垂直的平面。通常,蜗杆是在车床上用车刀加工的,刀尖夹角为 40°,如此加工出来的蜗杆为阿基米德蜗杆。该蜗杆在轴面内的齿形为直线,在法面内的齿形为曲线,在端面内的齿形为阿基米德螺旋线。

2. 蜗杆传动的特点

蜗杆传动具有如下特点:①传动比大,结构紧凑。②传动平稳,噪声小。③具有自锁作用,即只能蜗杆带动蜗轮,不能蜗轮带动蜗杆。④传动效率低。⑤蜗轮的材料较贵。⑥具有不可分离性。

三、蜗杆传动的基本参数及正确啮合

1. 蜗杆传动的基本参数

(1) 模数 m 和压力角 α。蜗杆的轴面模数、压力角与蜗轮的端面模数、压力角相等且为标准值。规定蜗杆传动在主平面内的参数为标准值。即：

$$m_{x1} = m_{t2} = m$$
$$\alpha_{x1} = \alpha_{t2} = \alpha = 20°$$

(2) 蜗杆的螺旋升角 r、直径系数 q 和分度圆直径 d_1：

$$\tan r = \frac{Z_1 P_x}{\pi d_1} = \frac{Z_1 \pi m}{\pi d_1} = \frac{Z_1 m}{d_1}$$

$$d_1 = \frac{Z_1 m}{\tan r}$$

在生产制造中，为了减少蜗杆滚刀的数目，便于刀具标准化，除了规定标准模数外，还应将 $\frac{z_1}{\tan r}$ 的比值规定为标准值。所以，上式又可表达为 $d_1 = qm$，q 称为蜗杆的直径系数。

2. 蜗杆的头数 Z_1 和蜗轮齿数 Z_2

蜗杆头数少，则蜗轮蜗杆传动的传动比大，容易自锁，传动效率低；蜗杆头数越多，传动效率越高，但加工也越困难。一般推荐选用蜗杆头数 $Z_1 = 1, 2, 4, 6$。蜗轮齿数 Z_2 可根据蜗杆头数 Z_1 和传动比来确定，一般推荐 $Z_2 = 29 \sim 80$。

3. 蜗杆传动的正确啮合条件

(1) 在主平面内，蜗杆的轴向模数 m_{x1} 和蜗轮的端面模数 m_{t2} 相等且为标准值。
(2) 在主平面内，蜗杆和蜗轮的压力角相等，即 $\alpha_{x1} = \alpha_{t2} = 20°$。
(3) 蜗杆分度圆柱面的螺旋升角 r 与蜗轮分度圆柱面的螺旋角 β 大小相等，且螺旋方向一致，即 $r = \beta$。

单元任务实施

1. 蜗杆蜗轮旋向判定

用右手定则：伸开右手，手心对着自己，四指顺着蜗杆或蜗轮轴线方向摆正，若螺旋线方向与右手拇指指向一致，则为右旋，反之为左旋。

2. 蜗杆蜗轮转向判定

当蜗杆是右旋时，用右手握蜗杆，当蜗杆是左旋时，用左手握蜗杆，四指顺着蜗杆的转动方向，则大拇指的相反方向就是蜗轮的转动方向，如图 4-29 所示。

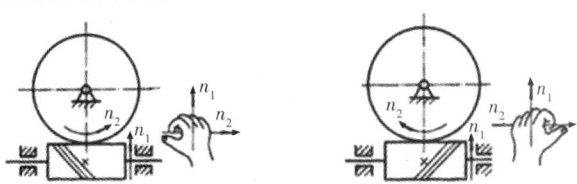

图 4-29 蜗轮转向判定方法

单元五　齿轮系

单元描述

在复杂的现代机械中，为了满足各种不同的需要，往往采用一系列齿轮组成的传动系统。这种由一系列相互啮合的齿轮(蜗杆、蜗轮)组成的传动系统称为齿轮系。若齿轮系中各齿轮的轴线相互平行，则称为平面齿轮系，否则称为空间齿轮系。

单元目标

① 了解齿轮系的常见类型。
② 掌握不同类型齿轮系传动比的计算方法及转向的确定。
③ 了解新型齿轮传动装置和减速器。

单元知识准备

一、齿轮系的分类

依据齿轮系传动时齿轮的轴线位置相对于机架是否固定，可以将齿轮系分为两种基本类型：定轴齿轮系和行星齿轮系。

1. 定轴齿轮系

在传动时所有齿轮的回转轴线相对于机架固定不变的齿轮系，称为定轴齿轮系。定轴齿轮系是最基本的齿轮系，应用极为广泛，如图 4-30 所示。

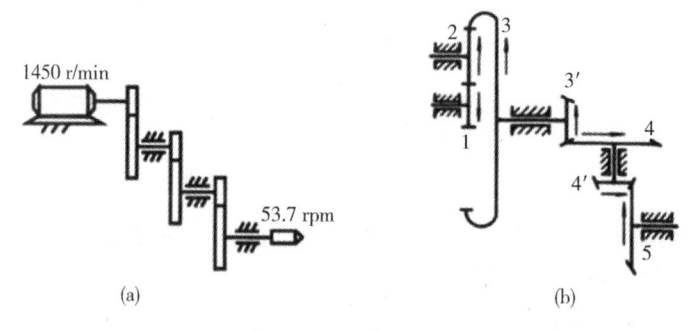

图 4-30　定轴齿轮系

2. 行星齿轮系

有一个或一个以上的齿轮除绕自身轴线自转外，其轴线又绕另一个轴线转动的齿轮系，称为行星齿轮系，如图 4-31 所示。

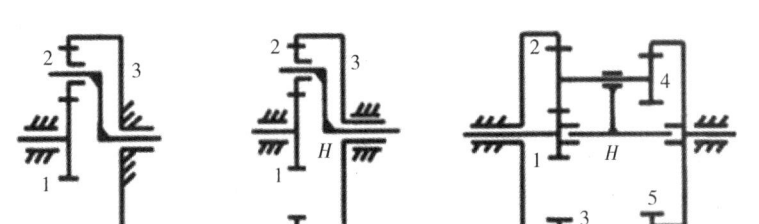

图 4-31 行星齿轮系

行星齿轮系中，既绕自身轴线自转，又绕另一固定轴线公转的齿轮 2 称为行星轮。支承行星轮做自转并带动行星轮做公转的构件 H 称为行星架。轴线固定的齿轮 1、3 则称为中心轮或太阳轮。因此，行星齿轮系是由中心轮、行星架和行星轮三种基本构件组成的。显然，行星齿轮系中行星架与两中心轮的几何轴线必须重合，否则无法运动。

微课视频

依据结构复杂程度不同，行星齿轮系可分为如下三类：①单级行星齿轮系。它是由一级行星齿轮传动机构构成的轮系，由一个行星架、其上的行星轮及与之啮合的中心轮组成。②多级行星齿轮系。它是由两级或两级以上同类单级行星齿轮传动机构构成的轮系。③组合行星齿轮系。它是由一级或多级行星齿轮系与定轴齿轮系组成的轮系。

行星齿轮系依据自由度的不同，可分为两类：①自由度为 2 的称差动齿轮系。②自由度为 1 的称单级行星齿轮系。

二、定轴齿轮系传动比的计算

齿轮系传动比即齿轮系中首轮与末轮角速度或转速之比。进行齿轮系传动比计算时，除计算传动比大小外，一般还要确定首、末轮转向关系。

如图 4-30(b) 所示的齿轮系，设齿轮 1 为首齿轮，齿轮 5 为末齿轮，z_1、z_2、z_3、z_3'、z_4、z_4' 及 z_5 分别为各齿轮的齿数，ω_1、ω_2、ω_3、ω_3'、ω_4、ω_4' 和 ω_5 分别为各齿轮的角速度。该齿轮系的传动比 i_{15} 可由各对齿轮的传动比求出。

一对齿轮的传动比大小为其齿数的反比。若考虑转向关系，外啮合时两齿轮的转向相反，传动比取"$-$"号；内啮合时两齿轮的转向相同，传动比取"$+$"号，如图 4-32 所示，则图 4-30(b) 所示各齿轮的传动比为

$$i_{12}=\frac{\omega_1}{\omega_2}=-\frac{z_2}{z_1}$$

$$i_{23}=\frac{\omega_2}{\omega_3}=\frac{z_3}{z_2}$$

$$i_{3'4}=\frac{\omega_3'}{\omega_4}=-\frac{z_4}{z_3'}$$

$$i_{4'5}=\frac{\omega_4'}{\omega_5}=-\frac{z_5}{z_4'}$$

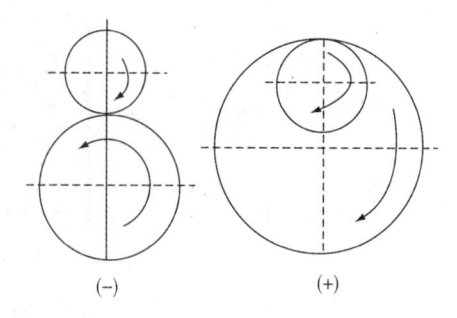

图 4-32 齿轮转向和传动比的关系

其中 $\omega_3=\omega_3{'}$，$\omega_4=\omega_4{'}$。将以上各式两边连乘可得

$$i_{12}i_{23}i_{3'4}i_{4'5}=\frac{\omega_1\omega_2\omega_3{'}\omega_4{'}}{\omega_2\omega_3\omega_4\omega_5}=(-1)^3\frac{z_2z_3z_4z_5}{z_1z_2z_3{'}z_4{'}}$$

所以

$$i_{15}=\frac{\omega_1}{\omega_5}=i_{12}i_{23}i_{3'4}i_{4'5}=(-1)^3\frac{z_3z_4z_5}{z_1z_3{'}z_4{'}}$$

平面定轴齿轮系传动比，在数值上等于组成该定轴齿轮系的各对啮合齿轮传动的连乘积，亦等于首末轮之间各对啮合齿轮中所有从动轮齿数的连乘积与所有主动轮齿数的连乘积之比。定轴齿轮系传动比公式为

$$i=\frac{\omega_1}{\omega_k}=(-1)^m\frac{\text{所有从动轮齿数的连乘积}}{\text{所有主动轮齿数的连乘积}}$$

式中，下标"1"表示首轮，"k"表示末轮，m 表示轮系中外啮合齿轮的对数。当 m 为奇数时，传动比为负，表示首末轮转向相反；当 m 为偶数时，传动比为正，表示首末轮转向相同。

注意：在该齿轮系中齿轮 2 同时与齿轮 1 和齿轮 3 啮合，其齿数可在计算式中消去，即齿轮 4 不影响传动比的大小，只改变从动轮的转向，这种齿轮称为中介轮（惰轮）。

三、行星齿轮系传动比的计算

1. 单级行星齿轮系传动比的计算

对于行星轮系，其传动比的计算，不能直接用定轴齿轮系传动比的计算公式来计算，这是由于行星轮的轴线在转动，如图 4-33(a)所示。为一平面行星齿轮系，齿轮 1、3 和构件 H 均绕固定的相互重合的几何轴线转动，齿轮 2 空套在构件 H 上，与齿轮 1、3 相啮合。

为了利用定轴齿轮系传动比的计算公式，间接计算行星齿轮系的传动比，必须采用转化机构法。即假设给整个齿轮系加上一个与行星架 H 的转速大小相等、转向相反的附加转速"$-nH$"，依据相对性原理，此时整个行星轮系中各构件间的相对运动关系不变，但此时行星轮架转速为零，即原来运动的行星轮架转化为静止。这样，原来的行星齿轮系就转化为一个假想的定轴轮系。如图 4-33(b)所示这个假想的定轴轮系称为原行星轮系的转化机构。对于这个转化机构的传动比，则可以按定轴齿轮系传动比的计算公式进行计算，从而可以间接求出行星齿轮系传动比。

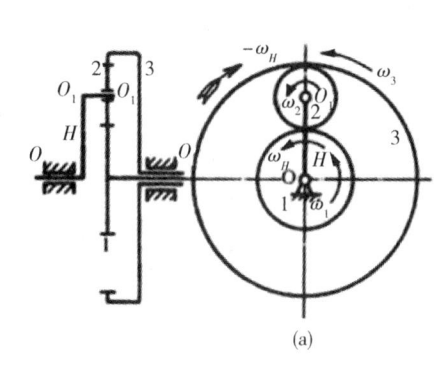

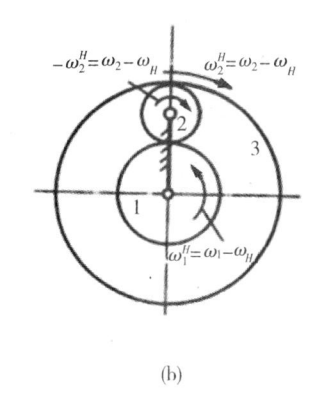

图 4-33 平面行星齿轮系

转化机构各构件的转速如表 4-2 所示

表 4-2 转化机构各构件的转速

构件	原转速	相对转速
中心轮 1	$\overline{\omega_1}$	$\overline{\omega_1^H}=\overline{\omega_1}-\overline{\omega_H}$
行星轮 2	$\overline{\omega_2}$	$\overline{\omega_1^H}=\overline{\omega_2}-\overline{\omega_H}$
中心轮 3	$\overline{\omega_3}$	$\overline{\omega_1^H}=\overline{\omega_3}-\overline{\omega_H}$
行星架 H	$\overline{\omega_H}$	$\overline{\omega_1^H}=\overline{\omega_H}-\overline{\omega_H}$

转化轮系为定轴轮系，即

$$i=\frac{\overline{\omega_1^H}}{\overline{\omega_3^H}}=\frac{\overline{\omega_1}-\overline{\omega_H}}{\overline{\omega_3}-\overline{\omega_H}}=-\frac{X_3}{X_1}$$

"—"号表示在转化轮系中齿轮 1、3 转向相反。

一般公式：

$$i_{GM}=\frac{\overline{\omega_G^H}}{\overline{\omega_K^H}}=\frac{\overline{\omega_G}-\overline{\omega_H}}{\overline{\omega_H}-\overline{\omega_K}}=(-1)^m\frac{\text{从 } G \text{ 到 } H \text{ 所有从动轮齿数乘积}}{\text{从 } G \text{ 到 } H \text{ 所有主动轮齿数乘积}}$$

式中，m 为齿轮 G 至 H 之间外啮合的次数。

(1) 主动轮 G，从动轮 H，按顺序排列主从关系。
(2) 公式只用于齿轮 G，H 和行星架 K 的轴线在一条直线上的场合。
(3) $\overline{\omega_G}$、$\overline{\omega_H}$、$\overline{\omega_K}$ 三个量中需给定两个，并且需假定某一转向为正，相反方向用负值代入计算。

2. 多级行星齿轮系传动比的计算

多级行星齿轮系传动比是建立在各单级行星齿轮传动比基础上的。其具体方法是：把整个齿轮系分解为几个单级行星齿轮系，然后分别列出各单级行星齿轮系转化机构的传动比计算式，最后依据相应的关系联立求解。

划分单级行星齿轮系的方法：①找出行星轮和相应系杆(行星轮的支架)。②找出和行星齿轮相啮合的太阳轮。③由行星轮、太阳轮、系杆和机架组成的就是单级行星齿轮系。

④列出各自独立的转化机构的传动比方程，进行求解。

在多级行星齿轮系中，划分出一个单级行星齿轮系后，其余部分可按上述方法继续划分，直至划分完毕为止。

3. 组合行星齿轮系传动比的计算

在实际应用中，有的齿轮系既包含定轴齿轮系，又包含行星齿轮系，形成组合齿轮系，如图4-34所示。

通常，计算组合轮系传动比的步骤如下：①区别轮系中的定轴轮系部分和行星齿轮系部分。②分别列出定轴轮系部分和行星齿轮系部分的传动比公式，并代入已知数据。③找出定轴轮系部分与行星齿轮系部分之间的运动关系并联立求解，即可求出组合轮系中两轮之间的传动比。

分析组合齿轮系的关键是先找出单级行星齿轮系。方法同上。找出所有的行星齿轮系后，剩下的就是定轴齿轮系。

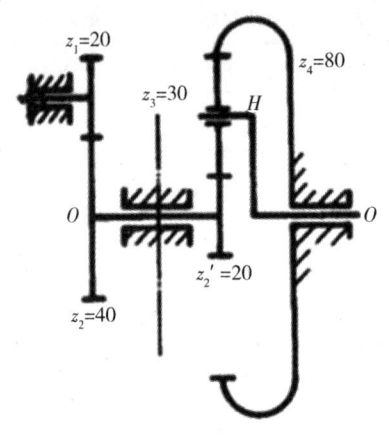

图4-34 组合齿轮系

四、齿轮系的应用

齿轮系的应用非常广泛，主要有如下几个方面：

1. 实现远距传动

当两轴中心距较大时，若仅用一对齿轮传动，则两齿轮的尺寸较大，结构不紧凑。若改用定轴轮系传动，则会缩小传动装置所占空间。

2. 获得大传动比

若想要用一对齿轮获得较大的传动比，则必然有一个齿轮要做得很大，这样会使机构的体积增大，同时小齿轮亦容易损坏。若采用多对齿轮组成的齿轮系，则可以很容易获得较大的传动比。只要适当选择齿轮系中各对啮合齿轮的齿数，即可得到所要求的传动比。在行星齿轮系中，用较少的齿轮即可获得很大的传动比。

3. 实现换向传动

在输入轴转速不变时，利用惰轮改变输出轴的转向，以适应工件条件的变化。

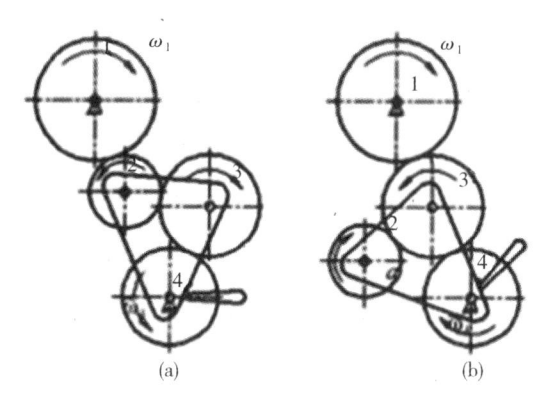

图 4-35 车床上走刀丝杆的三星轮换向机构

如图 4-35 所示为车床上走刀丝杆的三星轮换向机构，扳动手柄口可实现如图 4-35 (a)(b) 所示的两种传动方案。因两种方案仅差一次外啮合，故从动轮 4 相对于主动轮 1 有两种输出转向。

4. 实现变速传动

在输入轴转速不变的情况下，利用齿轮系可使输出轴获得多种工作速度。如图 4-36 所示的汽车变速箱，可使输出轴得到 4 个挡的转速。一般机床、起重等设备上亦都需要这种变速传动。

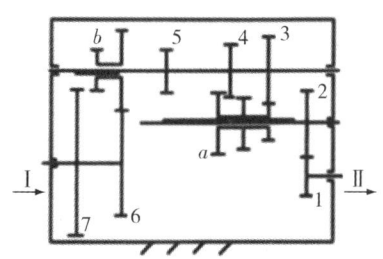

图 4-36 汽车的变速箱

5. 实现分路传动

利用轮系可以将主动轴上的运动传递给若干个从动轴，以及将运动从不同的传动路线传动给执行机构的特点，可实现机构的分路传动。

如图 4-37 所示为滚齿机上滚刀与轮坯之间做展成运动的传动简图。滚齿加工要求滚刀的转速与轮坯的转速必须满足 $i_{刀坯}=\dfrac{n_刀}{n_坯}=\dfrac{Z_坯}{Z_刀}$ 的传动比关系。主动轴经由锥齿轮 1、齿轮 2 将传动传给滚刀；同时主动轴又经由直齿轮 3、齿轮 4-5、6、7-8 传至蜗轮 9，带动被加工的轮坯转动，以满足滚刀与轮坯的传动比要求。

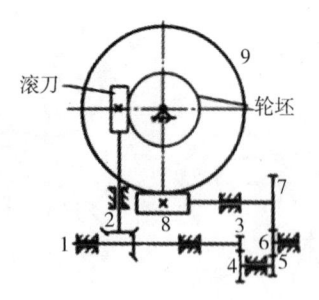

图 4-37 滚齿机中的轮系

6. 运动的合成与分解

具有两个自由度的差动行星齿轮系可以实现运动的合成和分解,即将两个输入运动合成一个输出运动,或将一个输入运动分解为两个输出运动。

如图 4-38 所示,汽车后桥差速器是利用差动轮系分解运动的实例。

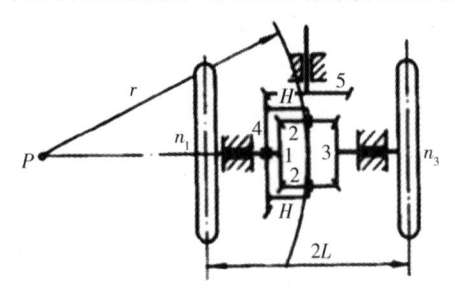

图 4-38 汽车后桥差速器

当汽车在平坦道路沿直线行驶时,两后车轮所滚过的路程相同,故两车轮的转速亦相同,即 $n_1=n_3$。此时的运动由齿轮 5 传给齿轮 4,而齿轮 1、2、3 和 4 如同一个固连的整体随齿轮 4 一起转动,行星轮 2 不绕自身轴线回转。当汽车转弯时,譬如左转弯,左轮走的是小圆弧,右轮走的是大圆弧,为使车轮和路面间不发生滑动,以减轻轮胎的磨损,要求右轮比左轮转得快些,即转弯时两轮应具有不同的半径。此时,齿轮 1 和齿轮 3 之间便发生相对转动,齿轮 2 除随齿轮 4 绕后车轮轴线公转外,还绕自身轴线自转,即差动轮系开始发挥作用,故当车身绕瞬时转心 P 转动时,左右两车轮走过的弧长与它们至 P 点的距离成正比,即

$$\frac{n_1}{n_3}=\frac{r-L}{r+L}$$

差速器中齿轮 4、5 组成定轴齿轮系,行星架 H 与齿轮 4 固连在一起,齿轮 1,2,3 和行星架 H 组成差动齿轮系。对于该差动齿轮系,有

$$i_{13}^H=\frac{n_1^H}{n_3^H}=\frac{n_1-n_H}{n_3-n_H}=-\frac{z_2}{z_1}\cdot\frac{z_3}{z_1}=-\frac{z_3}{z_1}=-1$$

$$n_H=\frac{n_1+n_3}{2}$$

即

$$n_4=n_H=\frac{n_1+n_3}{2}$$

联立 $\dfrac{n_1}{n_3}=\dfrac{r-L}{r+L}$ 和 $n_4=n_H=\dfrac{n_1+n_3}{2}$ 两式，得

$$n_1=\dfrac{r-L_1}{r}n_4$$

$$n_3=\dfrac{r+L_1}{r}n_4$$

若汽车直线行驶，因两车轮转速一致，故行星齿轮没有自转运动，此时齿轮1，2，3和行星架4相当于刚体做同速运动，即

$$n_1=n_3=n_4=\dfrac{n_5}{i_{54}}=n_5\dfrac{z_5}{z_4}$$

由此可知，差动齿轮系可将一输入转速分解为两个输出转速。

差动轮系被广泛应用于飞机、汽车、船舶、农机和起重机及其他机械的动力传动中。

五、减速器

减速器（又称减速机、减速箱）是一台独立的传动装置。它由密闭的箱体、相互啮合的一对或几对齿轮（或蜗轮蜗杆）、传动轴及轴承所组成。常安装在电动机（或其他原动机）与工作机之间，起降低转速和相应增大转矩的作用。

减速器由于结构紧凑，传递功率范围大，工作可靠，寿命长，效率较高，使用和维护简单，因而应用非常广泛。其主要参数已经标准化，并由专门工厂进行生产。一般情况下，按工作要求，依据传动比、输入轴功率和转速、载荷工况等，选用标准减速器，必要时亦可自行设计制造。

减速器按传动原理，可分为普通减速器和行星减速器两大类。普通减速器的类型很多，一般可分为圆柱齿轮减速器、圆锥齿轮减速器、蜗杆减速器及齿轮—蜗轮减速器等。依照减速器的级数不同，又分为单级、两级与三级减速器。此外，还可分为立式减速器与卧式减速器。

1. 减速器的类型、特点及应用

（1）齿轮减速器

齿轮减速器的传动件是圆柱齿轮，所以只用于平行轴间的传动。特点是结构简单、传递功率大、效率高。一般而言，单级减速器[如图4-39(a)所示]的传动比 $i\leqslant 8$，做此限制主要是为了避免外廓尺寸过大。若 $i>10$，就应采用二级圆柱齿轮减速器[如图4-39(b)所示]。

如图4-39(c)所示为展开式减速器，其结构较为简单，可依据需要选择输入轴端和输出轴端的位置，应用最广；但齿轮相对于轴承非对称布置，受载时轴的弯曲变形会使载荷沿齿宽分布不均，故轴应具备足够大的刚度。

如图4-39(d)所示为同轴式减速器，其输入轴与输出轴在同一轴线上，箱体较短，但箱体内须设置轴承支座，使箱体轴向尺寸增大，中间轴加长，结构变得复杂。

如图4-39(e)所示为分离式减速器，齿轮相对于轴承对称布置，载荷沿齿宽分布较均匀，受载情况较好，但其结构较为复杂，适于重载或变载荷的场合。

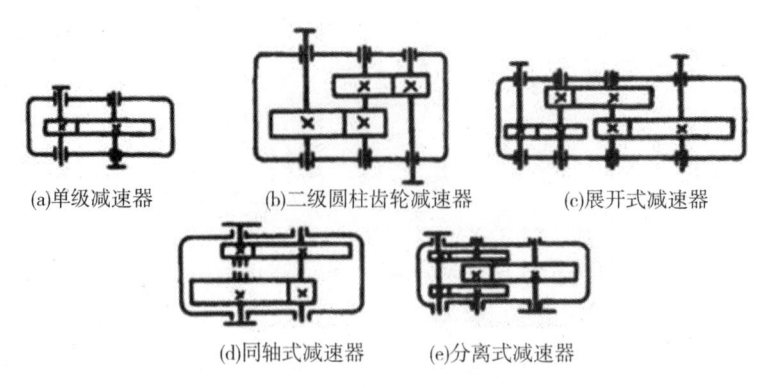

(a)单级减速器　　(b)二级圆柱齿轮减速器　　(c)展开式减速器

(d)同轴式减速器　　(e)分离式减速器

图 4-39　各式齿轮减速器

（2）蜗杆减速器

蜗杆减速器（如图4-40所示），它用于输入轴与输出轴需要在空间正交（垂直交错）的场合。其传动比较大，外廓尺寸较小，工作平稳，噪声小，但其效率不是很高。蜗杆减速器中应用最广的为单级蜗杆减速器。

(a)卧式(上置式)蜗杆减速器　　(b)卧式(下置式)蜗杆减速器　　(c)立式蜗杆减速器

图 4-40　各式蜗杆减速器

单级蜗杆减速器有卧式（上置式）杆减速器与卧式（下置式）蜗杆减速器两种。卧式（下置式）蜗杆减速器适用于蜗杆圆周速度较小（$v \leqslant 4$ m/s）的场合，有利于啮合处的润滑及冷却；当蜗杆圆周速度较大时，应采用卧式（上置式）蜗杆减速器，以减少搅油损耗。

（3）蜗杆—齿轮减速器

当传动比要求较大时，可采用蜗杆—齿轮减速器。由于蜗杆的传动效率在高速时较高，故蜗杆—齿轮减速器一般将蜗杆作为高速级。如图4-41所示。

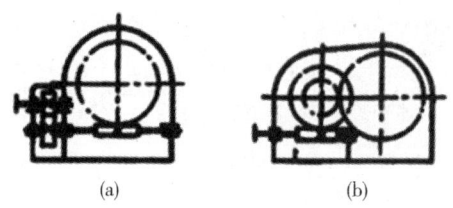

(a)　　(b)

图 4-41　蜗杆—齿轮减速器

2. 减速器传动比的分配

由于单级齿轮减速器的传动比最大不超过10，当总传动比要求超过此值时，就应采用二级或多级减速器。此时，就要考虑周详各级传动比的合理分配，否则将影响到减速器外形尺寸的大小及承载能力能否充分发挥等。根据使用要求的不同，可依据下列原则分配传动比：①使各级传动的承载能力趋于一致。②使减速器的外廓尺寸与质量最小。③使传动具有最小的转动惯量。④使各级传动中大齿轮的浸油深度大致相等。

3. 减速器的结构

如图 4-42 所示为单级直齿圆柱齿轮减速器,其主要由齿轮(或蜗杆)、轴、轴承及箱体等部件组成。箱体要求具有足够刚度,为保证箱体刚度及散热,常在箱体外壁上制有加强肋。为便于减速器的制造、装配及使用,还在减速器上设置一系列附件,诸如检查孔、透气孔、油标尺或油面指示器、吊钩及起盖螺钉等。

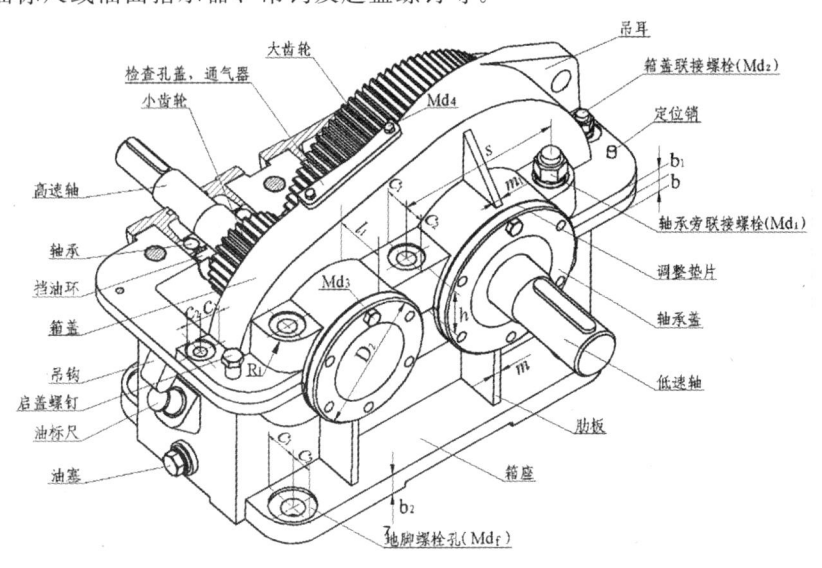

图 4-42 单级直齿圆柱齿轮减速器

单元任务实施

如图 4-43 所示的轮系中,各轮的齿数为 $z_1=36$,$z_2=60$,$z_3=23$,$z_4=49$,$z_4'=45$,$z_5=30$,$z_6=131$,$z_7=94$,$z_8=36$,$z_9=167$。设输入转速 $n_1=3549$ r/min,试求行星架 H 的转速 n_H。

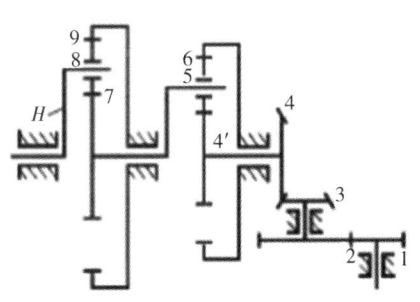

图 4-43 混合轮系

模块五　汽车轴系零部件及连接

单元一　轴

单元描述

汽车手动变速器中有很多轴类零件，其中有输入轴、输出轴、倒挡轴等。汽车手动变速器就是靠这些轴和齿轮等零部件相配合来实现汽车变速。那么手动变速器的输出轴是哪种轴，其上的零件是怎么定位的呢？

单元目标

了解轴的结构特点、轴上零件的固定方法及轴的常用材料。

微课视频

单元知识准备

一、轴的概述

轴是机器组成必不可少的零件，它的主要功能是支承旋转零件、传递转矩与运动（如图 5-1 所示）。依据轴所受载荷及其功用可将其分为心轴、传动轴和转轴等。

图 5-1　轴

1. 心轴

心轴主要是用来支承转动零件，没有传递转矩的作用。譬如，自行车的前轮轴（固定心轴）及铁路机车的轮轴（转动心轴）（如图 5-2、图 5-3 所示）。

2. 传动轴

传动轴的主要作用是用来传递转矩，它能够承受弯矩很小的轴。譬如，汽车中连接变速箱与后桥间的轴（如图 5-4 所示）。

图 5-2　自行车的前轮轴

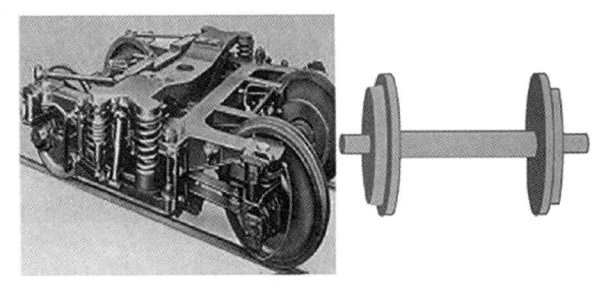

图 5-3　铁路机车的轮轴

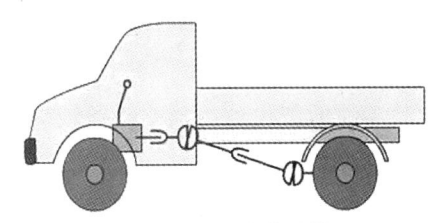

图 5-4　汽车传动轴

3. 转轴

转轴是机械中最常见的轴，简称为轴，既能承受弯矩又能承受转矩。

可以依据轴线的形状将其分为直轴、曲轴（如图 5-5 所示）及挠性钢丝轴（如图 5-6 所示）。除此之外，还有空心轴、光轴与阶梯轴。

图 5-5　曲轴

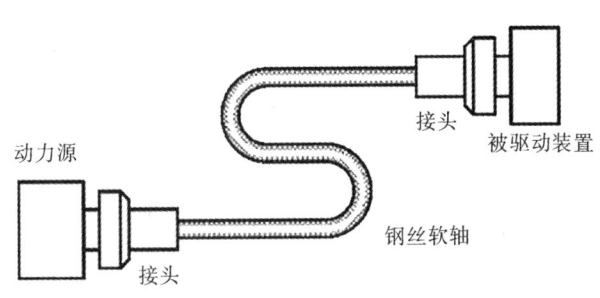

图 5-6　挠性钢丝轴

二、轴的结构设计

在轴上安装零件,需要先观察圆柱齿轮减速器低速轴的结构图(如图5-7)。

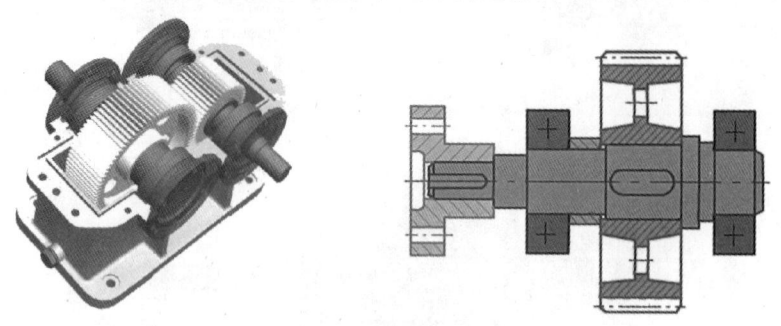

图5-7 减速器低速轴

1. 对轴结构的基本要求

(1)轴与轴上的零件有精准定位及固定作用。

(2)轴上零件方便调整与装拆。

(3)具有良好的制造工艺性。

如图5-8所示,支承转动零件的部位称为轴头,被轴承支承的部位称为轴颈。支承轴颈的轴的直径还需要符合轴承内孔的直径标准。除了可以依据强度来计算轴的直径之外,一般还可以应用经验式来进行估算。譬如,在常用减速器中,高速输入轴的轴径,可以依据与它相连接的电动机轴的直径 d_0 来估算,即用经验式 $d=(0.8\sim1.2)d_0$ 估算。各级低速轴的轴径还可以依照同级齿轮副的中心距 a 来估算,即用经验式 $d=(0.3\sim0.4)a$ 估算。估算以后的轴径,必须要圆整到标准尺寸值。

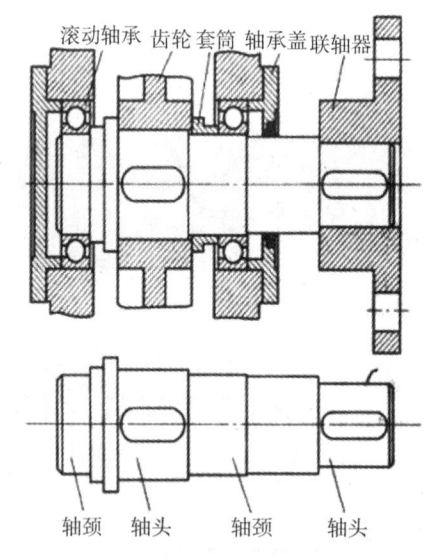

图5-8 轴上各段的名称

2. 零件在轴上的固定

(1)轴向固定

①轴肩与轴环固定

轴肩与轴环是阶梯轴上截面变化的部位，它对轴上的零件起到定位的作用。特点是方法简单，定位可靠(如图 5-9 所示)。

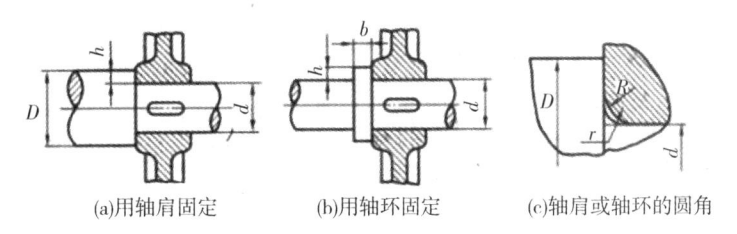

(a)用轴肩固定　　(b)用轴环固定　　(c)轴肩或轴环的圆角

图 5-9　轴肩或轴环固定

②轴端挡圈与圆锥面固定

轴端挡圈和轴肩、圆锥面和轴端挡圈一起使用，多用于双向固定轴端。便于装拆，常用于承受剧烈振动及冲击的场合(如图 5-10 所示)。

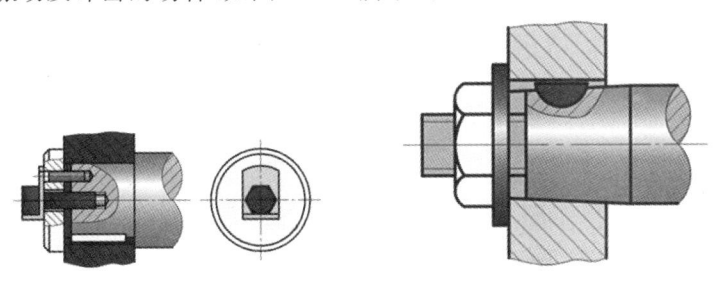

图 5-10　挡圈或锥面固定

③圆螺母与定位套筒固定

定位套筒的结构简单，定位可靠，常用于轴上两零件间距较小的轴向固定。圆螺母具有固定可靠、装拆方便等特点，常用于轴上两零件距离较大处，且需在轴上切制螺纹，对轴的强度影响比较大(如图 5-11、5-12 所示)。

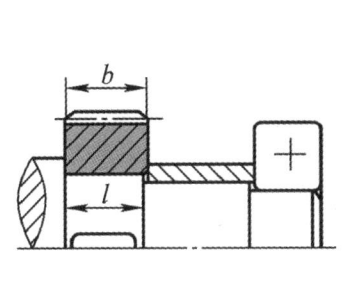

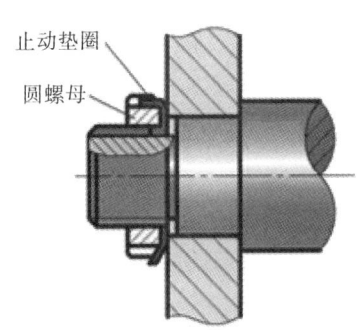

图 5-11　用套筒固定　　图 5-12　用圆螺母固定

④用弹性挡圈与紧定螺钉固定

如图 5-13、5-14 所示，是常用于轴向力较小场合的两种固定方法。

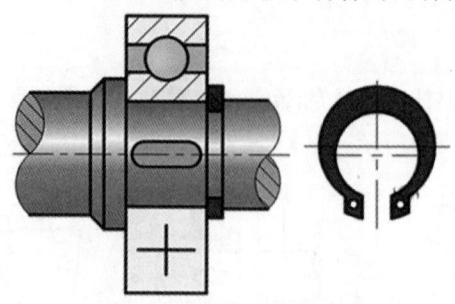

图 5-13　用弹性挡圈固定

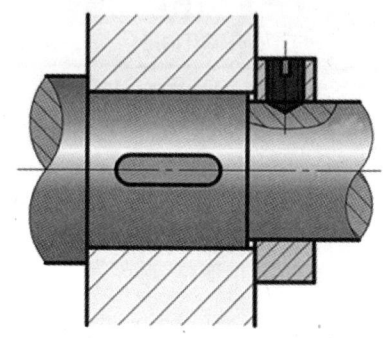

图 5-14　用紧定螺钉固定

(2)周向固定

①用平键连接做周向固定

用平键连接所做的周向固定，结构简单，易制造，便于装拆，对中性好，可以用于精度、转速较高及受冲击或者变载荷作用的固定连接。

②用过盈配合连接固定

过盈配合主要是利用轴与零件轮毂孔之间的配合过盈量进行连接，能够同时实现周向、轴向固定，结构简单，对中性好，对轴削弱小，但不方便装拆。

③用圆锥销连接固定

如图 5-15 所示，圆锥销适合用于传递载荷较小的场合。

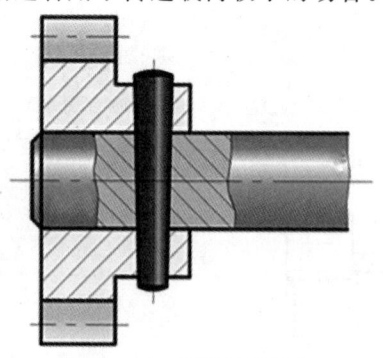

图 5-15　用圆锥销固定

3. 轴的结构工艺性

(1)轴为阶梯轴，装拆方便。轴上需要磨削的轴段应该设置砂轮越程槽，需要车制螺纹的轴段应设置螺纹退刀槽(如图 5-16 所示)。

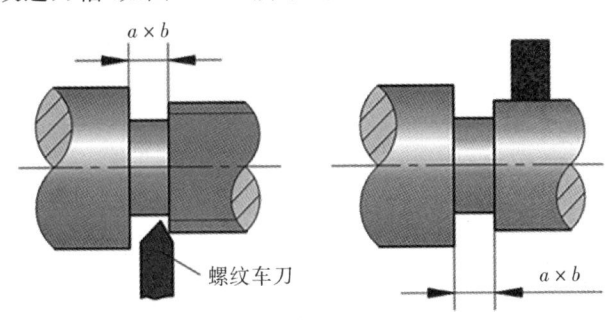

图 5-16 砂轮越程槽和螺纹退刀槽

(2)沿着轴上的长度方向开键槽时，应该将键槽安排在轴的同一母线上。同一根轴的圆角半径与倒角的大小应当尽量一致，从而减少刀具的规格及换刀次数。
(3)为了让轴上的零件易于装拆，轴端与各轴段端部的倒角都应该是 45°。
(4)为了加工定位方便，应该在轴的两端面上做出中心孔。

三、轴的材料及选择

轴的主要作用是承受弯矩及扭矩。轴的疲劳断裂会产生失效形式，应该有足够的强度、韧性及耐磨性，轴的材料如表 5-1 所示。

1. 碳素钢

优质碳素钢的机械性能较好，对应力集中，敏感性比较低，成本低，应用广泛。譬如，优质碳素钢 35、45、50 等。轴通常选用 45 钢，经过调质或者正火处理。有耐磨性要求的轴段，应该进行表面淬火及低温回火处理。轻载或者不甚重要的轴，可以使用 Q235、Q275 等普通碳素钢。

2. 合金钢

合金钢的机械性能较高，对应力集中，较敏感，有较好的淬火性，热处理变形小，价格比较贵。多用于要求质量轻及轴颈耐磨性好的轴。譬如，要求在高温、高速重载下工作的汽轮发电机轴，选用 27Cr2Mo1V、38CrMoAl 等，滑动轴承的高速轴，选用 20Cr、20CrMnTi 等。

3. 球墨铸铁

球墨铸铁有较好的吸振性与耐磨性，对应力集中，敏感低，成本低，常用来铸造外形复杂的轴。譬如，内燃机里的曲轴，常选用 QT800-2、QT900-2 等。

表 5-1 轴的常用材料及性能指标

材料牌号	热处理类型	毛坯直径（mm）	硬度（HBS）	抗拉强度（Gb）(MPa)	屈服点（Gb）(MPa)	应用说明
Q275	—	—	—	149	275	用于不甚重要的轴
35	正火	≤100	149～187	520	270	用于一般轴
		>100～300	143～187	500	260	
	调质	≤100	156～207	560	300	
		>100～300	156～207	540	280	
45	正火	≤100	170～217	600	300	用于强度高、韧性较好的较重要的轴
		>100～300	162～217	580	290	
	调质	≤200	217～255	650	360	
40Cr	调质	25	≤207	1000	800	用于强度高、耐磨性好而无很大冲击的重要轴
		≤100	241～286	750	550	
		>100～300	241～286	700	500	
35SiMn	调质	25	≤229	900	750	用于中小型轴
		≤100	229～286	800	520	
		>100～300	217～269	750	450	
40MnB	调质	25	≤207	1000	800	可代替40Cr，用于小型轴
		≤200	241～286	750	500	
38CrMnMo	调质	≤100	229～285	750	600	可代替35CrMo
		>100～300	217～269	700	—	

单元任务实施

如图 5-17 所示，准备变速器实物，带着以下问题观察汽车变速器中的轴
(1)汽车变速器中有几根轴？输入轴与输出轴分别是哪根？都属于哪种轴(结构形状)？
(2)输出轴的两端是如何固定的？
(3)输出轴上有哪些零件？各零件是如何定位的？
(4)阶梯轴具有哪些优点？
(5)阶梯轴如何进行结构的设计？
(6)如何选用汽车变速器中轴的材料？

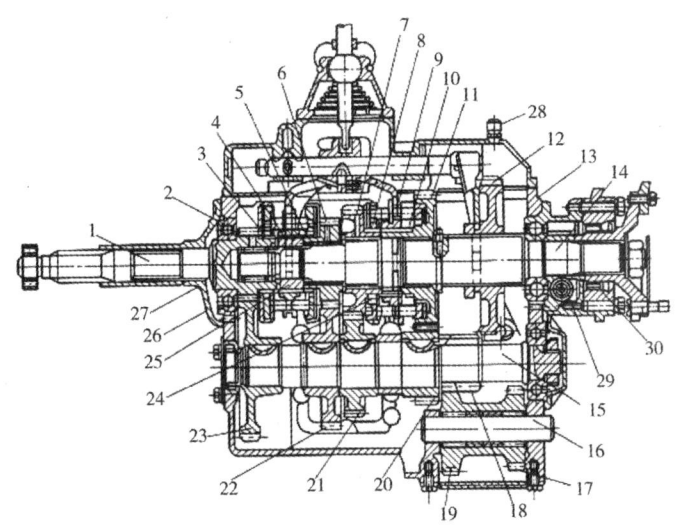

1——第一轴(输入轴)
2——第一轴常啮合传动齿轮　3——第一轴齿轮接合齿圈　4、9——接合套
5——四挡齿轮接合齿圈　6——第二轴四挡齿轮　7——第二轴三挡齿轮　8——三挡齿轮接合齿圈
10——二挡齿轮接合齿圈
11——第二轴二挡齿轮　12——第二轴一挡、倒挡滑动齿轮　13——变速器壳
14——第二轴(输出轴)
15——中间轴　16——倒挡轴　17——倒挡中间齿轮　18——中间轴一挡、倒挡齿轮
19——倒挡中间齿轮　20——中间轴二挡齿轮　21——中间轴三挡齿轮
22——中间轴四挡齿轮
23——中间轴常啮合齿轮　24、25——花键毂　26——第一轴轴承盖　27——回油螺栓　28——通气塞
29——里程表传动齿轮　30——驻车制动器底座

图 5-17　汽车变速器

单元二　轴承

单元描述

汽车发动机曲轴在汽车运行过程中高速运转，承受很大的冲击载荷。曲轴轴承是用来将曲轴支撑在发动机缸体上，保证曲轴平稳运转的重要零件。曲轴轴承是什么样的轴承呢？

单元目标

1. 掌握常用滚动轴承的类型和特点。
2. 了解滚动轴承的受载和失效情况。

3. 掌握滚动轴承的寿命计算方法。
4. 了解滑动轴承类型及特点。

单元知识准备

一、轴承

轴承是支承轴及轴上零件的常用部件。依据轴承工作的摩擦性质，将其分为滑动轴承与滚动轴承(如图 5 - 18 所示)。

(a)滑动轴承　(b)滚动轴承

图 5 - 18　滑动轴承和滚动轴承

1. 滚动轴承的组成、类型及特点

(1)滚动轴承的组成

滚动轴承通常由内圈、外圈、滚动体及保持架组成(如图 5 - 19 所示)。内圈装在轴颈上，外圈装在机座或者零件的轴承孔内。大部分情况下，外圈不动，内圈和轴一起转动。一般内圈、外圈都有叫滚道的凹槽，它的作用是限制滚动体沿轴向移动及减小滚动体与内圈、外圈之间的力。内圈、外圈相对旋转时，滚动体就会沿着滚道滚动，保持架能够让滚动体均匀地分布在滚道上，并且减小滚动体之间的碰撞与磨损。

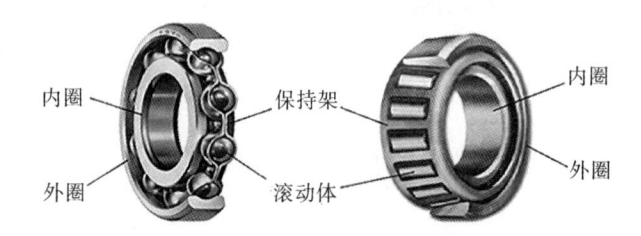

图 5 - 19　滚动轴承的基本结构

如图 5 - 20 所示，是 5 种常见的滚动体形状。

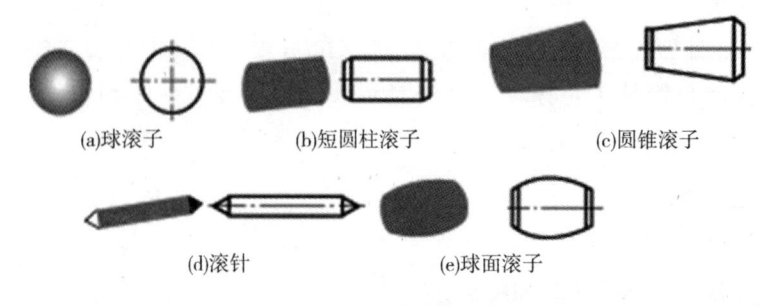

(a)球滚子　(b)短圆柱滚子　(c)圆锥滚子

(d)滚针　(e)球面滚子

图 5 - 20　滚动体形状

滚动体和内圈、外圈之间的接触应力较大,所以,滚动体和内圈、外圈都应采用强度高、耐磨性好的滚动轴承钢,常用 GCr15、GCr15SiMn、GCr6、GCr9 等材料。保持架大多采用软钢冲压制成。高速轴承大多采用有色金属(譬如黄铜)或者塑料保持架。

(2)滚动轴承的类型及特点

依据滚动轴承所受载荷的不同可将其分为三大类:①向心轴承只承受径向(垂直于回转轴线)载荷的滚动轴承,譬如,深沟球轴承。②推力轴承只承受轴向(沿着或平行于回转轴线)载荷的滚动轴承,譬如,推力球轴承。③向心推力轴承能够同时承受径向载荷与轴向载荷的滚动轴承,譬如,角接触球轴承。滚动轴承的类型及其特点如表 5-2 所示。

表 5-2 常用滚动轴承的基本类型与特性

类型代号	结构简图	轴承名称	轴承性能特点
1		调心球轴承	双排钢球,外圈滚道为内球面形,具有自动调心性能。主要承受径向载荷
2		调心滚子轴承	与调心球轴承相似。双排滚子,有较高承载能力。允许角偏斜小于调心球轴承
3		圆锥滚子轴承	能同时承受径向和单向轴向载荷,承载能力大。内圈、外圈可分离,安装时或调整游隙或成对使用
4		双列深沟球轴承	能同时承受径向和轴向载荷。径向刚度和轴向刚度均大于深沟球轴承
5		推力球轴承	只能承受单向轴向载荷。回转时,因离心力,钢球与保持架摩擦发热,故极限转速较低。套圈可分离
6		深沟球轴承	结构简单。主要承受径向载荷,亦可承受一定的双向轴或载荷。高速轻载装置中可用于代替推力轴承。极限转速高,价廉。应用最广
7		角接触球轴承	能同时承受径向载荷和单向轴向载荷。接触角 a 有 15°、25°、40°三种,轴向承载能力随接触角增大而提高。需成对使用

续　表

类型代号	结构简图	轴承名称	轴承性能特点
8		推力圆柱滚子轴承	较推力球轴承，推力圆柱滚子轴承所承受的载荷较大，适用于刚性较大、对中良好的轴。常用于大功率的场合
N		圆柱滚子轴承	能够承受较大的径向载荷。内外圈间可做自由轴向移动，不能承受轴向载荷。滚子与套圈间是线接触，只允许有很小的角偏斜

(3) 滚动轴承的代号

滚动轴承的结构、尺寸、公差等级、技术性能等特征代号都是由字母加数字组成的。轴承代号的组成包括基本代号、前置代号和后置代号，它的排列如下：

前置、后置代号是轴承的结构形状、尺寸、公差及技术要求等有所改变时，在它的基本代号前后添加的补充代号，通常情况下可以省略。

基本代号是指轴承的基本类型、结构及尺寸，是轴承代号的基础。基本代号的构成包括轴承类型代号、尺寸系列代号及内径代号，其排列顺序如表 5-3 所示。

表 5-3　滚动轴承的代号组成

前置代号	基本代号					后置代号
	×	×	×	×	×	
轴承分部件代号	类型代号	尺寸系列代号		内径代号		内部结构改变、公差等级及其他
		宽度系列代号	直径系列代号			

① 轴承类型代号

轴承的不同类型主要用数字或者字母来表示，如表 5-4 所示。

表 5-4　一般滚动轴承类型代号

轴承类型	代号	轴承类型	代号
双列角接触球轴承	0	深沟球轴承	6
调心球轴承	1	角接触球轴承	7
调心滚子轴承和推力调心滚子轴承	2	推力圆柱滚子轴承	8
圆锥滚子轴承	3	圆柱滚子轴承	N
双列深沟球轴承	4	外球面球轴承	U
推力球轴承	5	四点接触球轴承	QJ

② 尺寸系列代号

尺寸系列代号由轴承的宽度（向心轴承）或者高度（推力轴承）系列及直径系列代号组成。向心轴承与推力轴承尺寸系列代号如表 5-5 所示。

表5-5 滚动轴承尺寸系列代号

直径系列代号		向心轴承							推力轴承			
		宽度系列代号(依次递增)							高度系列代号(依次递增)			
		8 特窄	0 窄	1 正常	2 宽	3 特宽	4 特宽	5 特宽	6 特宽	7 特低	9 低	1 正常	2 正常
		尺寸系列代号										
外径尺寸依次递增	7 超特轻	—	—	17	—	37	—	—	—	—	—	—	—
	8 超轻	—	08	18	28	38	48	58	68	—	—	—	—
	9 超轻	—	09	19	29	39	49	59	69	—	—	—	—
	0 特轻	—	00	10	20	30	40	50	60	70	90	10	—
	1 特轻	—	01	11	21	31	41	51	61	71	91	11	—
	2 轻	82	02	12	22	32	42	52	62	72	92	12	22
	3 中	83	03	13	23	33	—	—	—	73	93	13	23
	4 重	—	04	—	24	—	—	—	—	74	94	14	24
	5 特重	—	—	—	—	—	—	—	—	95	—	—	—

③内径代号

内径代号表示轴承的内径,用基本代号右起第一、第二位数字表示。轴承内径代号的含义如表5-6所示。

表5-6 轴承的内径代号

轴承内径		内径代号	示例
0.6~10(非整数)		用内径毫米数直接表示,在其与尺寸系列代号之间用"/"分开	深沟球轴承618/2.5 $D=2.5$
1~9(整数)		用内径毫米数直接表示,对于深沟球轴承及角接触球轴承7、8、9等直径系列,内径与尺寸系列代号之间用"/"分开	深沟球轴承618/5 $D=5$
10~17	10	00	深沟球轴承6200,内径$d=10$ mm
	12	01	
	15	02	
	17	03	
20~480(22、28、32除外)		内径除以5的商,商为个数需在商数前面加"0",如08	调心球轴承23208,内径$d=40$ mm
≥500及22、28、32		用内径毫米数直接表示,在其与尺寸系列代号之间用"/"分开	调心球轴承230/500,内径$d=500$ mm 深沟球轴承62/22,内径$d=22$ mm

(4)滚动轴承类型的选择

①依据载荷的大小、方向及性质进行选择

a. 载荷大小。载荷比较大的选择滚子轴承,载荷中等以下的选择球轴承。譬如,深沟球轴承不仅能够承受径向载荷,还能够承受一定轴向载荷,且极限转速比较高。而圆柱滚子轴承能够承受较大的冲击载荷,极限转速较低,无法承受轴向载荷。

b. 载荷方向。受径向载荷时,可以选择深沟球轴承、圆柱滚子轴承及滚针轴承;受纯轴向载荷时,可以选择推力轴承;同时承受径向载荷与轴向载荷时,可以选择角接触轴承或者圆锥滚子轴承。若轴向载荷比径向载荷大很多,则选择推力轴承与深沟球轴承的组合结构。

c. 载荷性质。承受冲击载荷,选择滚子轴承。因为滚子轴承是线接触,承载能力大,抗冲击与振动。

②依据转速条件选择。对转速、旋转精度要求较高时,应选择球轴承,不然选择滚子轴承。

③依据调心性能选择。支点跨距较大或者难以保证两轴承孔的同轴度时,应选择调心轴承。但调心轴承必须要成对使用,不然将会失去调心作用。

④依据装调性能选择内圈、外圈可以分离,且装拆方便的圆锥滚子轴承及圆柱滚子轴承。

⑤依据经济性选择。在满足使用要求的情况下,优先选择普通结构的轴承。滚动轴承的公差等级一共有6级,且轴承精度由低到高,价格亦依次升高。除此之外,选择轴承还应考虑轴承是否便于装拆、市场供应是否充足等因素。

(5)滚动轴承的失效形式

①如图5-21所示为滚动轴承径向受载情况分析图,当轴承转动时,承受径向载荷为F_r,外圈固定。当内圈随着轴转动时,滚动体滚动,内圈、外圈和滚动体的接触点不停地发生变化,它的表面接触应力亦随着位置的不同做脉动循环变化。滚动体在上面位置时不受载荷,而滚到下面位置时,所受载荷最大,两侧所受载荷则在逐渐减小,轴承元件受到脉动循环的接触应力,容易导致失效。

②失效形式。滚动轴承的失效形式分为疲劳点蚀、塑性变形及磨损三种,如图5-22所示。

图5-21 滚动轴承径向载荷的分布　　图5-22 滚动轴承的失效形式

a. 疲劳点蚀是指在脉动循环接触应力的反复作用下,若应力与变化次数达到特定的某一数值时,内圈、外圈及滚动体表面就有可能出现逐渐在发展的微小裂纹,让金属成片状剥落,形成疲劳点蚀。

b. 塑性变形是指轴承在承受较大的静载荷或者冲击载荷时,轴承的套圈、滚道或者滚动体接触表面的局部应力超过了材料屈服极限,就会发生塑性变形。

c. 磨损是指使用、维护与保养不当或者润滑密封不当等时，会导致轴承严重磨损，乃至胶合。

(6)滚动轴承支承结构类型

正常的滚动轴承支承应使轴能正常传递载荷，并且不会发生轴向窜动及轴受热膨胀后卡死等现象。滚动轴承支承最常用的结构形式有以下三种：

①两端单向固定，如图 5-23 所示，是指两端固定支承轴的两个轴承分别限制一个方向的轴向移动。考虑到轴受热会伸长，对于深沟球轴承可在轴承盖和外圈端面之间留出 0.2～0.3 mm 的热补偿间隙。间隙量的大小可以用一组垫片来进行调整。这种支承结构简单，便于安装调整，适用于工作温度变化很小的短轴。

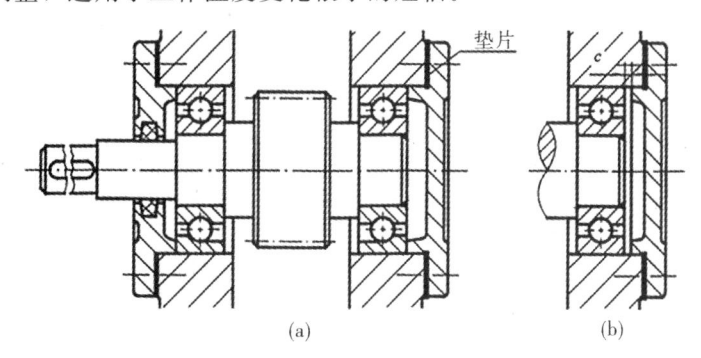

图 5-23 两端单向固定

②一端双向固定，一端游动

一端支承的轴承内圈、外圈双向固定，另一端支承的轴承能够轴向游动（如图 5-24 所示）。为了适应轴的伸缩量，游动端的轴承端面和轴承盖之间留有一个较大的间隙。这种支承结构适用于轴的温度变化及跨距比较大的场合。

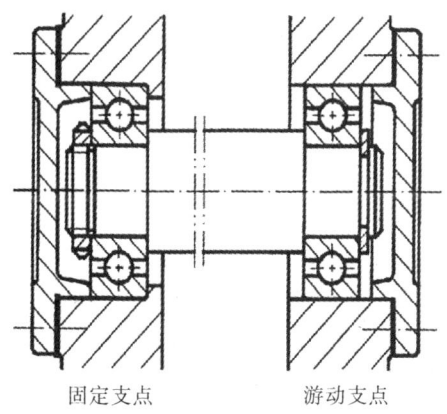

图 5-24 一端双向固定，一端游动

③两端游动

轴承选用内圈或者外圈没有挡边的圆柱滚子轴承 N 类来做两端游动支承。这种内部允许相对移动的轴承是不需要留间隙的。为了防止内圈、外圈同时移动，导致较大的错位，需要将这类轴承的内圈、外圈做双向固定。

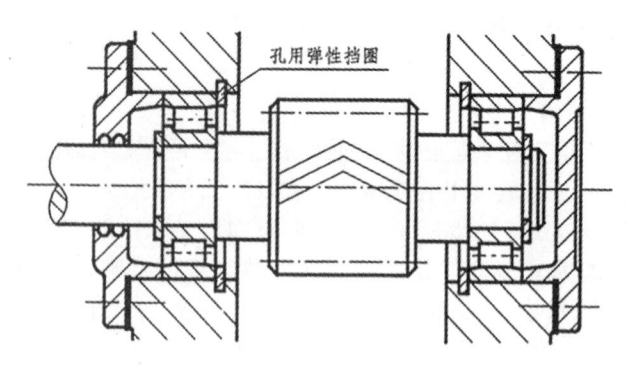

图 5-25 两端游动

(7)滚动轴承的轴向紧固

① 轴承内圈

轴承内圈常见的几种轴向固定方法。如图 5-26(a)所示是利用轴肩做单向固定,它能够承受大的轴向力;如图 5-26(b)所示是利用轴肩与轴用弹性挡圈做双向固定,挡圈能够承受的轴向力不大;如图 5-26(c)所示是利用轴肩与轴端挡板做双向固定,挡板能够承受中等的轴向力;如图 5-26(d)所示是利用轴肩与圆螺母、止动垫圈做双向固定,能够承受大的轴向力。

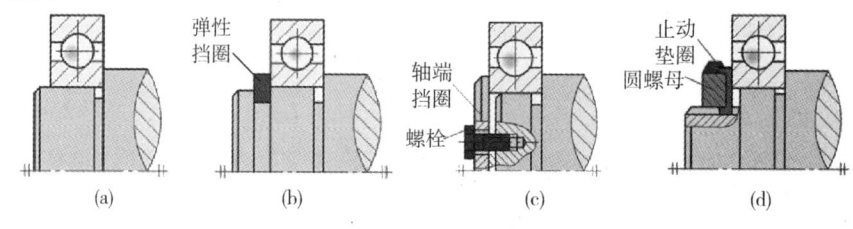

图 5-26 轴承内圈固定方法

② 轴承外圈

轴承外圈常用的几种轴向固定方法。如图 5-27(a)所示是利用轴承盖做向固定,能够承受大的轴向力;如图 5-27(b)所示是利用孔内凸肩与孔用弹性挡圈做双向固定,挡圈能够承受的轴向力很小;如图 5-27(c)所示是利用孔内凸肩与轴承盖做双向固定,能够承受较大的轴向力。

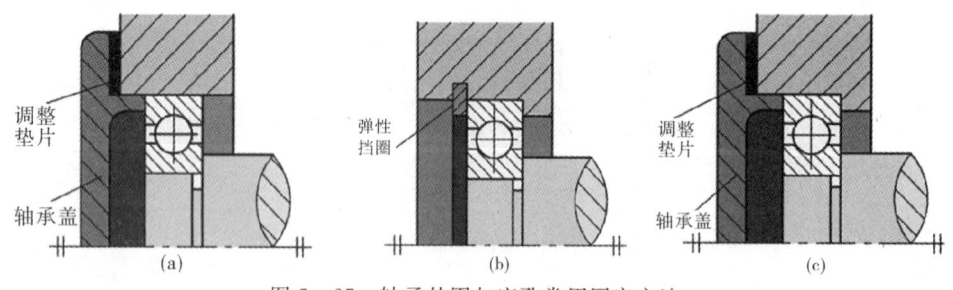

图 5-27 轴承外圈与座孔常用固定方法

2. 滑动轴承

(1)滑动轴承的类型及特点

① 类型

依据承受载荷的方向,可将滑动轴承分为以下两种:

a. 径向滑动轴承

径向滑动轴承是指轴承上的反作用力的方向与轴中心线垂直。

b. 止推滑动轴承

止推滑动轴承是指轴承上的反作用力的方向与轴中心线方向一致。

径向止推滑动轴承不仅能够承受轴向力，还能够承受径向力。

② 特点

滑动轴承的优点包括工作平稳、没有噪声、径向尺寸小、耐冲击及承载能力大等。

(2) 滑动轴承的结构

常用的径向滑动轴承可分为两大类：整体式与剖分式（如图 5-28 所示）。

(a) 整体式　　　(b) 剖分式

图 5-28　径向滑动轴承类型

① 整体式滑动轴承

整体式滑动轴承是由整体式轴承体与圆形轴瓦所组成的，是一种常见的整体式径向滑动轴承。整体式滑动轴承的优点是构造简单，常用于低速、载荷较小的间歇工作的机器上。整体式滑动轴承的主要缺点有：轴承工作表面磨损过大时无法调整轴承间隙；轴颈只能从端部装入，安装不方便或者无法安装。

② 剖分式滑动轴承

剖分式滑动轴承能够调整间隙、便于安装。剖分式滑动轴承主要由轴承座、轴承盖、剖分轴瓦及连接螺柱等组成，轴瓦是轴承与轴颈直接接触的零件，经常在轴瓦内表面上贴附一层轴承衬。在轴瓦内壁不负担载荷的表面上开设油沟，润滑油通过油孔与油沟流入轴承间隙。

(3) 滑动轴承材料

轴瓦是滑动轴承中的主要零件。磨损是轴瓦的主要失效形式，因为强度不足而发生的疲劳损坏与由于工艺原因产生的轴承衬脱落等现象亦时常会发生，主要考虑轴瓦材料的以下几个方面的性能：①强度、塑性、顺应性与嵌藏性。②磨合性、减摩性与耐磨性。③耐腐蚀性。④润滑性能与热学性质（传热性及膨胀性）。⑤工艺性。⑥经济性。

轴承材料一共可以分为三大类：①金属材料。譬如，轴承合金、青铜、铝基材料、锌基合金及减摩铸铁等。②多孔质金属材料（粉末冶金材料）。③非金属材料。譬如，塑料、橡胶及硬木等。

(4) 轴瓦结构

轴瓦结构如图 5-29 所示。

图 5-29　轴瓦结构

(5)轴承润滑

轴承润滑主要是减小摩擦功耗,降低磨损率,同时起到冷却、防尘、防锈及吸振等作用。

常用的润滑材料包括润滑油及润滑脂。除此之外,亦有采用固体(譬如石墨、二硫化钼)或者气体(如空气)来做润滑剂的,润滑油中用得最多的是矿物油。

①润滑剂及其选择

a. 润滑油

润滑油的物理和化学性能指标包括黏度、黏度指数、油性、闪点、凝点、酸值及残碳量等。黏度不仅是动压润滑轴承最重要的指标,还是挑选轴承用油时的主要依据。

选择轴承所用润滑油的黏度时,应该考虑轴承压力、滑动速度、摩擦表面状况和润滑方式等因素。

b. 润滑脂

润滑脂主要是由矿物油及各种稠化剂混合制作而成的。它的稠度大,不容易流失,承载力亦比较大,但其物理与化学性质没有润滑油稳定,摩擦功耗大,不适合用于温度变化大或者高速下。稠度与滴点是润滑脂的主要物理性能指标。

②润滑方法

滑动轴承的润滑供油方式有连续供油与间歇供油,前者适用于重要的轴承。常用的几种润滑方法如下:

a. 滴油润滑

如图 5-30 所示为针阀式油杯,结构简单,便于操作。

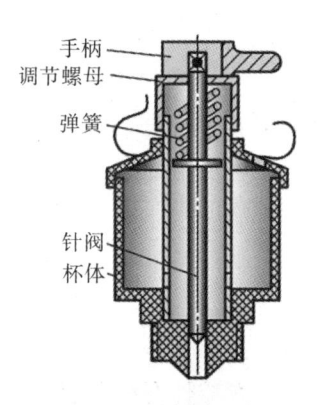

图 5-30 针阀式油杯

b. 油环润滑

如图 5-31 所示,将油环套在油环润滑轴颈上,并且垂入油池里,轴在旋转的时候,依靠摩擦力带动油环转动,将油带进轴颈处进行润滑。若轴颈转速过大则油会被甩掉;而转速过小,则无法带动油,所以转速应控制在 60~2000 r/min。这种供油方式结构简单,便于维护且供油充足。

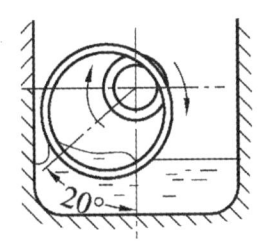

图 5-31　油环润滑

c. 飞溅润滑

如图 5-32 所示，当减速器中的齿轮传动时，利用齿轮高速转动，把油池中的油飞溅成细滴或者油雾状，汇集在箱壁内侧，再沿着油路进入轴承润滑。这种润滑方式简单可靠，适用于闭式传动。

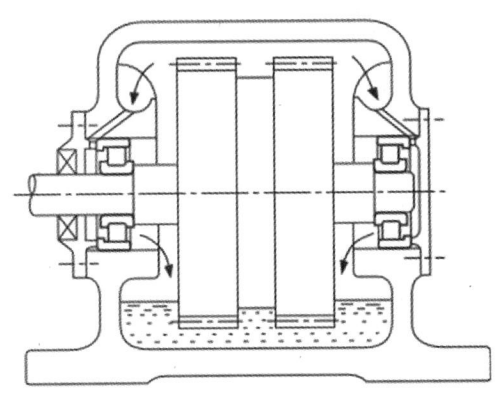

图 5-32　飞溅润滑

d. 压力循环润滑

如图 5-33 所示，压力循环润滑主要是利用了油泵的工作压力，通过输油管将润滑油送到各润滑点，润滑之后再回流到油箱，经过冷却过滤之后再重复使用。这种润滑方式不仅安全可靠，而且能保证连续供油。但它结构复杂、成本高，通常用于大型、重载、高速、精密及自动化的机械设备上。

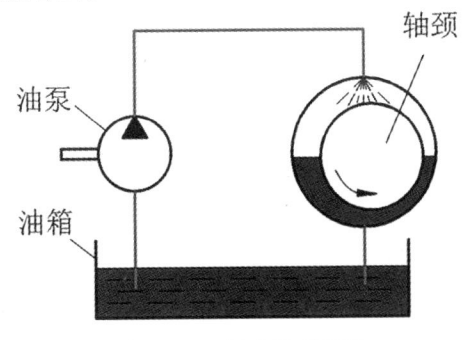

图 5-33　压力循环润滑

e. 润滑脂润滑

润滑脂只能够间歇供应润滑。如图 5-34 所示的润滑杯，是应用最广的润滑装置。润滑脂贮存在杯体中，杯盖与杯体以螺纹连接，旋拧杯盖就能够将润滑脂压送到轴承孔内。常见的还有用黄油枪向轴承补充润滑脂。

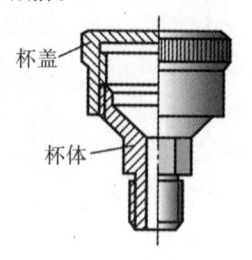

图 5-34 润滑脂润滑

单元任务实施

分析汽车曲轴轴承，如图 5-35 所示，回答下面的问题：

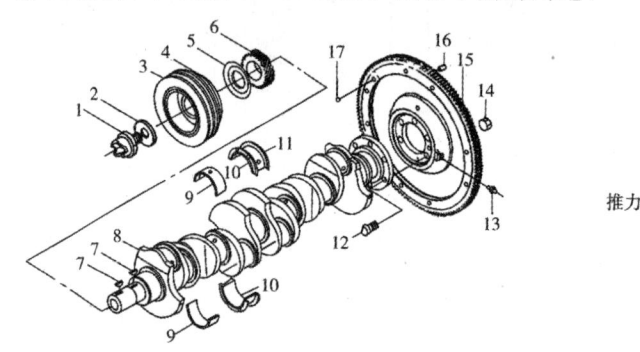

1——启动爪　2——锁紧垫圈　3——扭转减振器总成　4——带轮　5——挡油盘　6——正时齿轮　7——半圆键　8——曲轴　9、10——主轴　11——止推片　12——飞轮螺栓　13——滑脂嘴　14——螺母　15——飞轮与齿圈　16——离合器盖定位销　17——六缸上止点记号用钢球

图 5-35 汽车曲轴轴承

(1)汽车发动机中的曲轴轴承属于哪一种轴承？
(2)滑动轴承具有哪些特点？
(3)滑动轴承的材料有哪些？
(4)滑动轴承的润滑方式有哪些？

单元三 联轴器与离合器

单元描述

汽车传动系中变速器的输出轴和主减速器的输入轴的轴线不在同一条直线上，这两个轴之间用一个传动轴相连接。传动轴和这两个轴之间是采用什么样的方式进行连接的呢？

单元目标

了解联轴器、离合器的类型和特点。

微课视频

单元知识准备

一、联轴器

联轴器一般是用来连接两轴并且在其间传递运动及转矩，有时亦可以作为一种安全装置用来防止被连接件承受过大的载荷，起到过载保护的作用。

联轴器所连接的两轴，由于制造和安装误差、承载后的变形与受到温度变化的影响，通常会存在着某种程度的相对位移和偏斜（如图5-36所示）。

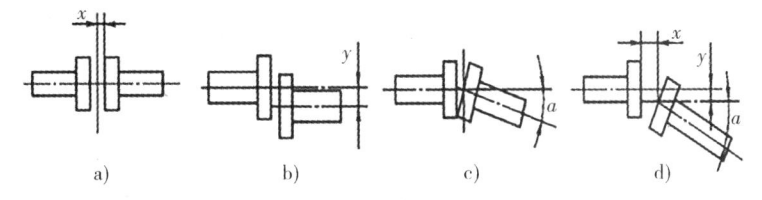

a) 轴向位移误差 b) 径向位移误差 c) 角位移误差 d) 综合位移误差

图 5-36 联轴器连接两轴的位移与偏斜

依据补偿两轴相对位移能力的不同，联轴器分为刚性联轴器与挠性联轴器两大类。

1. 刚性联轴器

常用的刚性联轴器主要有套筒联轴器与凸缘联轴器等。

（1）套筒联轴器

如图5-37所示，套筒联轴器主要是以某种方式通过公用套筒连接两轴。公用套筒和两轴连接的方式通常采用键连接或者销连接。套筒联轴器属于刚性联轴器，优点是结构简单、径向尺寸小，但装拆的时候一根轴必须做轴向移动。套筒联轴器常用于两轴直径较小、同心度高、工作平稳的场合。

131

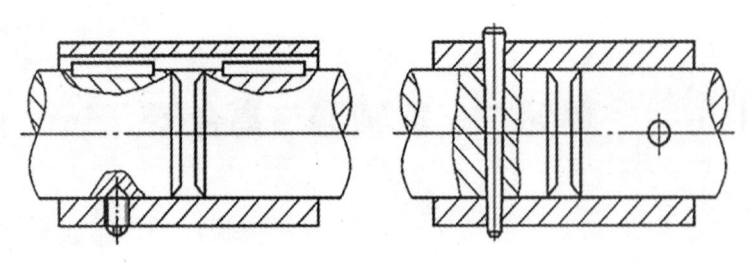

图 5-37 套筒联轴器

(2) 凸缘联轴器

如图 5-38 所示，凸缘联轴器主要是由两个带凸缘的半联轴器与一组螺栓组合而成的。这种联轴器的对中方式有两种，一种是通过凸肩与凹槽的止口相互嵌合来对中；另一种是经过铰制孔用螺栓连接，后者所传递的转矩比较大，而且装拆时轴不需要做轴向移动。

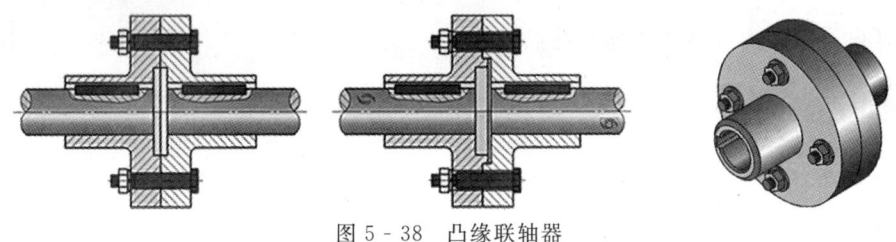

图 5-38 凸缘联轴器

2. 挠性联轴器

常用的挠性联轴器主要有十字滑块联轴器、万向联轴器及齿式联轴器。

(1) 十字滑块联轴器

十字滑动联轴器属于无弹性元件挠性联轴器，其特点是结构简单，径向尺寸小，耐冲击性能差，容易磨损等。当转速比较高的时候，因为十字滑块的偏心（补偿两轴相对位移）会出现比较大的离心惯性力，从而给轴与轴承带来附加载荷。所以，滑块联轴器主要用于刚性较大、转速低、冲击小的场合。如图 5-39 所示。

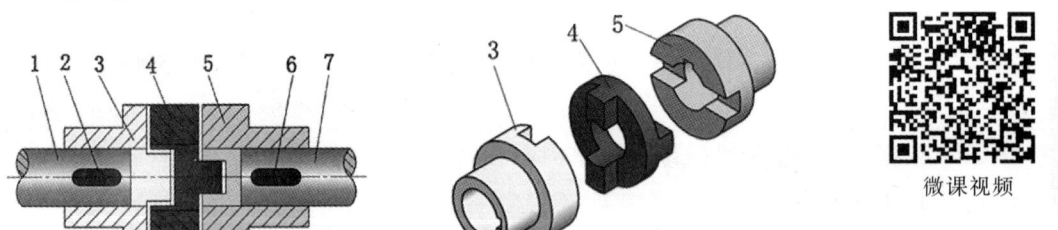

图 5-39 十字滑块联轴器

微课视频

(2) 万向联轴器

万向联轴器允许在较大角位移时传递转矩，属于无弹性元件挠性联轴器。万向联轴器适用于两轴相交的传动。两轴的交角最大能够达到 35°～45°。万向联轴器通常被成对使用。如图 5-40、5-41 所示。

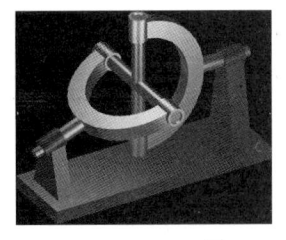

图 5-40　万向联轴器结构　　　　　　图 5-41　万向联轴器

(3) 齿式联轴器

如图 5-42 所示，齿式联轴器通过内外齿啮合，实现两半联轴器的连接，属于无弹性元件挠性联轴器。有转速高(可达 3500 r/min)，能够传递较大的转矩(可达 106 N·m)，能够补偿较大的综合位移，工作可靠，对于安装的精度要求不高等优点。它的缺点是质量过大，制造比较困难，成本高，所以大多用于重型机械中。

图 5-42　齿式联轴器

3. 弹性联轴器

常用的弹性联轴器包括弹性套柱销联轴器及弹性柱销联轴器等。

(1) 弹性套柱销联轴器

如图 5-43 所示，弹性套柱销联轴器的构造和凸缘联轴器非常相似，只是连接螺纹变成了套有弹性套的柱销，利用弹性套的弹性形变来补偿两轴之间的相对位移。这种联轴器的特点是质量轻、结构简单，但弹性套容易磨损、寿命比较短，适用于冲击载荷小，启动频繁的中、小功率传动中。

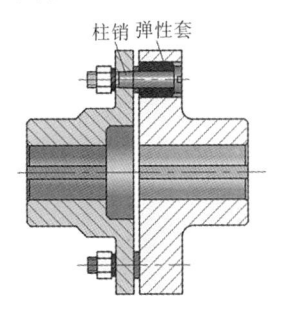

图 5-43　弹性套柱销联轴器

(2) 弹性柱销联轴器

如图 5-44 所示，弹性柱销联轴器是把由许多非金属材料制作而成的柱销，放置在两半联轴器凸缘孔中，从而实现了两半联轴器的连接。常用的柱销材料有尼龙及一些具有弹性的非金属材料，譬如，酚醛、榆木、胡桃木等。弹性柱销联轴器可以允许比较大的轴向窜动，但径向位移及偏角位移的补偿量较小。它的优点是结构简单，制造容易及便于维护等，通常多用于轻载的场合。

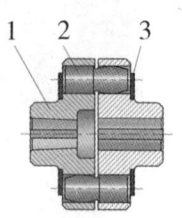

1—半联轴器　2—弹性柱销　3—挡板
图 5-44　弹性柱销联轴器

4. 联轴器的选择

联轴器的选择主要有类型的选择及型号的选择。

选择时需要注意以下几点：①计算转矩不得超过所选型号的规定值。②工作转速不得大于所选型号的规定值。③两轴轴径在所选型号的孔径范围之内。

二、离合器

离合器和联轴器的功用相同，都是用于轴与轴之间的连接，用联轴器连接的两轴，必须等到机器停止运转之后才能拆卸分离，但用离合器连接的两轴，则能够在机器运转过程中随时接合或者分离，从而达到操纵机器传动系统的断续，以便进行变速及换向等。

离合器的优点是操纵简单、省力，能够快速平稳地结合或分离，动作准确，结构简单，便于维修，使用寿命长等。

1. 牙嵌式离合器

牙嵌式离合器是用两个爪牙状零件组合而成的嵌合式离合器，如图 5-45 所示。其常用的牙型有正三角形、正梯形、锯齿形及矩形。牙嵌式离合器结构简单，外廓尺寸小，两轴接合之后不会出现相对移动，但接合时会有冲击，所以为了防止凸牙被损坏，只能在低速或者停车时接合。

图 5-45　牙嵌式离合器

2. 摩擦式离合器

如图 5-46 所示，动轴摩擦式离合器主要是通过操纵机构使摩擦片紧密贴合在一起，利用摩擦力的作用让主动轴、从动轴连接。这种离合器需要比较大的轴向力,传递的转矩较小,但在任何转速条件下,两轴都能够分离或者接合,而且接合平稳,冲击与振动小,过载时,摩擦片之间打滑,能够起到保护作用。另外,可以适当增加摩擦片的数量来提高离合器传递转矩的能力。

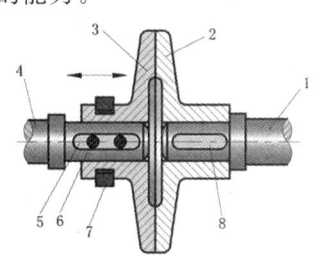

1—主动轴 2—主动摩擦盘 3—滑动摩擦盘 4—从动摩擦盘 5—导向型平键
6—螺钉 7—滑环 8—普通型平键

图 5-46 摩擦式离合器

3. 特殊功用离合器

(1) 安全离合器

安全离合器是指当传递的扭矩达到某个特定的值时就能自动分离的离合器,譬如,套筒离合器及摩擦离合器。

(2) 超越离合器

超越离合器主要是通过主动部分、从动部分的速度变化或者旋转方向的变化,从而拥有离合功能的离合器。超越离合器有单双向之分,属于自控离合器。

单元任务实施

1. 带着以下问题观察汽车万向传动装置,如图 5-47 所示。

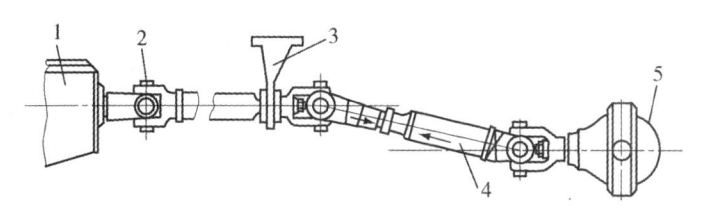

1——变速器 2——万向节 3——中间支承 4——传动轴 5——驱动桥

图 5-47 汽车万向传动装置

(1) 汽车万向传动装置中的联轴器属于哪种联轴器?
(2) 十字轴式万向节具有什么样的速度特性?
(3) 汽车万向节传动装置是如何保证等速传动的?
(4) 如何选用联轴器?

2. 带着以下问题观察汽车制动器，如图 5-48 所示。
(1)汽车制动器具有什么重要作用？
(2)常用汽车制动器有哪几种类型？
(3)盘式制动器的结构是怎样的？
(4)鼓式制动器的结构是怎样的？
(5)图示制动器属于哪一类型制动器？
(6)试描述鼓式制动器的工作原理。
(7)描述踩下制动踏板到汽车停止的制动全过程。

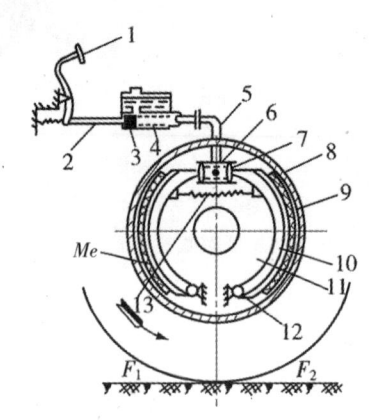

1——制动踏板　2——推杆　3——主缸活塞　4——制动主缸　5——油管　6——制动轮缸
7——轮缸活塞　8——制动鼓　9——摩擦片　10——制动蹄　11——制动底板
12——支承销　13——制动蹄回位弹簧

图 5-48　汽车制动器

单元四　连接

单元描述

一般汽车的机械部分都是由很多零件或部件组成的，而零件或部件之间需要有特定形式的连接才能够构成具有特定功能的机构。在机器制造、安装、运输和维修时，人们一般会选用不同的连接方法把零件或部件合成一个整体。

单元目标

①掌握螺纹的参数、代号及标记，以及螺纹的连接和防松。

②掌握键、销连接选择与应用。

单元知识准备

一、螺纹连接

1. 螺纹连接及螺纹连接件

螺纹连接是利用螺纹零件所组成的可以拆卸的固定连接。螺纹连接的特点有：结构简单，安全可靠，装拆快速方便，生产率高，成本低，因此得到广泛的应用。

常用的螺纹连接件包括螺栓、双头螺柱、螺钉、紧定螺钉、螺母及垫圈等。标准的螺纹紧固件都有规定的标记，标记的内容包括名称、标准编号、螺纹规格×公称长度，这些都能够从相关手册中查得。

表 5-7 中列举了几个常用的螺纹连接件的结构及应用。

表 5-7 常用螺纹连接件

类型	图例	结构及应用
六角头螺栓		螺栓精度分 A、B、C 三级，一般用 C 级。杆部螺纹长度可以依据需要来定
双头螺柱		有 A 型和 B 型两种结构。两端都有螺纹，两端螺纹可以相同亦可以不同。一端拧入厚度大且不便穿透的被连接件，另一端连接螺母
螺钉	内六角孔螺钉	头部有六角头、圆柱头和沉头等形状。头部槽型有十字槽、内六角等。十字槽强度高，便于用机动工具。内六角可代替普通六角头螺栓，用于要求结构紧凑的地方
紧定螺钉	平端	紧定螺钉的末端形状常用的有锥端、平端和圆柱端。锥端适用于被紧定零件的表面硬度较低或不经常拆卸的场合；平端常用于顶紧硬度较大的平面或经常拆卸的场合；圆柱端适用于紧定空心轴上的零件位置
六角螺母	M12	螺母的精度和螺栓相同，分为 A、B、C 三级，分别与相同级别的螺栓配用。依据螺母厚度不同，可分为标准螺母和薄螺母两种，薄螺母常用于受剪切力的螺栓上或空间尺寸受限制的场合

续 表

类型	图例	结构及应用
圆螺母		圆螺母经常与止退垫圈配合使用，装配时将垫圈内舌插入轴上的槽内，螺母即被锁紧。常用于滚动轴承的轴向固定
垫圈	弹簧垫圈　　垫圈	垫圈是螺纹连接中必不可少的附件，放置在螺母和被连接件之间，起到保护及支撑表面等作用

2. 螺纹连接的基本类型

螺纹连接的基本类型、结构、特点及应用如表 5-8 所示。

表 5-8　螺纹连接的基本类型、结构、特点及应用

类型	结构	特点	应用
螺栓连接		结构简单，便于装拆，连接可靠，生产率高，成本低，应用广泛。装配时，先将螺栓插入两个被连接零件的通孔，再放上垫圈，拧紧螺母	主要用于被连接件较薄的场合，便于穿孔、经常拆卸的场合。通孔的直径比螺栓的螺纹规格略大，通常为 $1.1d$
双头螺柱连接		装配时，先将螺柱的旋入端拧紧在较厚零件的螺孔中，将加工成光孔的被连接件通过螺柱的紧固端装入，再放上垫圈，拧紧螺母	用于被连接件之一较厚，但需要经常拆卸的场合。拆卸这种连接时，不用拆下螺柱
螺钉连接		装配时，将螺钉穿过一个零件的光孔，再旋入另一个零件的螺孔中，然后拧紧	用于被连接件之一较厚的场合，但不宜经常拆卸，否则很容易损坏螺纹孔。螺桩连接一般用于被连接零件受力不大的场合

类型	结构	特点	应用
紧定螺钉连接	(a)装配前　(b)装配后	将紧定螺钉拧入一个零件，并利用螺钉末端顶紧另一个零件来固定两个零件的相互位置	多用于轴和轴上零件的连接，能够传递的力与转矩都不大

3. 螺纹连接的预紧与防松

(1)螺纹连接的预紧。螺纹连接预紧是以增强连接的可靠性与紧密性为目的，防止连接件间出现缝隙或发生相对滑动，适当增大预紧力能够提高连接件的疲劳强度。

(2)螺纹连接的防松。螺纹连接防松实际上就是为了防止螺纹副的相对转动。

①防松的原因

螺纹之间的摩擦力在冲击、振动及变载荷的作用下，可能减小或消失，这种情况多次重复后会使连接松脱；高温、温度变化比较大的情况下，由于螺纹连接件和被连接件的材料发生蠕变和应力松弛，会使预紧力和摩擦力逐渐减小，连接亦可能会发生松脱，使机器不能正常工作。

②螺纹连接的防松措施及方法

螺纹连接件连接完成以后，可以依据实际情况，选择合适的防松装置与防松方法，如表5-9所示。

表5-9　螺纹连接的防松措施及方法

防松措施	方法	结构形式	特点及应用
增大摩擦力防松动	弹簧垫圈		弹簧垫圈：将螺母拧紧以后，靠垫圈压平而产生的弹性反力让旋合螺纹间压紧，同时垫圈斜口的尖端抵住螺母和被连接件间的支承面，起到防滑作用。结构简单，使用方便。但因为垫圈的弹力不均，在冲击振动的工作条件下，它的防松效果差，通常用于不甚重要的连接
	双螺母		对顶螺母：两螺母对顶拧紧后，使旋合螺纹间始终受到附加压力和摩擦力的作用。工作载荷变动时，该摩擦力依然存在。旋合螺纹间的接触情况如图所示，下螺母螺纹牙受力较小，其高度可小些，但为了防止装错，两螺母高度相等最好。结构简单，适用于平稳、低速及重载的固定装置上的连接

续　表

防松措施	方法	结构形式	特点及应用
利用机械方法防松动	槽形螺母和开口销		六角开槽螺母拧紧后将开口销穿入螺栓尾部小孔和螺母的槽内，并将开口销尾部掰开与螺母侧面贴紧。亦可以用普通螺母来代替六角开槽螺母，但需要拧紧后配钻孔销。适用于较大冲击、振动的高速机械中运动部件的连接
	止动垫片		螺母拧紧后，将单耳或双耳止动垫圈分别向螺母和被连接件的侧面折弯贴紧，即可将螺母锁住。若两个螺栓需要双耳锁紧时，可采用双耳止动垫圈，使两个螺母互相制动。结构简单，使用方便，防松可靠，用于受力较大的场合
	穿金属丝		用低碳钢丝穿入各螺钉头部的孔内，将螺钉串联起来，让其相互制动。使用时需要注意钢丝的穿入方向。适用于螺钉连接，防松可靠，但不方便拆卸

续 表

防松措施	方法	结构形式	特点及应用
破坏螺纹副运动关系	冲点和点焊	点焊　冲点	螺母拧紧后，在螺栓末端与螺纹的旋合缝处冲点或焊接来防松，防松可靠，但拆卸后连接不能重复使用。适用于装配后不再拆开的场合
	涂胶结剂防松动	涂胶结剂	在旋合螺纹间涂胶结剂，使螺纹副紧密胶合。防松可靠，还可起到密封作用。适用于不需拆卸的特殊连接

二、键、销及其连接

1. 键连接

为了让轮和轴装在一起而迫使它同时转动，一般在轮和轴的表面分别加工出键槽，然后将键放入轴的键槽中，再把带键的轴装进轮孔中，这种连接称为键连接（如图 5-49 所示）。

键连接主要是实现轴与轴上零件的固定，传递轴向力。键连接属于可拆连接，应用非常广泛，它的特点是结构简单、工作可靠、便于装拆等。

（1）键与键连接的类型、特点及应用。

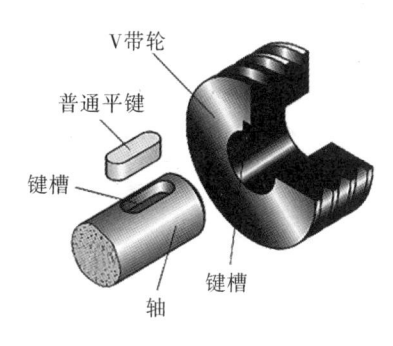

图 5-49　键连接

表 5‑10 键和键连接的类型、特点和应用

键类型		图例	特点	应用
平键连接	普通平键连接	A型 B型 C型	(1)靠键的侧面传递转矩,工作面为两侧面 (2)结构简单、装拆方便、对中性良好 (3)不能实现轴上零件的轴向定位 (4)依据形状不同可分为圆头(A型)、方头(B型)、单圆头(C型)	应用广泛,适用于高速、高精度和承受变载、冲击的场合,圆头应用最广、单圆头用于轴的端部
	导向平键连接	起键螺孔	(1)靠键的两侧面工作 (2)对中性好,结构简单 (3)导向平键较长,用螺钉将其固定于轴内 (4)为装拆方便,键中间设有起键用螺钉 (5)导向平键与轮毂的键槽采用间隙配合	适用于轮毂移动距离不大的场合,移动距离较大时采用滑键连接
	滑键连接		(1)靠侧面传递转矩 (2)对中性好,易拆装 (3)滑键固定在轮毂上,轮毂带动滑键在轴上的键槽中做轴向滑移	适用于轴上零件轴向移动量较大的结构
半圆键连接			(1)靠键的侧面传递转矩 (2)制造容易、装拆方便 (3)键在轴槽中能摆动,以适应轮毂上键槽的斜度 (4)键槽较深,对轴的削弱较大,只能传递较小转矩	适用于轻载或辅助性连接,多用于锥形轴与轮毂的连接

续 表

键类型		图例	特点	应用
花键连接	矩形齿花键连接		(1)多齿工作，承载能力高 (2)对中性好，导向性好 (3)齿根较浅，应力集中较小，对轴的削弱小 (4)加工方便，精度较高	应用广泛
	渐开线齿花键连接		(1)齿根较厚，强度高，承载能力大，寿命长 (2)具有较高精度和互换性 (3)压力角有30°和45°两种	用于载荷较大、定心精度要求较高及尺寸较大的连接
楔键连接	普通楔键连接		(1)键的上下表面为工作面 (2)上表面相对下表面有1∶100的斜度，轮毂槽底相应也有1∶100的斜度 (3)装配时将键打入轴和毂槽内，其工作面上会产生很大的预紧力 (4)能实现轴上零件的轴向固定并承受单方向的轴向力 (5)对中性差，冲击变载时易松脱	用于精度要求不高、转速较低、承受单向轴向载荷的场合
	钩头楔键连接			用于不能从另一端将键打出的场合，钩头是为了拆卸方便设计的。应注意加保护罩

续　表

键类型	图例	特点	应用
切向键连接		(1)一对具有1∶100斜度的楔键拼合而成，装配时分别从轮毂两边打入 (2)上、下两工作面相互平行，工作时靠工作面的压紧力传递转矩 (3)一对切向键只能传递单向转矩 (4)对中性差，对轴的削弱严重	常用于轴径较大（$d>60$）、精度要求不高、转速较低、传递较大转矩的场合

（2）平键的标准及普通平键连接的选用

①规格

平键是标准件，GB/T 1096中平键的规格用 $b×h×L$ 标记，其中 b 为宽度，h 为厚度，L 为长度。

平键标记：圆头普通平键（A型）可以不标出类型，而B型和C型必须标注出来，譬如"键B"或"键C"。

标记示例：圆头普通平键（A型），$b=16$ mm，$h=10$ mm，$L=100$ mm。

标记为：GB/T 1096 键 16×10×100

方头普通平键（B型），$b=16$ mm，$h=10$ mm，$L=100$ mm。

标记为：GB/T 1096 键 B16×10×100

单圆头普通平键（C型），$b=16$ mm，$h=10$ mm，$L=100$ mm。

标记为：GB/T 1096 键 C16×10×100

②平键连接的配合种类及应用范围

表 5-11　平键连接配合种类及应用范围

平键连接配合种类	尺寸 b 的公差			应用范围
	键	轴槽	轮毂槽	
较松键连接	H9	H9	D10	主要用于导向平键
一般键连接	N9		JS9	用于传递载荷不大的场合，被广泛应用于一般的机械制造中
较紧键连接		P9		用于传递重载荷、冲击载荷及双向传递转矩的场合

③平键连接的选用

a. 键的剖面尺寸为 $b×h$，主要依据轴的直径从标准中选取。

b. 键的长度应该略小于(或等于)轮毂长度，一般轮毂的长度为$(1.5～2)d$，d为轴的直径。

c. 键的宽 b 的公差为 H9，键高 h 依照 H11 取值，键长 l 依照 H14 取值，轴槽长度公差为 H14。

d. 键工作表面的 $R_0<1.6\ \mu m$，与其相配合的轴槽和轮毂侧面的 Ra 取 $1.6～3.2\ \mu m$，非工作表面的表面粗糙度 Ra 取 $6.3\ \mu m$。

2. 平键连接的失效形式

平键连接的失效形式主要是指工作面受到挤压导致被压溃。

3. 销连接

(1)销的类型

①圆柱销。圆柱销微量过盈固定在销孔中，装拆多次之后会降低其定位精度，常用于不经常装拆的场合，如图 5-50(a)所示。

②圆锥销。圆锥销可以自锁，锥度为 1∶50，定位精度高，安装亦比较方便，可以多次装拆，如图 5-50(b)。

③槽销。槽销用弹簧钢滚压或模锻而成，如图 5-50(c)所示，槽常有三条。槽销被压入销孔之后，其凹槽就会发生收缩变形，依靠材料的弹性而将其固定在销孔中，销孔不需要铰光就可以多次装拆，常用于传递载荷，也适用于受振动载荷的连接。

④弹性圆柱销。弹性圆柱销是由弹簧钢带卷制作而成的纵向开缝的圆管，借助弹性，在销孔中均匀挤紧，对销孔精度要求比较低，可以进行多次装拆，因为它刚性较差，不适合用于高精度的定位，常用于有冲击振动的场合，如图 5-50(d)所示。

⑤开口销。开口销是一种防松零件，常用于锁紧其他紧固件，如图 5-50(e)所示。

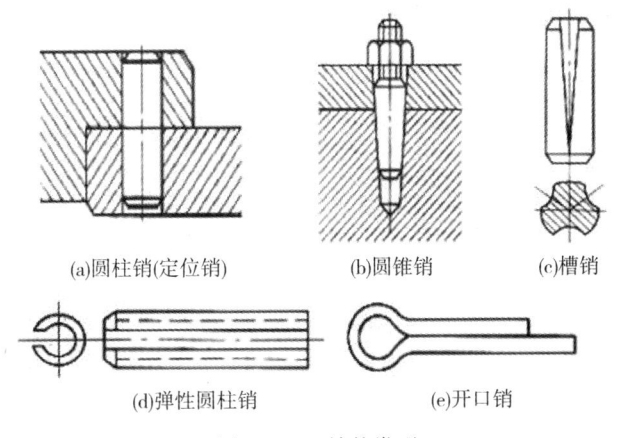

图 5-50 销的类型

(2)销的作用

①定位

固定零件之间的相对位置，如图 5-51(a)所示，是组合加工与装配时的辅助零件。

②连接

常用于轴与毂的连接或其他零件的连接,如图5-51(b)所示,可以传递不大的载荷。

③可以作为安全装置,起到过载保护作用,如图5-51(c)所示。

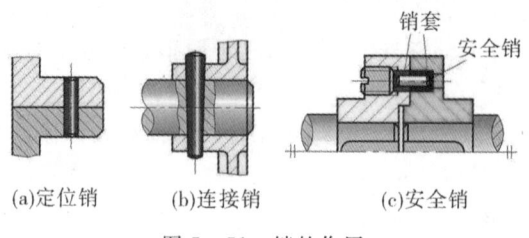

(a)定位销　(b)连接销　(c)安全销

图5-51　销的作用

单元任务实施

循环球式转向器一般有两级传动副,第一级为螺杆螺母传动副,第二级为齿条扇传动副,如图5-52所示,转向螺杆8是主动件,它的轴颈支承在两个推力球轴承上。转向螺母10的下平面加工成齿条,与齿扇轴(即摇臂轴)15内端的齿扇部分啮合。转向螺母既是第一级传动副的从动件,又是第二级传动副的主动件,通过转向盘和转向轴转动转向螺杆时,转向螺母不能转动,只能轴向移动并驱使齿扇轴转动。

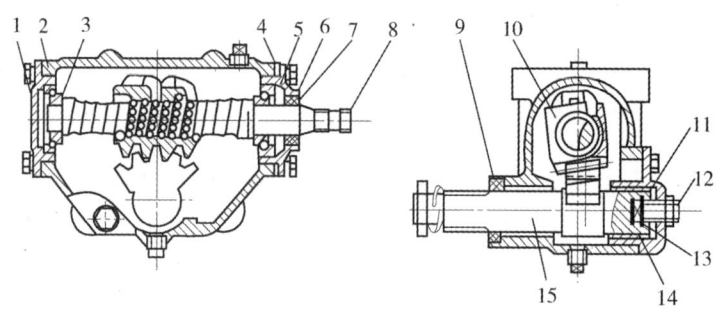

1——下盖　2——转向器壳体　3——螺杆轴承　4——上盖调整垫片　5——上盖
7——螺杆油封　8——转向螺杆　9——摇臂轴油封　10——转向螺母　11——侧盖
12——调整螺钉　13——弹簧挡圈　14——止推垫片　15——摇臂轴

图5-52　循环球式转向器的构造

1. 下盖和转向器壳体使用的是哪种螺纹连接?
2. 上述连接处采用了哪种防松方法?
3. 转向螺杆转动时,将如何带动转向螺母运动?
4. 转向螺母能否转动?为什么?
5. 转向螺母外有两根钢球导管,每根导管的两端分别插入螺母侧面的一对通孔中,导管起什么作用?

模块六　汽车液压传动

单元一　液压传动的基本知识

单元描述

液压千斤顶是汽车修理中的常用工具，它主要用于更换车轮时将汽车顶起，便于维修人员完成工作。液压千斤顶是典型的液压传动机构，即以液体为工作介质传递能量和实施控制。它是如何以很小的力举起很重的重物的？其液压系统是由哪些基本构件组成的？它的工作原理如何？下面以液压千斤顶为例来分析液压传动的基本概念、工作原理、系统组成、图形符号、特点和主要参数等。

单元目标

①知道液压传动的基本概念。
②能描述液压传动的工作原理。
③掌握液压元件的图形符号。
④了解液压传动的特点。
⑤熟悉压力和流量的定义。

微课视频

单元知识准备

一、液压传动的工作原理

如图 6-1 所示为液压千斤顶的工作原理图。

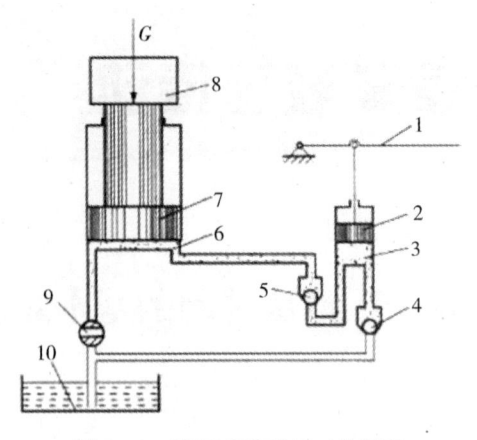

图 6-1 液压千斤顶的工作原理
1——杠杆 2——小活塞 3、6——液压缸 4、5——钢球 7——大活塞 8——重物
9——放油阀 10——油箱

图 6-1 中 3 和 6 为大小两个液压缸,其内部分别装有活塞 2 和活塞 7,活塞和缸体间配合良好,活塞在缸内滑动,配合面间为可靠的间隙密封。其中,小液压缸为液压装置的动力元件(液压泵),大液压缸为执行元件。当将杠杆 1 提起时,小活塞 2 随之被带动上升,使小缸 3 下腔密封容积增大,腔内压力下降,形成部分真空,此时钢球 5 将所在的通路关闭,油箱 10 中的油液在大气压的作用下推开钢球 4,并沿吸油孔道进入小缸的下腔,完成一次吸油动作。继而,下压杠杆 1,小活塞 2 向下移动,小缸 3 下腔的密封容积减小,腔内压力升高,此时钢球 4 自动关闭了油液流回油箱的通路,小缸 3 下腔内的油推开钢球 5 流入大缸 6 的下腔,推动大活塞,将重物 8 向上顶起一段距离。如此反复地上提与下压杠杆 1,就能使重物持续升起,实现起重的目的。若将放油阀 9 旋转 90°,大缸中的油液则在重物 8 的自重作用下,回流至油箱,活塞下降,恢复至原位。

液压传动的工作原理有如下几个要点:①液压传动以密封容积中的有压液体作为传递动力和运动的工作介质。②执行元件所能承载的物重与油液压力和液压缸活塞有效作用面积有关,而其运动速度由单位时间内进入缸内油液容积的量来决定。③液压传动装置实质上为一种能量转换装置,液压泵先将机械能转换为便于输送的油液压力能,经由液压回路后,执行元件又将油液压力能转换为机械能输出做功。

二、液压传动系统的组成及图形符号

1. 液压传动系统的组成

如图 6-2 所示为一台简化了的机床工作台液压传动系统。在图 6-2(a)中,液压泵 3 由电动机带动旋转,从油箱 1 中吸油,油液经由过滤器 2 过滤后流向液压泵 3,经液压泵 3 向系统输送。来自液压泵 3 的油流经节流阀 5 和换向阀 6 进入液压缸 7 的左腔,推动活塞连同工作台 8 向右移动。此时,液压缸右腔的油经换向阀至回油管排回油箱。

若将换向阀手柄扳至如图 6-2(b)所示状态,则油经换向阀进入液压缸 7 的右腔,推动活塞连同工作台向左移动。此时,液压缸 7 左腔的油亦经换向阀和回油管排回油箱。

工作台的移动速度是由节流阀来控制调节的。当节流阀开口增大时,进入液压缸的流量增大,此时,工作台的移动速度相应加快;反之,当节流阀开口减小时,工作台移动速度则随之减缓。

由上可知,液压传动系统主要由如下几部分组成。①动力元件。通常为液压泵。其功用是将原动机输入的机械能转换为流体的压力能,以驱动执行元件运动,是一种能量转换装置。②执行元件。通常指的是做直线运动的液压缸、做回转运动的液压马达。其功用是将流体的压力能转换为机械能,以驱动工作部件,亦为一种能量转换装置。③控制元件。指的是各种阀类元件,它们的作用是控制和调节液压系统中流体的压力、流量和流动方向,以保证工作机构完成预定的工作运动。④辅助元件。即以上三种之外的其他装置,诸如油箱、油管、管接头、过滤器、蓄能器、压力表等,它们的作用是提供必要的条件,使系统得以正常工作及便于监测控制。⑤传动介质。即液压油(一般为矿物油),其作用是传递能量,实现运动。

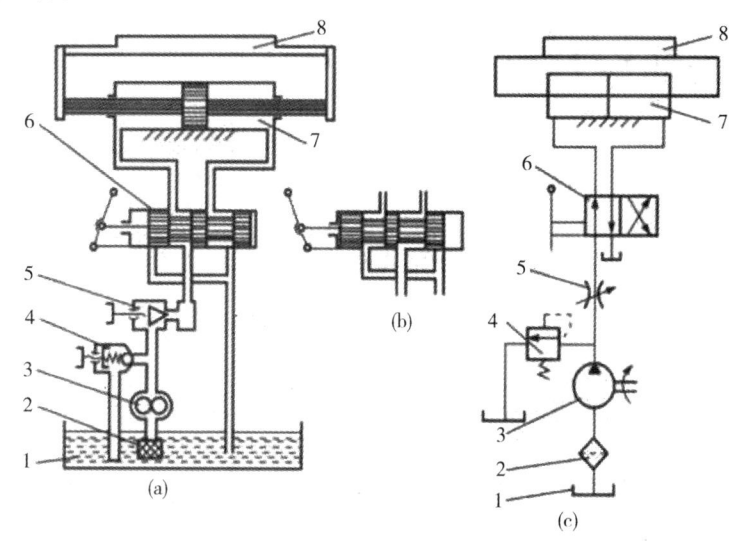

1——油箱 2——过滤器 3——液压泵 4——溢流阀 5——节流阀
6——换向阀 7——液压缸 8——工作台

图 6-2 机床工作台液压传动系统

2. 液压传动系统的图形符号

液压传动系统的图形符号包括结构原理图与职能符号图两种。在图 6-2(a)中,组成液压传动系统的各元件是用半结构式图形绘制出来的,该图形较为直观,便于理解,但绘制相应较为复杂,尤其是系统中元件数量较多时。在工程实际中,除某些特殊情况外,往往会使用简单的图形符号来绘制液压系统原理图。对于如图 6-2(a)所示的液压传动系统,若用国家标准 GB/T786.1-2021 规定的液压图形符号绘制,则其系统原理图如图 6-2(c)所示。图中符号仅示意元件功能,并不表示元件结构及安装位置。毫无疑问,这些图形符号的使用,大大简化了液压系统图的绘制。

3. 液压传动系统的特点

(1)液压传动系统优点

液压传动系统优点如下:①液压传动能方便地实现无级调速,调速范围大。②在相同功率情况下,液压传动能量转换元件体积小、质量轻。③液压传动工作平稳,冲击小,能高速启动、制动和换向。④液压系统便于实现过载保护。⑤液压系统操纵简单，便于自动化的实现。尤其是与电气控制联合使用时，易于实现复杂的自动工作循环。⑥油液元件能自行润滑，元件使用寿命长。⑦液压元件易于实现系列化、标准化和通用化，进而降低其设计、制造难度。

(2) 液压传动系统缺点

液压传动系统缺点如下：①由于泄漏及流体的可压缩性，使它们无法保证严格的传动比。②液压传动对油温变化较为敏感，且易造成环境污染，通常工作温度在－15 ℃～60 ℃较为适宜。③由于液体黏性大，在流动过程中阻力损失大，因而限制了其远距离的传动和控制。④油液元件对制造精度有着严格要求，无形中加大了制造、加工及装配成本，且对油液的污染比较敏感。⑤由于液压元件与工作介质均处于封闭油路内工作，发生故障时，较难检查。

三、液压油

液压传动是以液体(一般为液压油)作为工作介质来转换能量的，液压系统工作性能受到液压油质量的直接影响。

1. 液压油的主要性质

(1) 黏性

液体受外力作用流动时，分子间的内聚力要阻止分子间的相对运动，因而产生一种内摩擦力，该特性称为液体的黏性。黏性是液体的重要物理性质，亦是液压油选择的主要依据之一。液体流动时，由于液体的黏性及液体和固体壁面间的附着力，会使液体内部各层间的速度大小不等。当液体在两平行平板间流动时，中间各层液体的速度与平板间的距离大小近乎呈线性规律分布。实验表明，液体流动时相邻液层间的内摩擦力 F 与液层接触面积 A、液层间速度梯度 $\dfrac{du}{dy}$ 成正比，即

$$F = \mu A \dfrac{du}{dy}$$

式中，μ 为比例常数，被称为动力黏度。

(2) 黏度

黏度表示液体黏性的大小。有三种常用黏度，分别是动力黏度、运动黏度及相对黏度。

① 动力黏度。其又被称为绝对黏度，用液体流动时所产生的内摩擦力的大小来表示，由式 $F = \mu A \dfrac{du}{dy}$ 可得

$$\mu = \dfrac{F}{A \dfrac{du}{dy}}$$

由上式可知，动力黏度的物理意义是：液体在单位速度梯度下流动时，接触液层间单位面积上的内摩擦力。动力黏度的法定计量单位为 Pa·s(帕秒，N·s/m²)。

② 运动黏度。在相同温度下，液体动力黏度和其密度的比值被称为运动黏度，以 υ 表示，即

$$\upsilon = \frac{\mu}{\rho}$$

比值不代表任何明确的物理意义。运动黏度是工程实际中经常会用到的物理量，法定计量单位是 m^2/s。国际标准化组织（ISO）规定统一采用运动黏度来表示油的黏度等级。

我国生产的全损耗系统用油和液压油采用 40 ℃ 时的运动黏度值为其黏度等级标号，即油的牌号。

③相对黏度。相对黏度又被称为条件黏度，是依据一定测量条件测定的，各国所采用的相对黏度的单位有所差异。中国、德国等采用的为恩氏黏度 0E，美国采用国际赛氏秒，英国采用商用雷氏秒。

(3) 黏度和温度的关系

油液的黏度对温度变化非常敏感，温度升高，油液黏度下降。油液黏度随温度变化的性质被称为油液的黏温特性。液压油的种类不同，其黏温特性亦有所差异，黏温特性较好的液压油，其黏度对温度变化的敏感度降低，因而油温变化对液压系统性能的影响相应减小。

(4) 黏度和压力的关系

液体所受压力增大时，其分子间距减小，内聚力增大，黏度亦随之增大。但对一般液压系统而言，当压力未达到 32 MPa 以上时，压力对黏度的影响微不足道，可完全不予考虑。

2. 对液压油的基本要求

液压传动用油通常要满足如下要求：①黏度合适，黏温特性良好。②润滑性能良好，腐蚀性小，抗锈性好。③质地纯净，少杂质。④与金属及密封件的相容性良好。⑤氧化稳定性好，长期工作不易变质。⑥抗泡沫性和抗乳化性好。⑦体积膨胀系数小，比热容大。⑧燃点高，凝点低。⑨对人体健康无影响，成本低。

四、液压传动力学基础

1. 压力

液压千斤顶在顶起重物时，缸内液体是存在压力的，正是压力作用于大活塞的底面，才能顶起重物。由静压传递原理可知，密封容器中的液体，当任意一处受力作用时，该力就会经由液体传递至容器内的任意部位，且压强各处一致。压强是作用于液体单位面积上的力，通常用 p 表示，而作用于活塞有效面积上的力，用 F 表示。当活塞的有效作用面积为 A 时，存在下列关系式

$$F = pA$$

需要强调的是，在液压传动中，液体压强 p 习惯称为压力（以下用压力表示），事实上，它有别于一般意义上压力的概念。

在液压千斤顶的工作中，依据静压传递原理，要使活塞顶起上面的重物，则作用在活塞下端面积 A 上的液压推力 F 至少应该等于物体的重力 G（其中还应考虑到活塞自重），即

$$F = G$$

此时，缸中的油液压力 p 为

$$p=\frac{G}{A}$$

由式 $p=\frac{G}{A}$ 可知，液压缸中的工作压力 p 随外界负载的变化而变化，负载大压力大，负载小压力小。若活塞上不存在负载，那么缸中的压力即可认为等于零。可以说，外界负载决定了液压缸的工作压力。在液压传动中，工作压力一般被分为几个不同的等级，如表 6-1 所示。

表 6-1 压力等级

压力等级	低压	中压	中高压	高压	超高压
压力范围 p/MPa	0～2.5	2.5～8	8～16	16～32	大于 32

2. 流量

单位时间内流过管道某一截面的液体体积称为体积流量 q。若在时间 t 内流过的液体体积为 V，则流量为

$$q=\frac{V}{t}$$

q 是流量，换算关系是

$$1 \text{ m}^3/\text{s}=10^6 \text{ cm}^3/\text{s}=6\times10^4 \text{ L/min}$$

如图 6-3 所示为液体在同一直管内流动，设管道的通流截面积为 A，则流过截面 Ⅰ-Ⅰ 的液体经时间 t 后到达截面 Ⅱ-Ⅱ 处，所流过的距离为 l，则流过的液体体积 $V=Al$，因此流量为

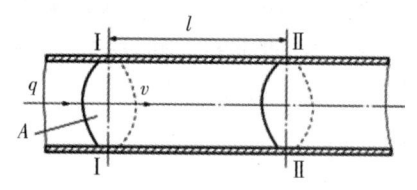

图 6-3

$$q=\frac{V}{t}=\frac{Al}{t}=Av$$

式中，v 是液体通过通流截面的平均流速，而非实际流速。由于液体具有黏性，会导致同一通流截面上各液体质点的实际流速分布不均匀，越靠近管道中心，流速越大。因此，在进行液压计算时，往往使用的是平均流速。在液压缸中，液体平均流速和活塞运动速度相同（如图 6-4 所示）。

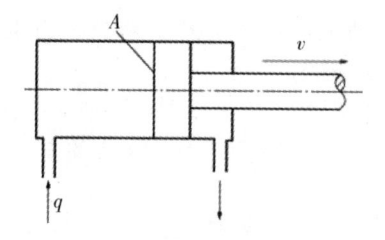

图 6-4 活塞运动速度与流量的关系

因此，存在如下关系

$$v = \frac{q}{A}$$

式中，v 是活塞运动速度，q 是输入液压缸的流量，A 是活塞有效作用面积。

由该式可知，当液压缸的活塞有效作用面积确定时，输入液压缸的流量决定了活塞运动速度的大小。

3. 压力损失与流量的关系

在液压管路中，压力与流量这两个基本参数间的关系：由静压传递原理可知，密封的静压液体具有均匀传递压力的性质，即一处受压力作用时，其他各处的压力均相等。

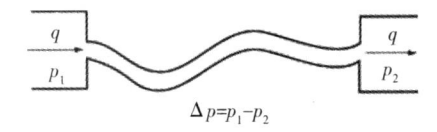

图 6-5 液体的压力损失

但流动的液体情况并非如此，当液体流过一段较长的管道或各种阀孔、弯管及管接头时，由于流动液体各质点间，以及液体与管壁间的相互摩擦和碰撞作用，液体流动会受到阻力作用，该阻力即液阻。液体在系统中的液阻，会造成流动液体的能量损失，其主要表现为液体在流动过程中的压力损失，如图 6-5 所示。

若以 Δp 表示这种压力损失，它与液阻 F_R 和经由管道的流量 q 间存在如下关系：

$$\Delta p = F_R q^n$$

式中，q 是经由管道的流量；F_R 是管道中的液阻，液阻与管道孔的截面形状、截面大小、管道长度及油液性质等因素有关；Δp 是油液经由管道的压力损失，可看作管道两端的压力差，即 $\Delta p = p_1 - p_2$；n 为指数，其值取决于管道结构形式，通常 $1 \leqslant n \leqslant 2$。

由式 $\Delta p = F_R q^n$ 可知，液阻增大，造成的压力损失就越大，相应地，流量就会变小。液压传动中往往利用改变液阻的办法来控制压力或流量。

单元任务实施

如图 6-6 所示为汽车举升机构的液压系统图，回答下面的问题：

(1)查阅资料，指出图中 1~6 各为哪种常用的液压元件图形符号。

(2)指出液压系统的动力部分、执行部分、控制部分和辅助部分及各自在液压系统中的作用。

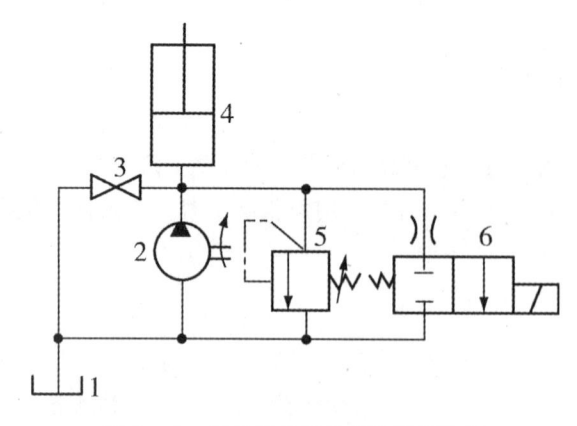

图 6-6　汽车举升机构的液压系统图

单元二　液压元件

单元描述

汽车发动机在工作期间，最高燃烧温度可达 2500 ℃，即使在怠速或中等转速下，燃烧室的平均温度也在 1000 ℃ 以上。因此，必须对发动机机体进行适当的冷却，使其在任何工况下都保持在适当的温度范围内。绝大多数汽车采用的是水冷却系统，靠水泵提供动力，使冷却液在发动机机体和冷却水箱之间进行强制循环。此外，汽车发动机工作时，为了减轻磨损，减小摩擦阻力，延长使用寿命，都配有润滑系统。发动机润滑系统靠机油泵提供动力，机油泵必须在发动机各种转速下都能供给足量的机油，以维持足够的机油压力，保证发动机的润滑。机油泵的供油量与其转速有关，而机油泵的转速又与发动机转速成正比。因此，在高速时机油泵的供油量偏大，机油压力也显著偏高。为了防止油压过高，通常在润滑油路中设置安全阀或限压阀。本单元主要对汽车冷却系统、润滑系统的液压元件进行认知和分析。

单元目标

①能正确识读液压传动系统中各相关元件的图形符号。
②能正确区分液压泵和液压马达。
③熟悉液压缸的结构特点。
④熟悉各种液压控制阀的结构特点及作用。

单元知识准备

一、液压动力元件

1. 液压泵

(1) 液压泵用途和分类

在液压传动系统中，液压泵为动力元件。其作用是将原动机(一般为电机)输入的机械能转化为液压能，提供给系统具有一定压力与流量的工作液体。液压泵的性能好坏对液压系统的工作性能及可靠性有直接影响，其在液压传动中的地位举足轻重。

液压传动系统中使用的液压泵均为容积式液压泵，其是借助配流装置，依靠密闭容积的周期性变化来工作的。容积式液压泵存在多种类型，有如下几种分类方法。

按结构形式的不同分：齿轮泵、螺杆泵、叶片泵和柱塞泵等。

按排量能否改变分：定量泵和变量泵。

按吸油、排油方向能否改变分：单向泵和双向泵。

按压力大小分：低压泵($\leqslant$2.5 MPa)、中压泵(2.5～8 MPa)、中高压泵(8～16 MPa)、高压泵(16～32 MPa)和超高压泵($>$32 MPa)。

液压泵经过组合，可组成双联泵、三联泵等。

(2) 液压泵的工作原理

如图6-7所示为单柱塞泵的结构示意图。

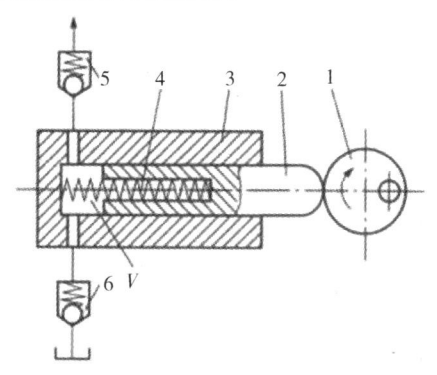

1——偏心轮　2——柱塞　3——缸体　4——弹簧　5、6——单向阀
图6-7　单柱塞泵的结构示意图

图中柱塞2装在缸体3中形成一个密封容积V，柱塞在弹簧4的作用下始终压紧在偏心轮1上，原动机驱动偏心轮1旋转，柱塞2就在缸孔中做往复运动，从而使密封容积V的大小发生周期性的交替变化。当V由小变大时就形成部分真空，使油箱中油液在大气压作用下，经吸油管顶开单向阀6进入油腔而实现吸油；反之，当V由大变小时，油腔中吸满的油液将顶开单向阀5流入系统而实现压油。这样液压泵就将原动机输入的机械能转换成液体的压力能，原动机驱动偏心轮不断旋转，液压泵就不断地吸油和压油。利用这种原理做成的泵统称为容积式泵。

2. 齿轮泵

齿轮泵是利用齿轮啮合原理工作的,如图 6-8 所示。

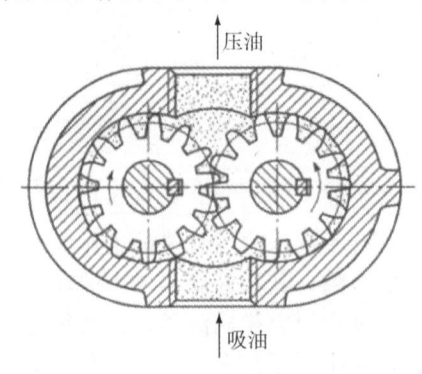

图 6-8 齿轮泵的工作原理

一对相互啮合的齿轮装在泵体内,齿轮两端面靠端盖密封,齿顶靠泵体的圆弧表面密封,在齿轮的各个齿间,形成了密封的工作容积。泵体有两个油口,一个是入口(吸油口),一个是出口(压油口)。

当电动机驱动主动齿轮旋转时,两齿轮转动方向如图 6-8 所示。此时吸油腔的轮齿逐渐分离,由齿间所形成的密封容积逐渐增大,形成部分真空,因此油箱中的油液就在大气压的作用下,经吸油管和齿轮泵入口进入吸油腔。吸入齿轮间的油液随齿轮旋转带到压油腔,随着压油腔轮齿的逐渐啮合,密封容积逐渐减小,油液就被挤出,从压油腔经出油口输送到压力管路中。由于齿轮泵的密封容积变化范围不能改变,故流量不可调,是定量泵。

3. 叶片泵

(1)单作用叶片泵的工作原理

如图 6-9 所示为单作用叶片泵的工作原理,它由转子 1、定子 2、叶片 3 及将它们夹于中间的配油盘等组成。定子内表面为圆柱形,定子与转子间有偏心距离 e,叶片装在转子槽中,并可在槽内滑动,当转子回转时,由于离心力的作用,将使叶片甩出并紧靠在定子内壁,这样在定子、转子、叶片和两侧配油盘间就形成了若干个密封的工作空间。

此外,配油盘上开有吸油和压油窗口,分别连通着吸油腔、压油腔,如此,当图示转子按逆时针方向回转时,右侧叶片逐渐伸出,叶片间的工作空间逐渐增大,并经由配油盘从吸油腔吸油,左侧叶片被定子内壁逐渐压进转子槽内,工作空间逐渐缩小,即将油液经配油盘从压油腔压出。在吸油腔和压油腔间有一段封油区,它区隔开了吸油腔与压油腔。

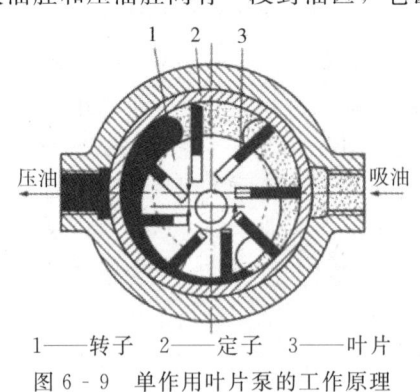

1——转子 2——定子 3——叶片
图 6-9 单作用叶片泵的工作原理

这种叶片泵转子每转一周，每个工作空间只完成一次吸油和压油，因此称为单作用叶片泵。单作用叶片泵的偏心量 e 一般做成可调的。偏心量的改变会引起叶片泵输油量的相应变化，偏心量增大，输油量随之增大。所以，单作用式叶片泵是变量液压泵。

（2）双作用叶片泵的工作原理

单作用叶片泵是通过定子、转子偏心安装来实现工作空间容积的变化，而双作用叶片泵则是通过将定子内表面设计成特定的曲面来实现该目的的。其工作原理如图 6-10 所示，它是由定子 1、转子 2、叶片 3、左右配油盘等组成的。转子和定子中心重合，定子内表面轴向曲线近乎椭圆，该曲线由四段圆弧和四段过渡曲线所组成。当转子转动时，叶片在离心力和根部压力油（建压后）的作用下，在转子槽内向外移动而压向定子内表面，由叶片、定子的内表面、转子的外表面和两侧配油盘间形成若干个密封空间，当电动机带动转子按图示方向顺时针旋转时，处在小圆弧上的密封空间经过渡曲线而运动到大圆弧的过程中，叶片外伸，密封空间的容积增大，此时经由配油盘上的吸油窗口吸入油液；在从大圆弧经过渡曲线运动到小圆弧的过程中，叶片被定子内壁逐渐压进叶片槽内，密封空间容积变小，将油液从配油盘压油窗口压出。由于大、小圆弧都有两段，因而，转子每转一周，每个工作空间要完成两次吸油和压油，所以称之为双作用叶片泵，双作用叶片泵的流量不可调，是定量泵。

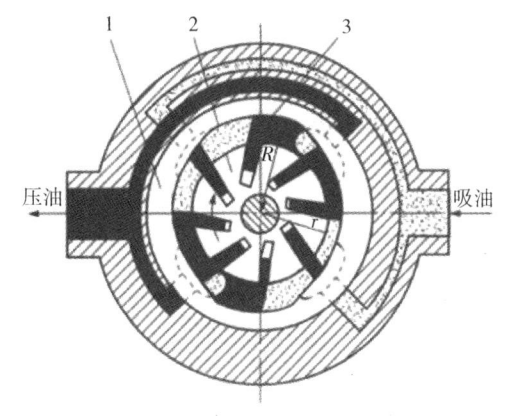

1——定子　2——转子　3——叶片

图 6-10　双作用叶片泵的工作原理

4. 柱塞泵

叶片泵和齿轮泵受使用寿命或容积效率的影响，一般只宜做中压泵、低压泵。柱塞泵是靠柱塞在缸体中做往复运动，使密封容积发生变化来实现吸油与压油的。由于柱塞和缸孔均为圆柱表面，因此加工方便，配合精度高，密封性能好，在高压下工作仍有较高的容积效率。由于单柱塞泵不能够连续吸油和压油，故柱塞泵通常由多个单柱塞组合而成，并依据柱塞与传动主轴的位置关系，分为轴向柱塞泵和径向柱塞泵两大类。

（1）轴向柱塞泵

轴向柱塞泵由配流盘 1、缸体（转子）2、柱塞 3、斜盘 4 等零件组成，如图 6-11 所示。斜盘、配流盘均与泵体相固定，柱塞在弹簧的作用下以球形端头与斜盘接触。在配流盘上开有两个沟槽，分别与泵的吸油口、压油口连通，形成吸油腔和压油腔。两个弧形沟槽彼此隔开，保持一定的密封性。当斜盘相对于缸体夹角为 γ 时，原动机经由传动轴带动缸体旋转，柱塞就在柱塞孔内做轴向往复滑动。处于 π～2π 范围的柱塞向外伸出，其底部的密封容积增大，将油液吸入；处于 0～π 范围的柱塞向缸体内压入，其底部的密封容积减小，把油压入系统。显然，泵的输油量取决于柱塞往复运动的行程长度，即取决于斜盘的倾角 γ。若 γ 角可以调整，就称为变量泵。γ 越大，输油量越大。

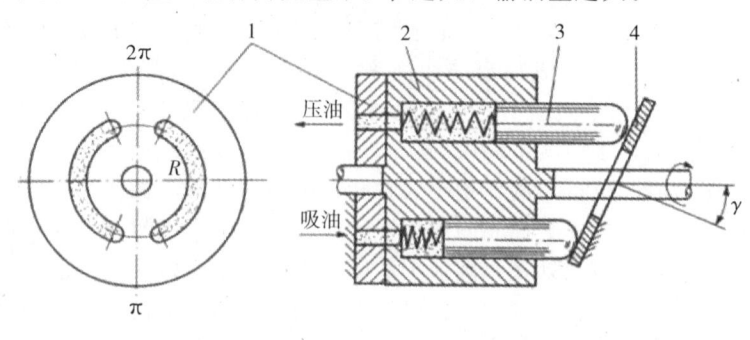

1——配流盘　2——缸体　3——柱塞　4——斜盘
图 6-11　轴向柱塞泵的工作原理

（2）径向柱塞泵

如图 6-12 所示的径向柱塞泵，在转子 1 的径向分布着很多柱塞孔，孔中装有柱塞 3，转子 1 的中心线与定子 2 的中心线间存在一个偏心量 e。在固定不动的配流盘 4 上，相对于柱塞孔的部位有相互隔开的上下两个缺，这两个缺口又分别经由所在部位的轴向孔与泵的吸油口、压油口相通，形成吸油腔和压油腔。当转子旋转时，柱塞在离心力的作用下，其头部与定子内表面紧紧接触，由于转子与定子间存在一个偏心量 e，所以在柱塞随转子转动的同时，在柱塞孔内做径向往复滑动。当转子按图中箭头所示方向旋转时，柱塞在上半周皆往外滑动，柱塞孔内的密封容积增大，于是经由轴向孔吸油；柱塞在下半周皆往里滑动，柱塞孔内的密封容积减小，于是经由轴向孔压油。

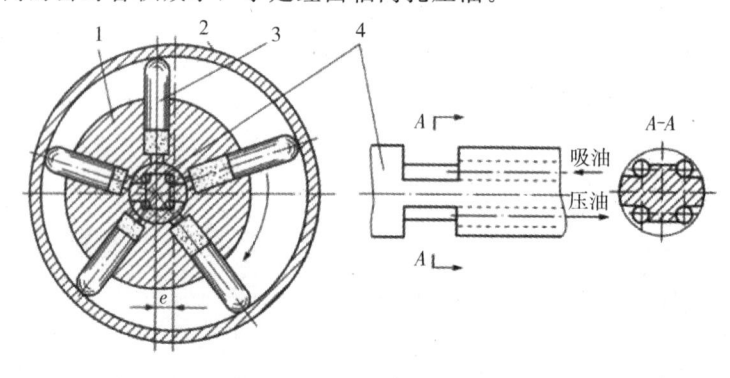

1——转子　2——定子　3——柱塞　4——配流盘
图 6-12　径向柱塞泵的工作原理

若改变偏心量 e 的大小，则可改变柱塞泵的输油量，因此径向柱塞泵是一种变量泵。倘若偏心量 e 可以由正值变为负值，则泵的吸油腔、压油腔互换，就可以使系统中的油液改变流动方向，这样的径向柱塞泵就成了双向变量泵。

5．液压泵的使用

齿轮泵的结构简单，易于制造，价格便宜，工作可靠，维护方便。但齿轮泵是靠一对齿的交替啮合来吸油和压油的，每一对齿轮啮合过程中的容积变化是不均匀的，这就形成较大的流量脉动，并产生振动和噪声；齿轮泵泄漏较多，由此造成的能量损失较大，即齿轮泵的容积效率（指泵的实际流量与理论流量的比值）较低；此外，齿轮、轴及轴承所受径向力不平衡。由于存在上述缺点，齿轮泵一般只能用于低压、轻载系统。

叶片泵的优点是输油量均匀，压力脉动较小，容积效率较高。由于吸油口、压油口对称分布，转子承受的径向力平衡，所以这种泵可以提高输油压力。叶片泵的主要缺点是结构比较复杂，零件较难加工，叶片容易被油中的脏物卡死。

轴向柱塞泵的优点是结构紧凑，径向尺寸小，能在高压和高转速下工作，并具有较高的容积效率，因此在高压系统中应用较多。但这种泵的结构复杂，价格较贵。在汽车柴油机中常用来输送高压燃油。

径向柱塞泵的输油量大，压力高，流量调节和流量变换都很方便。但这种泵由于配流盘与转子间的间隙磨损后不能自动补偿，因而泄漏损失较大；柱塞头部与定子内表面为点接触，易磨损，因而限制了其使用。

二、液压执行元件

1. 液压马达

(1) 液压马达的工作原理

液压马达和液压泵从工作原理上而言是一致的，都是经由密封工作腔的容积变化来实现能量转换。液压马达在输入的高压液体作用下，进液腔由小变大，直接或间接地对转动部件施加压力并产生扭矩，以克服负载阻力矩，实现转动；同时，液压马达的回液腔由大变小，向油箱（开式系统）或泵的吸液口（闭式系统）回液，并降低压力。从原理上而言，液压泵和液压马达可以通用，只是实际上由于各自的工作要求不同，为了更好地发挥其相应的工作性能，除少数泵可当作马达使用外，一般情况下液压马达和液压泵不能直接互换。

①齿轮式液压马达

齿轮式液压马达的工作原理如图 6-13 所示，c 为Ⅰ、Ⅱ两个齿轮的啮合点，h 为齿轮全齿高。啮合点 c 到两个齿轮Ⅰ、Ⅱ的齿根距离分别为 a 和 b。当压力为 p 的高压油进入马达的高压腔时，处于高压腔的所有轮齿均受到压力油的作用，其中相互啮合的两个轮齿则只有部分齿面受到了高压油的作用。由于 a 和 b 均小于齿高 h，所以在两个齿轮Ⅰ、Ⅱ上受到的液压力并不平衡，其合力大小分别为 $pB(h-a)$ 和 $pB(h-b)$，其中 B 为轮齿宽度。在这两个力的作用下，齿轮可以按图示方向输出转矩，而进入马达的油液则被带到低压腔排出。为了适应正反转要求，齿轮式液压马达在结构上应具有如下特点：进油口、出油口大小相同，具有对称性；有单独的外泄油口将轴承部分的泄露油引出壳体外。

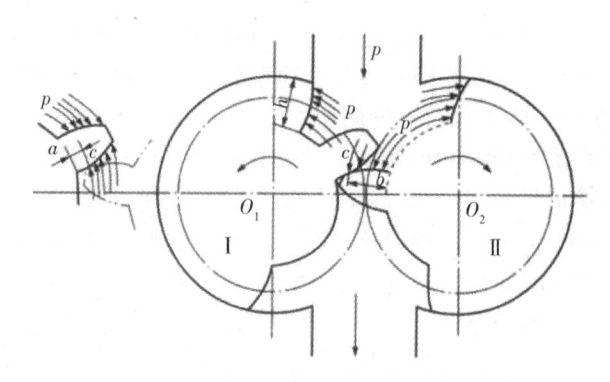

图 6-13 齿轮式液压马达工作原理

②叶片式液压马达

如图 6-14 所示的叶片式液压马达,当压力油输入进油腔 a 以后,此腔内的叶片均受到油液压力 p 的作用。由于叶片 2 比叶片 1 伸出的面积大,所以叶片 2 获得的推力比叶片 1 大,两者推力之差相对于转子中心形成一个力矩。同样,叶片 1 和 5、4 和 3、3 和 6 间,由于液压力的作用而产生的推力差亦都形成力矩。这些力矩的方向相同,它们的总和是推动转子沿顺时针方向转动的总力矩。

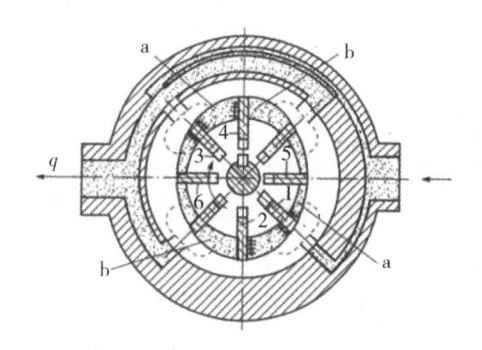

图 6-14 叶片式液压马达

应当指出,为保证通入压力油之后,液压马达的转子能立即旋转起来,必须在叶片底部设置预紧弹簧,并将压力油通入叶片底部,使叶片能压紧在定子内表面上。

叶片式液压马达的体积较小,动作灵敏;但泄漏较大,效率较低,故适用于高速、低转矩及要求动作灵敏的工作场合。

液压马达(或液压泵)的每转排油量称为排量,以 y 表示,单位为 m^3/r 或 cm^3/r (mL/r)。上面介绍的叶片式液压马达因其排量不可调节,故属于定量马达。若将液压马达做成可以改变排量的结构(如柱塞式液压马达),则为变量马达。

(2)液压马达的选用

选用液压马达的主要依据是设备对液压系统的工作要求,如液压系统的工作压力;所使用的工作介质;对液压马达的转矩和转速的要求;对液压马达的体积、质量、价格、货源情况及使用维护方便性等的要求,以便确定液压马达的结构类型、基本性能参数和变量方式等。

一般情况下,不应使液压马达的最大转矩和最高转速同时出现。实际转速不应低于马达的最低转速，否则将出现爬行。当系统要求的转速较低，而低速马达在转速、转矩等性能参数不易满足工作要求时，可采用高速马达并增设减速机构。

对于不能承受额外的轴向力和径向力的液压马达，以及液压马达虽然可以承受额外的轴向力和径向力，但负载的实际轴向力或径向力大于液压马达允许的轴向力或径向力时，应考虑采用弹性联轴器连接马达轴和工作机构。

2. 液压缸

液压缸和液压马达同为执行元件，是将液压能转变为机械能的一种能量转换装置。与液压马达不同的是，液压缸将液压能转变成直线运动或摆动的机械能。液压缸结构简单，工作可靠，制造容易，做直线往复运动时，省去了减速机构，且没有传动间隙，传动平稳，反应快，因此在液压系统中被广泛应用。

（1）活塞式液压缸

活塞式液压缸可分为双杆式和单杆式两种结构，其固定方式有缸体固定和活塞杆固定两种。

① 双杆活塞式液压缸

双杆活塞式液压缸的活塞两端都有活塞杆伸出，当两活塞杆直径相同、缸两腔的供油压力和流量都相等时，活塞（或缸体）两个方向的运动速度和推力亦都相等。这种液压缸常用于要求往复运动速度和负载都相同的场合。

如图 6-15(a)所示为缸体固定的结构原理图。当缸的左腔进压力油，右腔回油时，活塞带动工作台向右移动；反之，右腔进压力油，左腔回油时，活塞带动工作台向左移动。

如图 6-15(b)所示为活塞杆固定的结构原理图。液压油经空心活塞杆的中心孔及靠近活塞处的径向孔进出液压缸。当缸的左腔进压力油，右腔回油时，缸体带动工作台向左移动；反之，右腔进压力油，左腔回油时，缸体带动工作台向右移动。

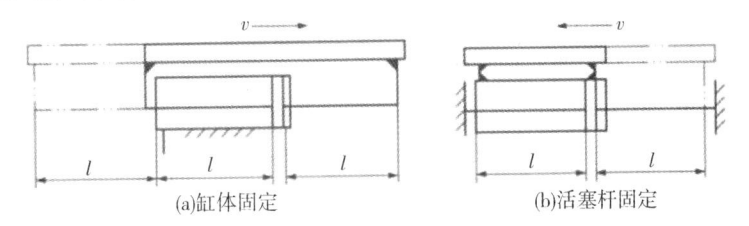

图 6-15 双杆活塞式液压缸的结构原理

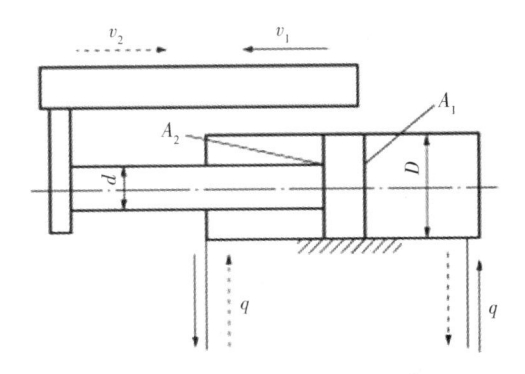

图 6-16 单杆活塞式液压缸的工作原理

② 单杆活塞式液压缸

单杆活塞式液压缸的工作原理如图 6-16 所示。

其特点是活塞的一端有杆，而另一端无杆，所以活塞杆的有效作用面积不等。当左右两腔分别进入压力油时，即使流量和压力都相等，活塞往复运动的速度和所受推力亦不相等。无杆腔进油时，因活塞有效面积大，所以速度小，推力大；有杆腔进油时，因活塞有效面积小，所以速度大，推力小。

假设活塞与活塞杆的直径分别为 D 和 d，当无杆腔进油、工作台向左运动时，速度为 v_1，推力为 F_1，则

$$v_1 = \frac{q}{A_1}$$

$$F_1 = p A_1$$

当有杆腔进油、工作台向右运动时，速度为 v_2，推力为 F_2，则

$$v_2 = \frac{q}{A_2}$$

$$F_2 = p A_2$$

比较上述公式可知，因为 $A_1 > A_2$，所以 $v_1 < v_2$，$F_1 > F_2$。

这个特点常用于实现机床的工作进给和快速退回。单杆液压缸还有一个重要特点，就是当液压缸两腔同时接通压力油时，由于活塞两端有效面积不相等，作用于活塞两端的液压力不相等（$F_1 > F_2$），产生的推力等于活塞两侧液压力的差值，即 $F_3 = F_1 - F_2$。在此推力的作用下，活塞产生差动运动，得到速度 v_3。此时，液压缸左腔排出的油液（$q_h = A_2 v_3$）进入右腔，右腔得到的总油量增加，即

$$q_z = q + q_h$$

因为

$$q_z = A_1 v_3$$
$$q_h = A_2 v_3$$

所以

$$A_1 v_3 = q + A_2 v_3$$

整理后得

$$v_3 = \frac{q}{A_1 - A_2} = \frac{q}{A_3}$$

推力

$$F_3 = F_1 - F_2 = p(A_1 - A_2) = p A_3$$

式中，A_3 为活塞两端有效面积之差，即活塞杆的截面积。

$$A_3 = A_1 - A_2 = \frac{\pi d^2}{4}$$

与式 $v_1 = \frac{q}{A_1}$ 及式 $F_1 = p A_1$ 相比较，由于 $A_3 < A_1$，所以 $v_3 > v_1$ 得到快速运动；但 $F_3 < F_1$，推力减小。

当单杆液压缸两腔互通并接入压力油时，活塞可做差动快速运动。液压缸的这种油路连接，称为差动连接。液压缸的差动连接是在不增加液压泵流量的情况下实现快速运动的

有效方法。在机床液压系统中,常经由控制阀来改变单杆缸的油路连接,从而获得快进(差动连接)—工进(无杆腔进油)—快退(有杆腔进油)的进给工作循环。

单杆活塞式液压缸在实际应用中,可以做成缸体固定、活塞移动的结构,亦可以做成活塞杆固定、缸体移动的结构。

(2)柱塞式液压缸

柱塞式液压缸的工作原理如图 6-17 所示。

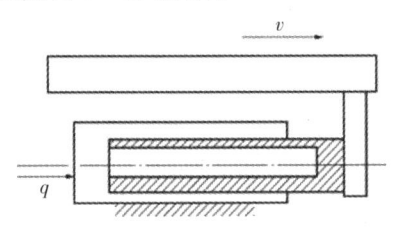

图 6-17 柱塞式液压缸

这种液压缸只能在压力油的作用下产生单向运动,另一个方向的运动往往靠它本身的自重(垂直放置时)或弹簧等其他外力来实现。为了得到双向运动,柱塞式液压缸通常应成对使用。柱塞式液压缸的柱塞通常做成空心的,以减轻质量,防止柱塞下垂(水平放置时),降低密封装置的单面磨损。

三、液压控制元件

1. 液压控制阀概述

液压控制阀的分类方式有多种,一般按用途划分,可分为三大类:方向控制阀,简称为方向阀,如单向阀、换向阀等;压力控制阀,简称为压力阀,如溢流阀、顺序阀、减压阀和压力继电器等;流量控制阀,简称为流量阀,如节流阀、调速阀等。这三类控制阀还可依据需要组合成组合阀,如单向顺序阀、单向减压阀和单向节流阀等。

控制阀安装在液压泵和执行元件间,在系统中不做功,只对执行元件起控制作用。它们都是由阀体(阀座)、阀芯和阀的操纵机构三大部分组成。阀的操纵机构可以是手动、机动、电动、液动等。虽然各类阀的工作原理不完全相同,但它们不外乎是经由阀芯的移动或控制油口的开闭或限制、改变油液的流动来工作的,而且只要液体流过阀孔都会产生压力降及温度升高等现象。

为此,液压控制阀需要满足如下基本要求:①动作灵敏,工作平稳可靠,冲击、振动和噪声尽可能小。②油液流经阀时的阻力损失小。③密封性良好,泄漏量小。④结构要简单紧凑,体积小,通用性强,寿命长。

2. 方向控制阀

方向控制阀在液压系统中主要是用来连通油路或切换油流的方向,从而控制执行元件的启动、停止或改变其运动方向。按其用途可分为单向阀和换向阀。

(1)单向阀

①普通单向阀

普通单向阀控制油液只能按一个方向流动,反向则截止,故简称单向阀,又称止回阀。它由阀体1、阀芯2、弹簧3等零件组成,如图6-18所示。当压力油从进油口 P_1,

输入时,会克服弹簧3的作用力,顶开阀芯2,并经阀芯2上四个径向孔及轴向孔从出油口 P_2 输出。当液流反向流动时,在弹簧和压力油的作用下,阀芯锥面紧压在阀体1的阀座上,油液不能回流。如图6-18(b)所示是板式连接单向阀,其进油口、出油口开在底平面上,用螺钉将阀体固定在连接板上,其工作原理和管式连接单向阀相同。如图6-18(c)所示为单向阀的图形符号。

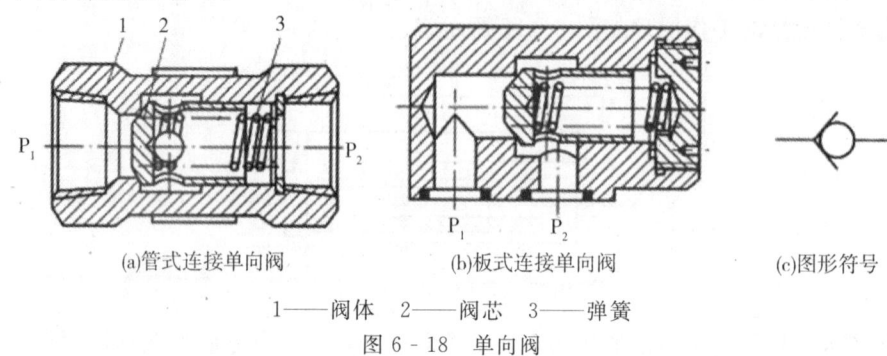

(a)管式连接单向阀　(b)板式连接单向阀　(c)图形符号

1——阀体　2——阀芯　3——弹簧

图6-18 单向阀

普通单向阀的弹簧主要用来克服阀芯运动时的摩擦力和惯性。为了使单向阀工作灵敏可靠,弹簧力量应较小,以免液流产生过大的压力降。一般单向阀的开启压力在0.035~0.05 MPa,额定流量通过时的压力损失不超过0.1 MPa。当利用单向阀做背压阀时,应换成较硬的弹簧,使回油保持一定的背压;做背压阀用时,开启压力一般在0.2~0.6 MPa。

对普通单向阀的主要性能要求是:当油液从单向阀正向通过时的阻力要小(压力降低);反向截止时无泄漏,阀芯动作灵敏,工作时无撞击和噪声。

普通单向阀常与某些阀组合成一体使用,称为组合阀或称复合阀。

②液控单向阀

液控单向阀的结构如图6-19(a)所示,它与普通单向阀相比,增加了一个控制油口X,当控制油口X处无压力油通入时,液控单向阀起普通单向阀的作用,主油路上的压力油经P1口输入、P2口输出,不能反向流动。当控制油口X通入压力油时,活塞1的左侧受压力油的作用,右侧a腔与泄油口相通,于是活塞1向右移动,经由顶杆2将阀芯3打开,使进油口、出油口接通,油液可以反向流动,并控制油口X处的油液与进出油口不通。通入控制油口X的油液的最小压力不应低于主油路压力的30%。

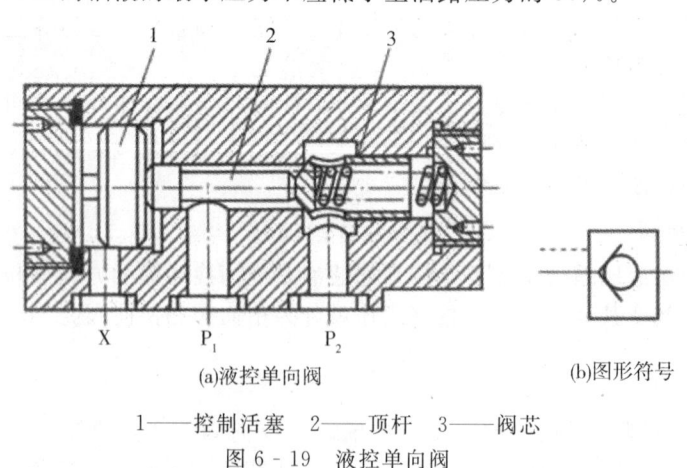

(a)液控单向阀　(b)图形符号

1——控制活塞　2——顶杆　3——阀芯

图6-19 液控单向阀

(2)换向阀

①换向阀工作原理

换向阀的作用是利用阀芯和阀体间相对位置的改变,来变换油流的方向、接通或关闭油路,从而控制执行元件的换向、启动或停止。当阀芯和阀体处于如图 6-20 所示的相对位置时,液压缸两腔不通压力油,处于停机状态。若对阀芯施加一个从右往左的力使其左移,阀体上的油口 P 和 A 连通,B 和 T 连通,压力油经 P、A 进入液压缸左腔,活塞右移;右腔油液经 B、T 回油箱。反之,若对阀芯施加一个从左往右的力使其右移,则 P 和 B 连通,A 和 T 连通,活塞左移。

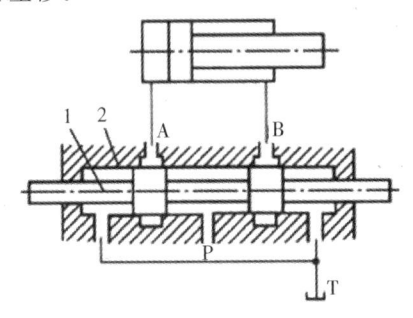

1——阀芯　2——阀体

图 6-20　换向阀的工作原理

②换向阀图形符号

按阀芯在阀体内的工作位置数和换向阀所控制的油口通路数分,换向阀有二位二通、二位三通、二位四通、二位五通、三位四通、三位五通等类型,如表 6-2 所示。不同的位置数和通路数是由阀体上的沉割槽和阀芯上台肩的不同组合而成的。

注:

a. 位数用方格(一般为正方格,五通阀用长方格)数表示,二格即二位,三格即三位。

b. 在一个方格内,箭头、封闭符号"⌐"或"⊤"与方格的交点数为油口通路数,即通数。箭头表示两油口处于连通状态,但并不一定表示油流的实际流向;"⌐"或"⊤"表示该油口不通流。

c. 控制机构和复位弹簧的符号可画在主体的任意位置上(通常位于一边或中间)。

d. 通常阀与系统供油路连接的进油口用字母 P 表示,阀与系统回油路连接的回油口用字母 T 表示(有时用字母 O),阀与执行元件连接的工作油口用字母 A、B 表示,有时在图形符号上还表示泄漏油口,用字母 L 表示。

e. 三位阀的中格、二位阀画有弹簧的一格为常态位。常态位应画出外部连接油口。三位阀常态位各油口的连通方式称为中位机能。中位机能不同,阀在中位时对系统的控制性能亦不相同。三位四通换向阀常见的中位机能类型主要有 O 型、H 型、Y 型、P 型、M 型,其类型、符号及其特点如表 6-3 所示。

表6-2 常见换向阀的图形符号

名称	符号	名称	符号
二位二通		二位五通	
二位三通		三位四通	
二位四通		三位五通	

表6-3 三位四通换向阀的中位机能

机能类型	符号	中位油口状况、特点及应用
O型		P、A、B、T四油口全部封闭,液压缸闭锁,液压泵不卸荷
H型		P、A、B、T四油口全部串通,液压缸活塞处于浮动状态,液压泵卸荷
Y型		P油口封闭,A、B、T三油口相通,液压缸活塞浮动,液压泵不卸荷

续 表

机能类型	符号	中位油口状况、特点及应用
P 型		P、A、B 三油口相通，T 油口封闭，液压泵与液压缸两腔相通，可组成差动连接
M 型		P、T 相通，A、B 封闭，液压缸闭锁，液压泵卸荷

③几种常见的换向阀

换向阀的换向原理均相同，按阀芯所受操纵外力的方式不同，主要有如下几种。

a. 手动换向阀

手动换向阀是用手动杠杆操纵阀芯换位的方向控制阀。手动换向阀有钢球定位式和手动换向阀弹簧复位式手动换向阀两种。弹簧复位式手动换向阀适用于动作频繁、工作持续时间短的场合。手动换向阀结构简单，动作可靠，但需要人力操纵，故只适用于间歇动作且要求人力控制的场合。

如图 6-21(a)所示为三位四通自动复位手动换向阀的结构原理图。该阀借助手柄 1 操纵阀芯 3 对阀体 2 的相对位置，以改变阀的内部通路，从而改变液流方向。从图 6-21 中可以看出，这种阀在阀体上有四条沉割槽，P 口通液压泵，A、B 口通液压缸或液压马达，T 口通油箱。因此，外部接口有四个，所以叫四通阀。图中所示位置，P、T、A 和 B 口互不相通，当手柄 1 顺时针旋转时，拉动阀芯 3 左移，P 口与 A 口接通，B 口与 T 口接通。当手柄 1 逆时针转动时，推动阀芯 3 右移，使 P 口与 B 口接通，A 口与 T 口接通。当加在手柄 1 上的力去掉时，阀芯 3 在弹簧 4 的作用下，恢复其原来位置（中间位置），为自动复位手动阀。如图 6-21(c)所示为钢球定位式手动换向阀，当用手柄拨动阀芯移动时，阀芯右边的两个定位钢球在弹簧作用下，可定位在左、中、右任何一个位置上。

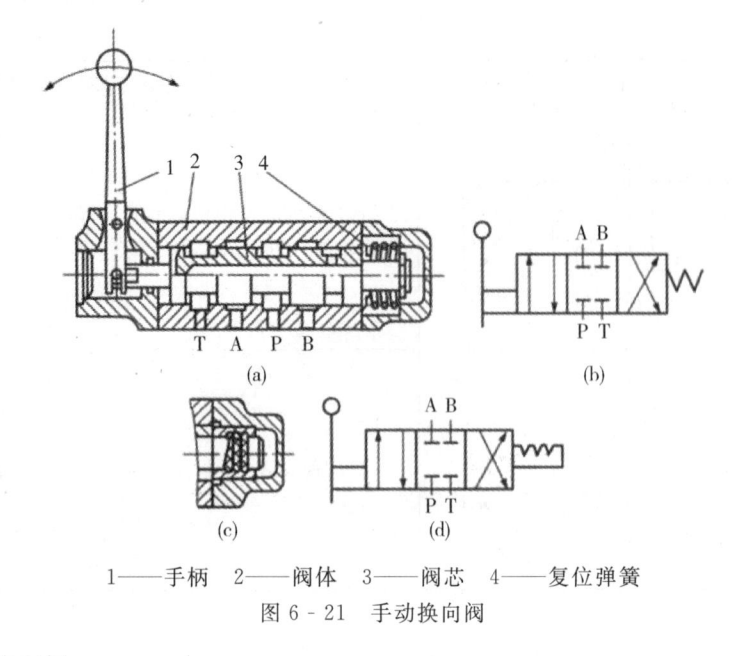

1——手柄　2——阀体　3——阀芯　4——复位弹簧
图 6-21　手动换向阀

b. 机动换向阀

机动换向阀亦称行程阀，它是用安装在工作台上的挡铁或凸轮使阀芯移动，从而控制液流方向。机动换向阀通常为二位阀，它有二通、三通、四通等几种形式。

图 6-22(a)所示为二位三通机动换向阀结构原理图。图中所示位置，阀芯 2 在弹簧 3 作用下处于左端位置使 P 与 A 接通，油口 B 被堵死。当挡铁压迫滚轮 1 使阀芯 2 右移到右端位置时，使油口 P 和 B 接通，此时油口 A 被堵死。

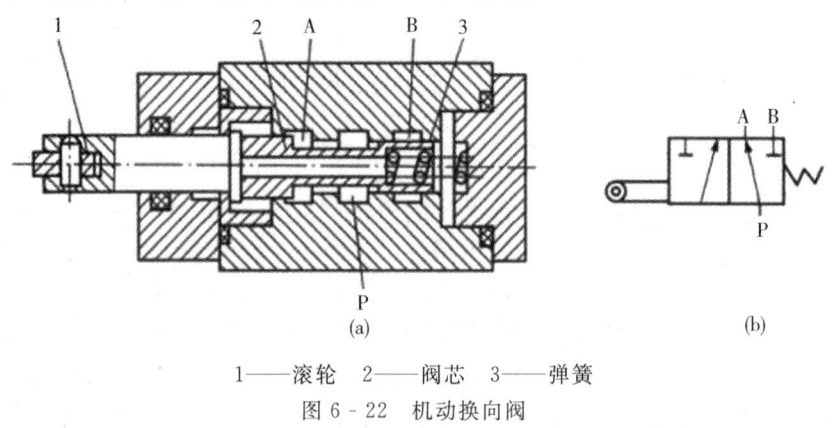

1——滚轮　2——阀芯　3——弹簧
图 6-22　机动换向阀

机动换向阀结构简单，动作可靠，换向位置精度高，改变挡块或凸轮外形，阀芯会有不同的换位速度，以减小换向冲击。

c. 电磁换向阀

电磁换向阀是利用电磁铁磁力操纵阀芯换位来控制液流方向的控制阀。其电气信号由液压设备上的按钮开关、限位开关、行程开关或其他电器元件发出的电信号，来控制电磁铁的通电与断电，从而方便实现各种操作及自动顺序动作。如图 6-23 所示，阀的两端各有一个电磁铁和一个对中弹簧，阀芯在常态时，即两端电磁铁均断电处于中位，油口 P、

A、B和T互不相通。当右端电磁铁通电吸合时，衔铁经由推杆将阀芯推至左端，使油口P与B接通，A与T接通。当左端电磁铁通电吸合时，衔铁经由推杆将阀芯推至右端，使油口P与A接通，B与T接通。

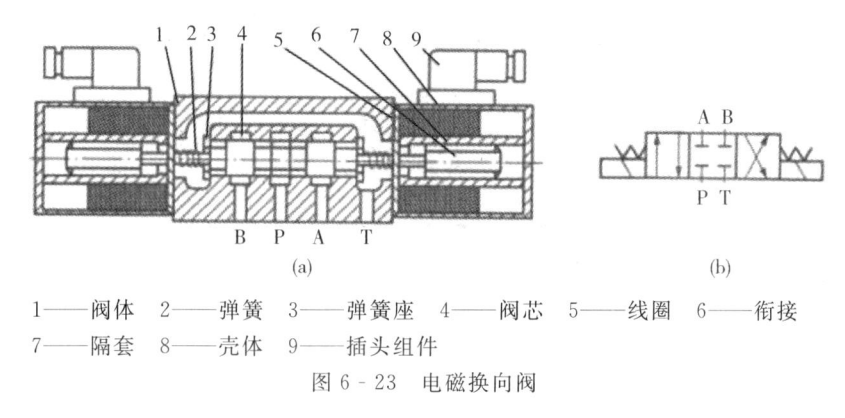

1——阀体　2——弹簧　3——弹簧座　4——阀芯　5——线圈　6——衔接
7——隔套　8——壳体　9——插头组件

图 6 - 23　电磁换向阀

d. 液动换向阀

电磁换向阀由电信号操纵，不论操作位置远近，控制起来都很方便，但当通过滑阀流量较大、阀芯行程较长、换向速度要求可调时，采用电磁换向阀就不适宜了，此时可采用液动换向阀。液动换向阀依靠油压作用于滑阀阀芯上，以实现油路的切换。

液动换向阀的工作流量通常都比较大，为了控制阀芯的移动速度，减少换向时的冲击和噪声等，其两端常带有单向节流装置称为阻尼调节器，如图 6 - 24(b) 所示，单向节流装置可调节节流开口，即可调节阀的换向时间。

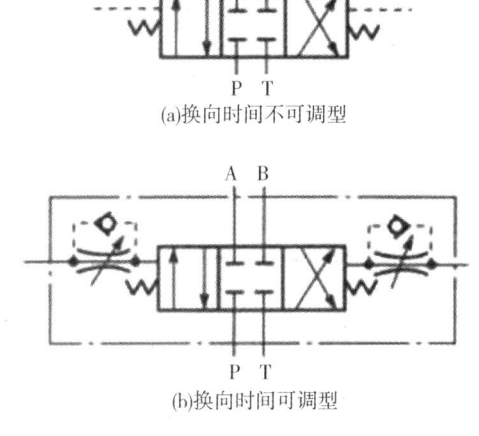

(a)换向时间不可调型

(b)换向时间可调型

图 6 - 24　液动换向阀

e. 电液换向阀

电液换向阀是由电磁阀和液动阀组合而成。其中，电磁阀起先导作用(称为先导阀)，用以改变控制压力油的流动方向，实现液动阀(主阀)的换向。所以，可以用较小规格的电磁阀来控制较大流量的主压力油。

电液换向阀的工作原理为：当三位电磁阀的左侧电磁铁通电时，其左位即接入控制油路，控制压力油推开左边的单向阀进入液动阀的左端油腔，液动阀右端油腔的油液经右边的节流阀及电磁阀流回油箱,此时,液动阀的阀芯右移,其左位接入主油路系统。当三位电磁阀的右侧电磁铁通电时,情况则相反,液动阀的右位接入主油路系统。当电磁阀两侧电磁铁皆不通电时,液动阀两端油腔均经由电磁阀中位与油箱相连,在平衡弹簧的作用下,液动阀的中位接入系统(如图 6 - 25 所示)。

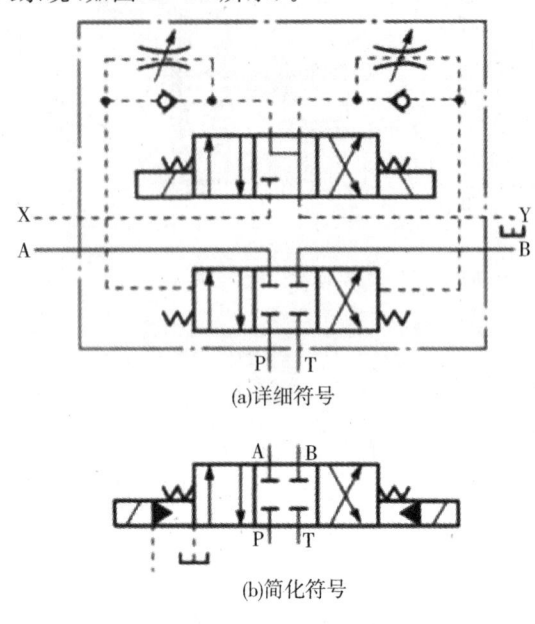

(a)详细符号

(b)简化符号

图 6 - 25　电液换向阀

3. 压力控制阀

在液压系统中,压力控制阀主要用来控制系统或回路的压力,或利用压力作为信号来控制其他元件的动作。这类阀的工作原理的共同特点是利用作用在阀芯上的液压力与弹簧力相平衡来进行工作。依据在系统中的功用不同,压力控制阀可分为溢流阀、顺序阀、减压阀和压力继电器等。

(1)溢流阀

溢流阀的主要功用是控制和调整液压系统的压力,以保证系统在一定的压力或安全压力下工作,常用于溢流稳压,防止过载,实现远程调压等场合。溢流阀按结构原理可分为直动式和先导式两种,其符号如图 6 - 26 所示。

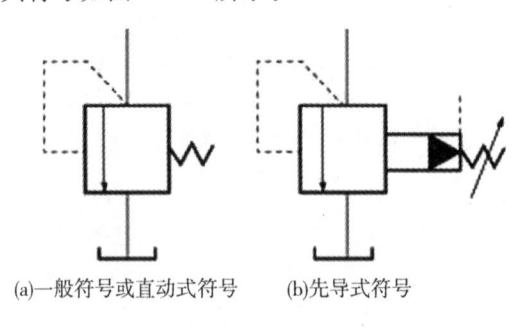

(a)一般符号或直动式符号　　(b)先导式符号

图 6 - 26　溢流阀

①直动式溢流阀

直动式溢流阀的阀芯有锥阀式、球阀式和滑阀式三种结构。如图 6-27 所示为锥阀式直动式溢流阀。当进油口 P 从系统接入的油液压力不高时，锥阀芯被弹簧紧压在阀座上，阀口关闭。当进油口压力升高到能克服弹簧阻力时，便推开锥阀芯使阀口打开，油液就由进油口 P 流入，再从回油口 T 流回油箱（溢流），进油压力亦就不会继续升高。当通过溢流阀的流量变化时，阀口开度即弹簧压缩量亦随之改变。在弹簧压缩量变化很小的情况下，阀芯在液压力和弹簧力作用下保持平衡，溢流阀进口处的压力基本保持为定值。拧动调压螺钉改变弹簧预压缩量，可调整溢流阀的溢流压力。

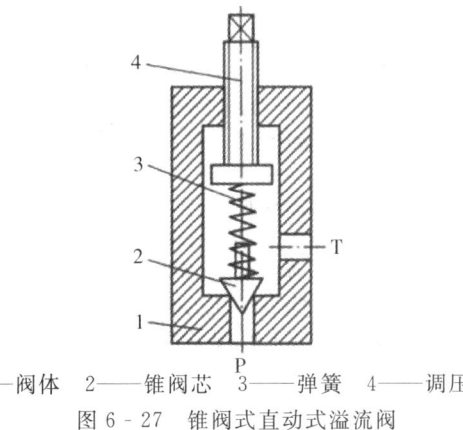

1——阀体　2——锥阀芯　3——弹簧　4——调压螺钉

图 6-27　锥阀式直动式溢流阀

直动式溢流阀一般只能用于低压或小流量控制场合。

②先导式溢流阀

先导式溢流阀由先导阀和主阀两部分组成，如图 6-28 所示。先导阀是一个小规格的直动式溢流阀，其作用是用来控制和调节溢流压力。主阀阀芯是一个具有锥形端部、中间开有阻尼小孔 R 的圆柱，其功能在于溢流。

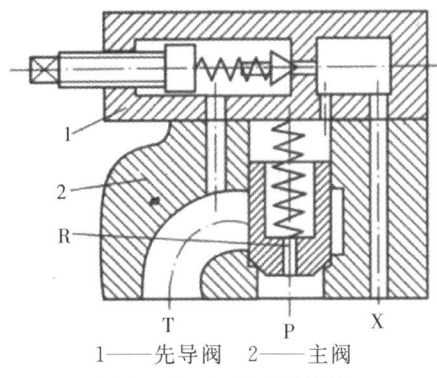

1——先导阀　2——主阀

图 6-28　先导式溢流阀

油液从进油口 P 进入，当进油压力不高时，液压力不能克服先导阀的弹簧阻力，先导阀口关闭，阀内无油液流动。此时，主阀芯因前后腔油压相同，故被主阀弹簧紧压在阀座上，主阀口亦关闭。当进油口压力升高到先导阀弹簧的预调压力时，先导阀口打开，主阀弹簧腔的油液流过先导阀口并经阀体上的通道和回油口 T 流回油箱。此时，油液流过阻尼小孔，产生压力损失，使主阀芯两端形成了压力差。主阀芯在此压力差作用下克服弹簧阻力向上移动，使进油口、回油口连通，达到溢流稳压的目的。拧动先导阀的调压螺钉，可以调整溢流压力。更换不同刚度的弹簧,可以得到不同的调压范围。

在先导式溢流阀中,先导阀因为只用来泄油,其阀口直径较小,即使在较高压力的情况下,作用在锥阀上的液压推力亦不会很大,因此调压弹簧的刚度不必很大,压力调整亦比较轻便。主阀芯因两端均受到油压作用,所以主阀弹簧只需很小的刚度,当溢流量变化引起弹簧压缩量变化时,进油口的压力变化不大,故先导式溢流阀的稳压性能优于直动式溢流阀。但先导式溢流阀是二级阀,其灵敏度和响应速度低于直动式溢流阀。

(2)顺序阀

顺序阀是以压力为信号自动控制油路通断的压力控制阀,常用于控制系统中多个执行元件动作的先后顺序。按结构不同,顺序阀可分为直动式和先导式两种。

① 直动式顺序阀

如图6-29(a)所示,直动式顺序阀由螺堵1、下阀盖2、控制活塞3、阀体4、阀芯5、弹簧6、上阀盖7等零件组成。当其进油口的油压低于弹簧6的调定压力时,控制活塞3下端油液向上的推力小,阀芯5处于最下端位置,阀口关闭,油液不能经由顺序阀流出。当进油口油压达到弹簧调定压力时,阀芯5抬起,阀口开启,压力油即可从顺序阀的出口流出,使阀后的油路工作。这种顺序阀利用其进油口压力控制,称为普通顺序阀(亦称为内控式顺序阀),其图形符号如图6-29(b)所示。由于阀的出油口接压力油路,因此其上端弹簧处的泄油口必须另接一油管通油箱,这种连接方式称为外泄。

若将下端盖2相对于阀体转过90°或180°,将螺堵1拆下,在该处接控制油管并通入控制油,则阀的启闭便由外供控制油控制,此时为液控顺序阀,其图形符号如图6-29(c)所示。若再将上端盖7转过180°,使泄油口处的小孔a与阀体上的小孔b连通,将泄油口用螺堵1封住,并使顺序阀的出油口与油箱连通,则为卸荷阀。其泄漏油可由阀的出油口流回油箱,这种连接方式称为内泄。卸荷阀的图形符号如图6-29(d)所示。

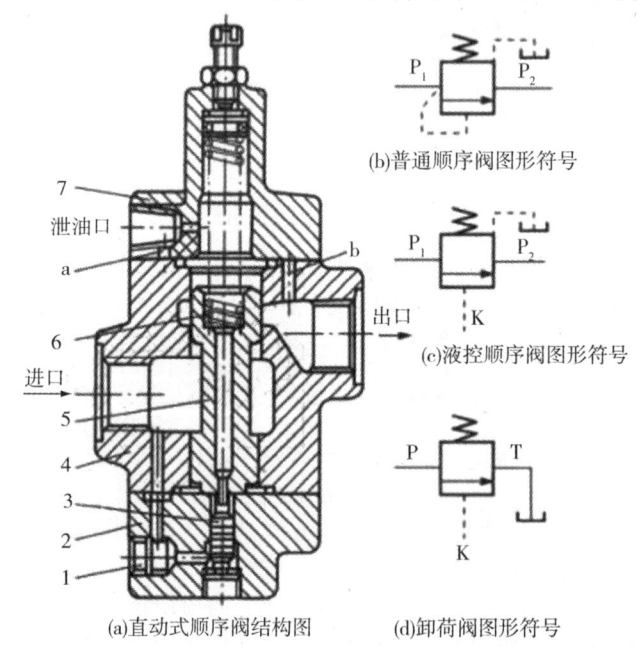

(a)直动式顺序阀结构图　　(b)普通顺序阀图形符号　　(c)液控顺序阀图形符号　　(d)卸荷阀图形符号

1——螺堵　2——下阀盖　3——控制活塞　4——阀体　5——阀芯　6——弹簧　7——上阀盖

图6-29　直动式顺序阀

直动式顺序阀设置控制活塞的目的是缩小阀芯受油压作用的面积，以便采用较软的弹簧来提高阀的压力—流量特性。顺序阀常与单向阀组合成单向顺序阀使用。

②先导式顺序阀

先导式顺序阀的结构原理与先导式溢流阀类似，其工作原理亦基本相同。顺序阀与溢流阀的不同之处是：顺序阀的出油口通向系统的工作油路，而溢流阀出口接油箱；由于顺序阀进油口、出油口均为压力油，所以其泄油口必须单独外接油箱，否则将无法工作，而溢流阀的泄油可在内部连通回油口直接流回油箱。

③顺序阀的使用注意事项

顺序阀是液压系统中的自动控制元件，其弹簧压力的调定应高于前一执行元件所需压力，低于溢流阀的调定压力。除做卸荷阀外，顺序阀的出油口必须接系统，推动负载进行工作，而泄油口一定要单独接回油箱，不能与出油口相通。

(3)减压阀

①减压阀的作用和类型

减压阀是利用液流流经缝隙产生压力降的原理，使得出口压力低于进口压力的压力控制阀，减压阀缝隙越小，压力损失越大，减压作用就越强。减压阀常用于要求某一支路压力低于主油路压力的场合，如控制、夹紧、润滑回路。

按其控制压力可分为：定值减压阀（出口压力为定值）、定比减压阀（进口和出口压力之比为定值）和定差减压阀（进口和出口压力之差为定值）。其中定值减压阀的应用最为广泛，按其结构又有直动式和先导式之分，先导式减压阀性能较好，最为常用。对定值减压阀的性能要求是：出口压力保持恒定，且不受进口压力和流量变化的影响。

②减压阀的工作原理

如图6-30(a)所示为先导式减压阀的结构原理及符号。压力为 p_1 的压力油从阀的进油口A流入，经过缝隙减压以后，压力降低为 p_2，再从出油口B流出。当出口压力 p_2 大于调整压力时，锥阀就被顶开，主滑阀右端油腔中的部分压力便经锥阀开口及泄油孔Y流入油箱。由于主滑阀阀芯内部阻尼小孔R的作用，滑阀右端油腔中的油压降低，阀芯失去平衡而向右移动，因而缝隙减小，减压作用增强，使出口压力 p_2 降低至调整的数值。该数值还可以经由上部调压螺钉来调节。为使减压回路可靠地工作，减压阀的最高调定压力应比系统调定压力低一定数值。

(a)结构原理

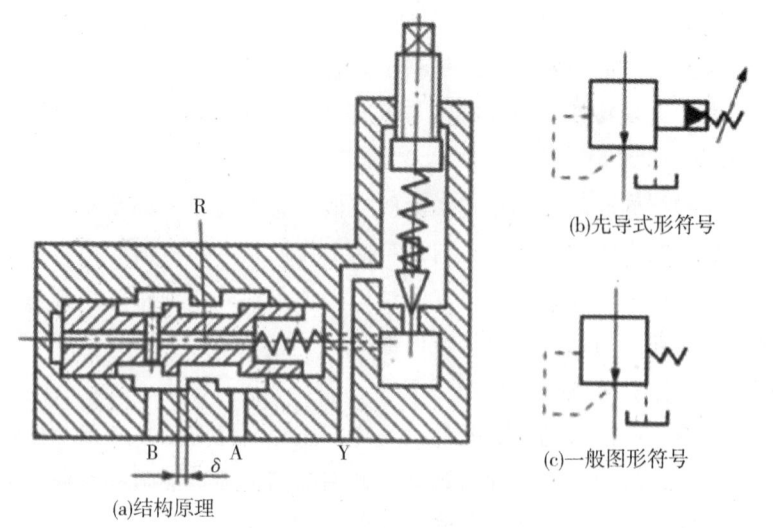

(b)先导式形符号

(c)一般图形符号

图 6-30 先导式减压阀

③减压阀与溢流阀的主要区别

a. 减压阀利用出口油压与弹簧力平衡；而溢流阀则利用进口油压与弹簧力平衡。

b. 减压阀的进油口、出油口均有压力，所以弹簧腔的泄油需要从外部单独接回油箱（称外部回油）；而溢流阀的泄油可沿内部通道经回油口流回油箱（称内部回油）。

c. 非工作状态时，减压阀的阀口常开（为最大开口）；而溢流阀则是常闭的。

(4)压力继电器

压力继电器是将系统或回路中的压力信号转换为电信号的转换装置。它可利用液压力来启闭电气触点发出电信号，从而控制电气元件（如电机、电磁铁和继电器等）动作，实现电机启停、液压泵卸荷、多个执行元件的顺序动作和系统的安全保护等。任何压力继电器都由压力—位移转换装置和微动开关两部分组成。按前者的结构分，有柱塞式、弹簧管式、膜片式和波纹管式四类，其中以柱塞式最常用。

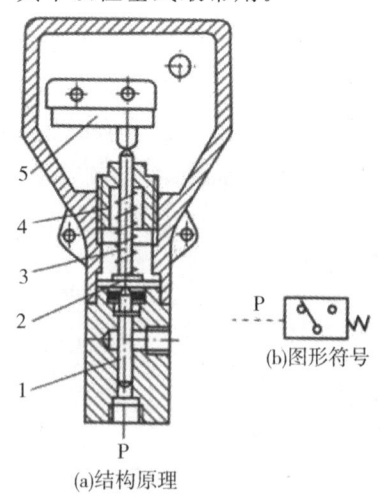

(a)结构原理　　(b)图形符号

1——柱塞　2——限位挡块　3——顶杆　4——调节螺杆　5——微动开关

图 6-31 单柱塞式压力继电器

如图 6-31 所示为单柱塞式压力继电器的结构原理。压力油从油口 P 通入，作用在柱塞 1 的底部，如其压力已达到调定值时，便能克服上方的弹簧阻力和柱塞摩擦力的作用，推动柱塞上升，经由顶杆 3 触动微动开关 5 发出电信号。限位挡块 2 可在压力超载时保护微动开关。压力继电器发出电信号的最低压力和最高压力间的范围称为调压范围。拧动调节螺杆 4 即可调整其工作压力。压力继电器发出电信号时的压力，称为开启压力；切断电信号时的压力，称为闭合压力。由于开启时的摩擦力的方向与油压力的方向相反，闭合时则相同，故开启压力大于闭合压力，两者之差称为压力继电器通断调节区间，它应有一定的范围，否则，系统压力脉动时，压力继电器发出的电信号会时断时续。

4. 流量控制阀

流量控制阀在液压系统中，主要用来调节通过阀口的流量，以满足对执行元件运动速度的要求。流量控制阀均以节流单元为基础，利用改变阀口通流截面的大小或通流通道的长短来改变液阻，以达到调节通过阀口的流量的目的。常用的流量控制阀包括节流阀、调速阀，以及其与单向阀、行程阀组成的各种组合阀。

（1）节流阀

如图 6-32 所示为普通节流阀。其节流油口为轴向三角槽式，压力油从进油口 P_1 流入，经阀芯左端的轴向三角槽后由出油口 P_2 流出。阀芯 1 在弹簧力的作用下始终紧贴在推杆 2 的端部。手轮 3 可使推杆沿轴向移动，改变节流口的通流截面积，从而调节通过阀的流量。

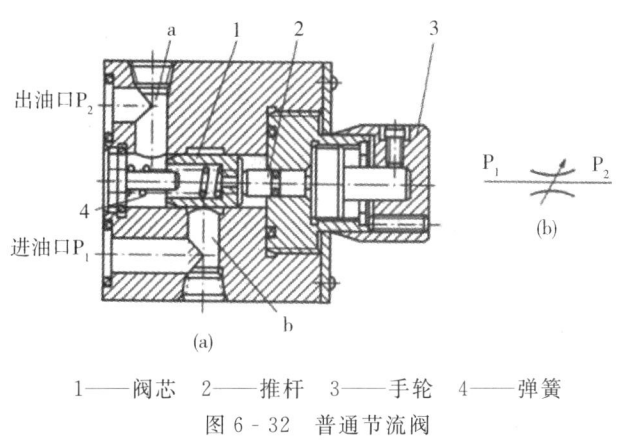

1——阀芯　2——推杆　3——手轮　4——弹簧
图 6-32　普通节流阀

这种节流阀结构简单，制造容易，体积小，使用方便，但负载和温度的变化对流量稳定性的影响较大，故只适用于负载和温度变化不大或速度稳定性要求不高的场合。

（2）调速阀

调速阀与节流阀的不同之处是带有压力补偿装置，即由定差减压阀与节流阀串联而成的组合阀。由于定差减压阀的自动调节作用，可使节流阀前后压差保持恒定，从而在开口一定时使阀的流量基本不变，因此，调速阀具有调速和稳速的功能，常用于执行元件负载变化较大、运动速度稳定性要求较高的液压系统。其缺点为结构较复杂，压力损失较大。

如图 6-33(a)所示，定差减压阀 1 与节流阀 2 串联。若减压阀进口压力为 p_1，出口压力为 p_2，节流阀出口压力为 p_3，则减压阀 a、b 腔油压为 p_2，c 腔油压为 p_3。若减压阀 a、b、c 腔有效工作面积分别为 A_1、A_2、A，则 $A=A_1+A_2$。节流阀出口压力 p_3 由液压缸的负载决定。

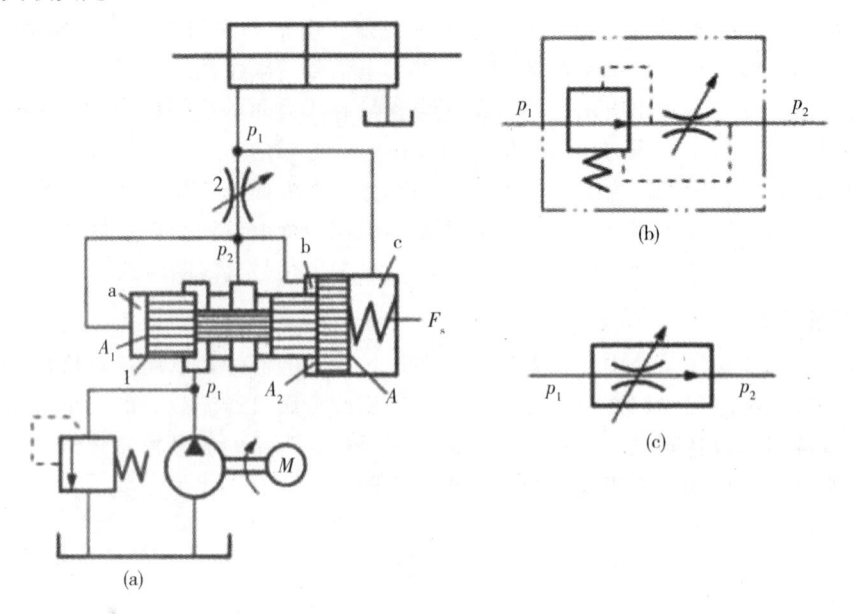

1——减压阀　2——节流阀
图 6-33　调速阀

当减压阀阀芯在其弹簧力 F_s、油液压力 p_2 和 p_3 的作用下处于某一平衡位置时，则有 $p_2A_1+p_2A_2=p_3A+F_s$。由于弹簧刚度较低，且工作过程中减压阀阀芯位移很小，可以认为 F_s 基本不变，故节流阀两端的压力差 $\Delta p=p_2-p_3$ 亦基本保持不变。因此，当节流阀通流面积不变时，由流量特性方程可知，经由其流量 q 亦基本不变。也就是说，无论负载如何变化，只要节流阀通流面积不变，液压缸的速度亦会保持基本恒定。因此，调速阀适用于负载变化较大、对速度平稳性要求较高的系统。各类组合机床、车床、铣床等设备的液压系统常用调速阀调速。

（3）温度补偿调速阀

在一般情况下，上述调速阀能获得较好的稳速性能。但当通过的流量很小时，因为节流口的通流截面积亦很小，油的黏度变化对流量的影响就比较大。所以，当油温升高使油的黏度变小时，通过调速阀的流量仍会增大。

为了减小温度对流量的影响，可以采用温度补偿调速阀。温度补偿调速阀的结构原理跟普通调速阀大体上是相同的，主要不同之处在于温度补偿调速阀中的节流阀芯上方安装了一个温度补偿杆，如图 6-34 所示。这种温度补偿杆是用温度膨胀系数较大的聚氯乙烯塑料做成的，它能自动实现流量的温度补偿作用。当温度升高时，由于油的黏度减小，流量本应增加，但由于塑料杆受热膨胀而伸长，推动节流阀阀芯移动，关小了节流开口，这就在一定程度上抑制了由于温度升高后油的黏度变小而引起的流量增加。

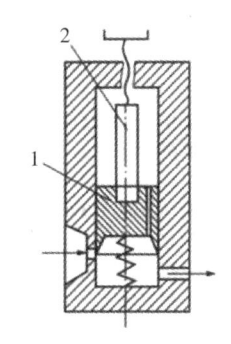

1——阀芯　2——温度补偿杆

图 6-34　温度补偿调速阀

四、液压辅助元件

液压辅助元件包括油管、管接头、滤油器、蓄能器、密封元件、冷却器和热交换器、油箱等。这些元件在液压传动中起辅助作用，不直接参与能量转换，亦不直接参与方向、压力、流量等的控制，但对于保证液压系统正常工作来说，它们是必不可少的。

1. 油管和管接头

液压传动中常用的油管有钢管、铜管、橡胶软管、尼龙管和塑料管等。固定元件间的油管常用钢管和铜管，有相对运动的元件间一般采用软管连接。在回油路中，可用尼龙管或塑料管。

管接头是油管与油管、油管与液压元件间的可拆装的连接件。有金属管接头和软管接头之分。

如图 6-35 所示为焊接式钢管接头，它由接头体、螺母、接管和密封圈组成。连接时，将管接头的接管与被连接管焊接在一起，接头体用螺纹固定在液压元件上，用螺母将接管和接头体相连接。焊接式钢接头常用来连接管壁较厚的钢管，适用于中压系统。

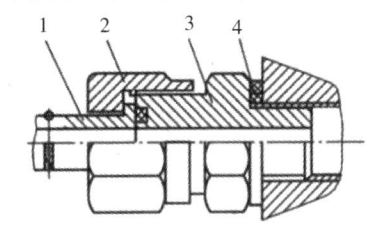

1——接管　2——螺母　3——接头体　4——密封圈

图 6-35　焊接式钢管接头

如图 6-36 所示为卡套式管接头，它由接头体、螺母、卡套等基本零件组成，利用卡套的变形卡住油管并进行密封。这种管接头装拆方便，适用于高压系统的钢管连接，但制造工艺要求较高，对油管的要求亦较严格。

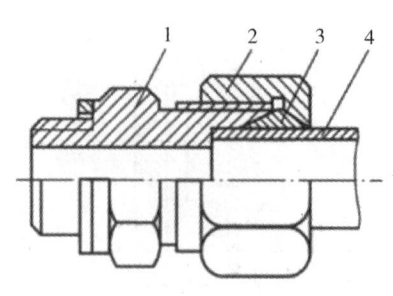

1——接头体　2——螺母　3——卡套　4——金属液压油管
图 6-36　卡套式管接头

如图 6-37 所示为扩口式管接头。将油管一端扩成喇叭口，再用螺母将套管连同油管一起压紧在接头体上形成密封。其结构简单，制造安装方便，适用于铜管和薄壁钢管的连接，亦可用来连接尼龙管或塑料管。在工作压力不高的机床液压系统中，扩口式管接头应用较为普遍。

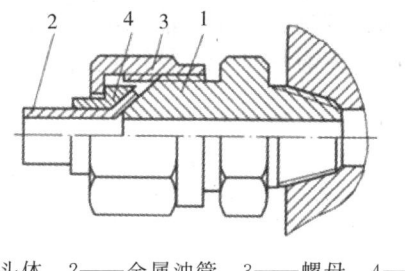

1——接头体　2——金属油管　3——螺母　4——套管
图 6-37　扩口式管接头

如图 6-38 所示为螺纹连接的软管管接头。软管管接头用接头外套将软管与接头芯管连成一体，然后用接头芯管与液压元件或其他油管相连接。

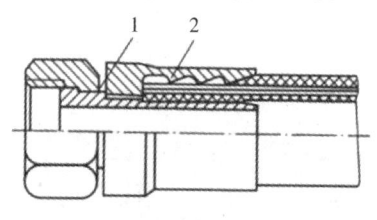

1——接头芯管　2——外套
图 6-38　螺纹连接的软管管接头

2. 滤油器

如图 6-39 所示为线隙式滤油器，滤芯由金属线密绕在多角形或圆筒形金属骨架上构成，利用线间的缝隙过滤油液。线隙式过滤器结构简单，过滤效果好，通油能力强，耐高温高压，但过滤精度较低，多用于吸液管路和回液管路过滤。

如图 6-40 所示为烧结式过滤器，其滤芯一般由金属粉末压制后烧结而成，靠其颗粒间的孔隙滤油，构成滤芯的金属粉末颗粒度不同，过滤精度亦不同。这种滤油器强度大，抗腐蚀性能好，结构简单，过滤精度高，适用于精滤。缺点是通油能力较低，压力损失较大，堵塞后清洗比较困难。

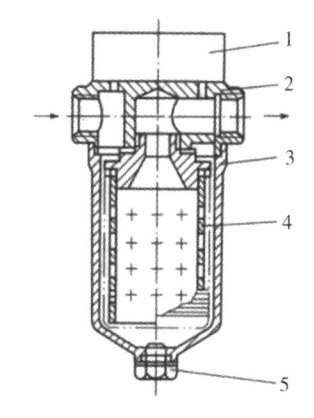

1——发信装置 2——上盖 3——壳体 4——滤芯 5——排污螺塞
图 6-39 线隙式滤油器

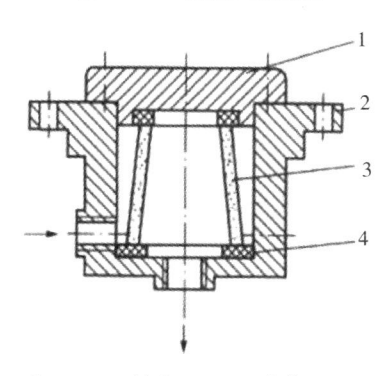

1——上盖 2——外壳 3——滤芯 4——密封圈
图 6-40 烧结式滤油器

纸芯式滤油器是用微孔滤纸做的纸芯装在壳体内而成的。这种滤油器过滤精度高，但易堵塞，无法清洗，纸芯需常更换。它一般用于精滤，和其他滤油器配合使用。多用于压力管路和回液管路。

3. 蓄能器

蓄能器是储存压力油的一种容器。它在系统中的作用是：在短时间内供应大量压力油，以实现执行机构的快速运动；补偿泄露，以保持系统压力；消除压力脉动；缓和液压冲击。

如图 6-41(a)所示为活塞式蓄能器，它利用缸筒 2 中浮动的活塞 1 把缸中液压油和气体隔开。这种蓄能器的活塞上装有密封圈，活塞的凹部面向气体，以增加气体室的容积。这种蓄能器结构简单，易安装，维修方便。

如图 6-41(b)所示为气囊式蓄能器，它利用气囊把油和空气隔开，能有效地防止气体进入油中。气囊用耐油橡胶制成，其优点是气囊惯性小，反应灵敏，充气亦较方便。充气后能长时间保存气体，故在液压系统中得到了广泛应用。

如图 6-41(c)所示为蓄能器元件符号。

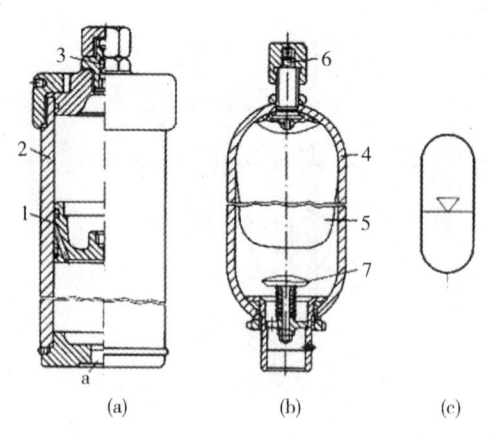

1——活塞　2——缸筒　3——充气阀　4——壳体　5——皮囊　6——充气阀　7——限位阀

图 6-41　蓄能器

4. 密封元件

在液压系统中，密封元件是用来防止工作介质的泄漏和外界灰尘、气体等的侵入。它是提高系统的工作性能和效率的重要装置。密封不良会引起泄漏，因而脏污机器，污染环境，引起系统容积效率下降，还会使空气和灰尘进入系统，降低机械效率。因此，密封元件的可靠性和寿命是评价液压传动的重要指标。

如图 6-42 所示为 O 型密封圈，O 型密封圈一般用耐油橡胶制成，其横截面呈圆形，具有良好的密封性能，内外侧和端面都能起密封作用，结构紧凑，运动件的摩擦阻力小，制造容易，装拆方便，成本低，在液压系统中得到广泛的应用。

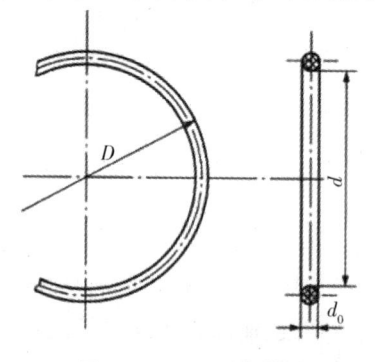

图 6-42　O 型密封圈

如图 6-43 所示为唇形密封圈，液压力将密封圈的两唇边压向形成间隙的两个零件的表面。这种密封元件的特点是能随着工作压力的变化自动调整密封性能，压力越高，则唇边被压得越紧，密封性能越好。

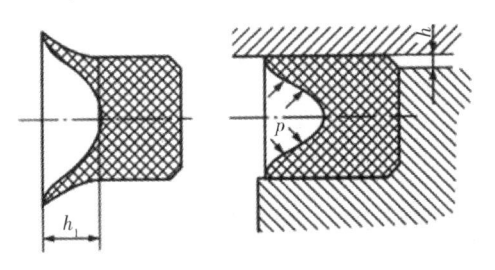

图 6-43 唇形密封圈

当压力降低时，唇边压紧程度亦随之降低，从而减少了摩擦阻力和功率消耗。此外，能自动补偿唇边的磨损，保持密封性能稳定。

5．油箱

油箱是液压系统中用来存储油液，散发油液中的热量，沉淀油中的固体杂质，逸出溶解在油液中的空气的容器。大多数油箱由镀锌钢板或普通钢板内涂防锈的耐油涂料制成。油箱按液面是否与大气相通，分为开式油箱和闭式油箱。开式油箱的液面与大气相通，在液压系统中广泛应用；闭式油箱液面与大气隔离，用于水下设备或气压不稳定的高空设备中。

单元任务实施

一、分析汽车水泵的类型及工作原理

汽车发动机广泛采用离心式水泵，即叶片泵。叶片泵叶轮上通常有6~8个径向直叶片或后弯叶片。当水泵叶轮旋转时，水泵中的冷却液被叶轮带动一起旋转，并在离心力的作用下被甩向水泵壳体的边缘，同时产生一定的压力，然后从出水管流出。在叶轮的中心处，由于冷却液被甩出而压力下降，散热器中的冷却液在水泵进口与叶轮中心的压力差作用下，经进水管流入叶轮中心，实现发动机冷却系统的循环，如图6-44所示。

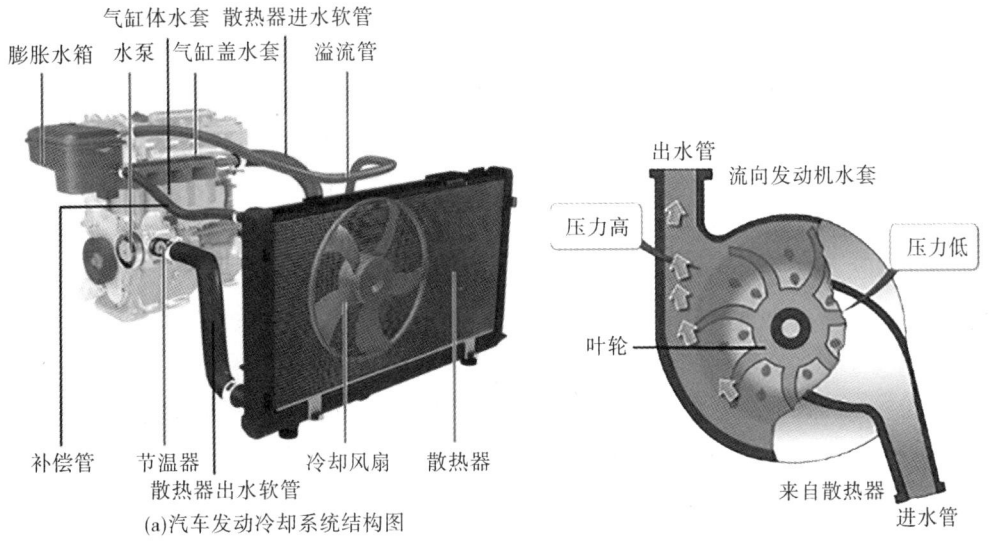

(a)汽车发动冷却系统结构图

图 6-44 叶片泵结构示意图

二、分析汽车机油泵的类型及工作原理

汽车机油泵主要采用的是外啮合齿轮泵和转子泵。

1. 外啮合齿轮机油泵工作原理

如图 6-45 所示为外啮合齿轮泵结构示意图。当发动机工作时，凸轮轴上的驱动齿轮带动机油泵的传动齿轮，使固定在主动齿轮轴上的主动齿轮旋转，从而带动从动齿轮做反方向旋转，将机油从进油腔沿齿隙与泵壁送至出油腔。这样，进油腔处便形成低压而产生吸力，把油底壳内的机油吸进油腔。机油泵出口的油有一定的油压，使机油通过机油滤清器，然后进入主油道及各个需要润滑的部件（活塞、气门、凸轮轴等）。由于主动齿轮、从动齿轮不断地旋转，机油便不断地被压送到需要润滑的部件。这种齿轮泵直接由曲轴驱动，不需要中间传动机构，所以零件数少，体积小，成本低，但泵油效率较低。

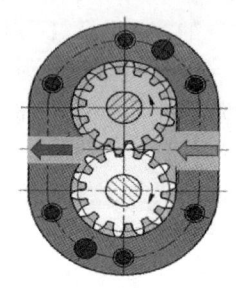

图 6-45 外啮合齿轮泵结构示意图

2. 汽车发动机转子式机油泵工作原理

如图 6-46 所示，发动机转子式机油泵主要由内转子、外转子、机油泵体及机油泵盖等零件组成。内转子与外转子之间有一定的偏心距。内转子固定在油泵传动轴上，外转子自由地安装在泵体内，并与内转子啮合转动。内转子、外转子间有四个密封的工作腔。随着转子的转动，这四个密封的工作腔的容积不断变化。某一工作腔从进油孔转过时，容积增大，产生真空，机油便经进油孔吸入，转子继续旋转，当该工作腔与出油孔相通时，出油腔容积由大变小，使润滑油压力升高，再送往各润滑油道。

机油泵必须在发动机各种转速下都能供给足够数量的机油，以维持足够的机油压力，保证发动机的润滑。机油泵的供油量与其转速有关，而机油泵的转速又与发动机转速成正比。因此，在设计机油泵时，都是使其在低速时有足够大的供油量。但是，在高速时机油泵的供油量明显偏大，机油压力也显著偏高。另外，在发动机冷启动时，机油黏度大，流动性差，机油压力也会大幅度升高。为了防止油压过高，应在润滑油路中设置安全阀或限压阀。一般安全阀装在机油泵或机体的主油道上。当安全阀安装在机油泵上时，如果油压达到规定值，安全阀开启，多余的机油返回机油泵进口。如果安全阀安装在主油道上，则当油压达到规定值时，多余的机油经安全阀流回油底壳。

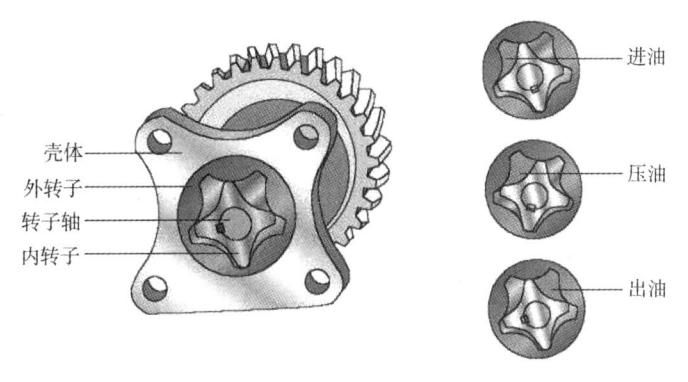

图 6-46 发动机转子式机油泵结构示意图

单元三 液压控制回路

单元描述

基本回路是由一些液压元件组成的，用来完成特定功能的控制油路。液压系统不论如何复杂，都是由一些液压基本回路组成的。基本回路包括控制执行元件运动速度的速度控制回路，控制液压系统全部或局部压力的压力控制回路，用来控制几个液压缸的多缸控制回路，以及用来改变执行元件运动方向的换向回路。熟悉这些基本回路的结构组成、工作原理和功能，有助于分析液压系统的构成及工作原理。

单元目标

①掌握基本液压回路的功用及工作原理。
②能够分析常见的液压回路。
③了解汽车的油路系统。
④掌握汽车上常用液压系统的组成及工作原理。

微课视频

单元知识准备

一、方向控制回路

在液压系统中，利用方向阀控制油液通断和换向，使执行元件启动、停止或变换运动方向的回路称为方向控制回路。常用的方向控制回路有执行元件的启停（包括锁紧）回路和换向回路。

1. 启停回路

在执行元件需要频繁地启动或停止的液压系统中，一般不采用启动或停止液压泵电动

183

机的方法来使执行元件启停，而是采用启停回路来实现该要求。

如图6-47所示为利用电磁阀切断压力油来执行元件启动、停止运动的启停回路。在切断压力油的同时，泵输出的油液经二位三通电磁阀回油箱，使泵在很低的压力工况下运转(称为卸荷)。这种回路，由于换向阀要经由全部流量，一般只适用于小流量系统。

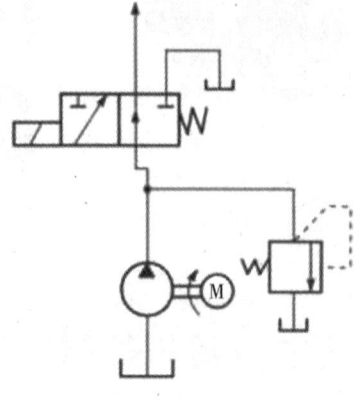

图6-47 启停回路

2. 换向回路

换向回路用于控制液压系统中的油流方向，从而改变执行元件的运动方向。运动部件的换向多采用电磁换向阀来实现。在容积调速的闭式回路中，可利用变量泵控制油流方向来实现液压缸换向。

如图6-48所示是利用限位开关控制三位四通电磁换向阀动作的换向回路。按下启动按钮，1YA通电，液压缸活塞向右运动，当碰上限位开关2时，2YA通电、1YA断电，换向阀切换到右位工作，液压缸右腔进油，活塞向左运动。当碰上限位开关1时，1YA通电、2YA断电，换向阀切换到左位工作，液压缸左腔进油，活塞又向右运动。这样往复变换换向阀的工作位置，就可自动变换活塞的运动方向。当1YA和2YA都断电时，换向阀处于中位，活塞停止运动。

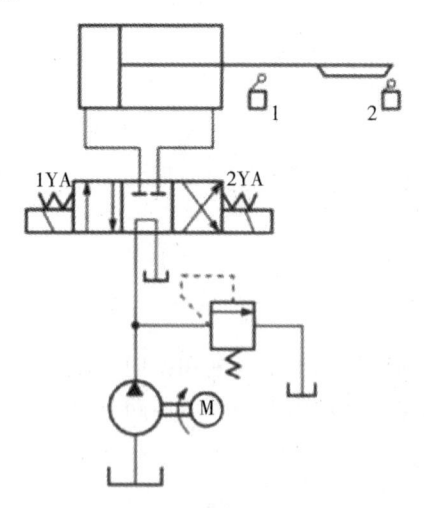

图6-48 电磁换向阀换向回路

这种换向回路结构简单，使用方便，但电磁阀动作快，换向时冲击力大，换向精度低，一般不宜做频繁的换向。因此，采用电磁换向阀的换向回路适用于低速、轻载和换向精度要求不高的场合。

3. 锁紧回路

锁紧回路是指经由回路的控制使执行元件在运动过程中的某一位置上停留一段时间保持不动，以防止其漂移或沉降。

最简单的方法是利用三位换向阀的 M 型或 O 型中位机能封闭液压缸两腔，当换向阀阀芯处于中间位置时，液压缸的进口、出口均被封闭，活塞被锁紧。这种锁紧回路由于换向阀的环状缝隙泄漏较大，密封性差，难以保证长时间闭锁，故只用于锁紧要求不高，或短时间停留的场合。

最常用的方法是采用液控单向阀，其锁紧回路如图 6-49 所示。

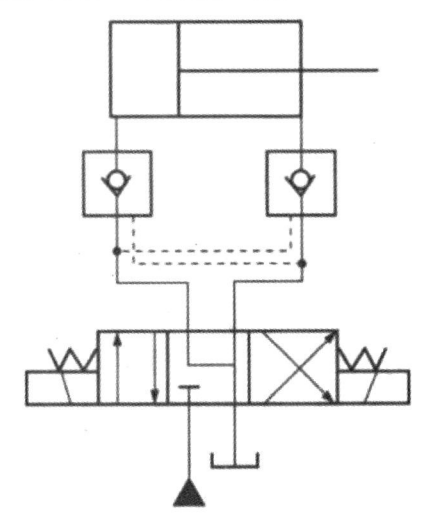

图 6-49 液控单向阀锁紧回路

在液压缸两腔的油路上都设置一个液控单向阀，当三位四通电磁换向阀处于中位时，泵停止向液压缸供油，液压缸停止运动。此时两个液控单向阀将液压缸两腔油液封闭在里面，使液压缸锁住。由于液控单向阀的锥阀关闭得非常严密，因此密封性能好，即使在外力作用下，活塞亦不会移动，能长时间地将活塞准确地锁紧在停止位置上。

二、压力控制回路

压力控制回路是利用压力控制阀控制油液的压力，以满足执行元件输出力（转矩）的要求或利用压力作为信号控制其他元件动作，以实现某些动作要求。常用的压力控制回路有调压回路、减压回路、增压回路、保压回路、卸荷回路等。

1. 调压回路

液压系统的工作压力必须与所承受的负载相适应。液压系统中的压力取决于负载，负载越大，压力越大，但最高的工作压力必须有一定的限制。为使系统保持一定的工作压力，或在一定的压力范围内工作，就要对整个系统或其局部的压力进行调整和控制。

调压回路是指控制系统的工作压力，使其不超过预先调好的数值，或者使工作机构运动过程的各个阶段中具有不同压力的回路。

(1) 单级调压回路

如图 6‐50 所示为单级调压回路。液压泵输出的油液由溢流阀调定其最大供油压力，以适应系统的负载并保护系统安全工作。在泵的出口处安置一个单向阀，主要用于当泵停止工作时，防止油液倒流和避免空气侵入系统。

(2) 多级调压回路

如图 6‐51 所示为多级调压回路。将远程调压阀 2 和 3 经由三位四通电磁换向阀与主溢流阀的外控口相连，远程调压阀 2、3 的调整压力应低于主溢流阀的调整压力，且阀 2 和阀 3 的调整压力不等。这样，系统可获得三种压力值：当电磁换向阀处于中位时，系统压力由主溢流阀调定；当电磁换向阀处于左位时，系统压力由远程调压阀 2 调定；当电磁换向阀处于右位时，系统压力由远程调压阀 3 调定。主溢流阀多作为安全阀使用。

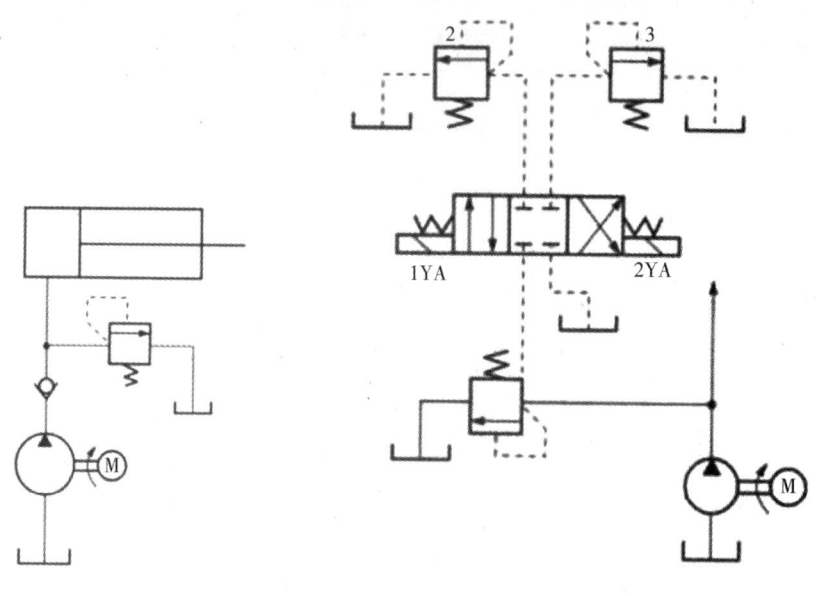

图 6‐50　单级调压回路　　图 6‐51　多级调压回路

2. 减压回路

在液压系统中，当某个执行元件或某一支油路所需要的工作压力低于系统主油路的工作压力或要求有较稳定的工作压力时，可采用减压回路。

如图 6‐52 所示为夹紧机构中常用的减压回路。回路中串联一个减压阀，使夹紧缸能获得较低而又稳定的夹紧力。当系统压力有波动时，减压阀出口压力可稳定不变。单向阀的作用是当主系统压力下降到低于减压阀调定压力时，防止油倒流，起到短时保压作用，使夹紧缸的夹紧力在短时间内保持不变。为了确保安全，夹紧回路中常采用带定位的二位四通电磁换向阀，或采用失电夹紧的二位四通电磁换向阀换向，防止在电路出现故障时松开工件而导致发生事故。

为使减压回路可靠地工作，其减压阀的最高调定压力应比系统调定压力低一定的数值，否则减压阀不能正常工作。

3. 增压回路

增压回路与减压回路相反，当液压系统的某一支油路需要压力较高而流量又不大的压力油时，可采用增压回路。采用增压回路的系统主油路工作压力仍是低的，因而可节省能源，并且工作可靠、噪声小。

如图 6-53 所示为利用增压缸实现增压的增压回路。阀 3 在右位时，液压泵的低压油经增压缸增压后向工作缸 7 输出高压油；阀 3 在左位时，增压缸 4 和工作缸 7 的活塞全部回位，油箱 5 中的油液在大气压的作用下，打开单向阀 6 进入增压缸 4 右端小腔。这种回路的增压倍数等于增压缸 4 的大、小活塞面积之比，油箱 5 和单向阀 6 为补油装置。

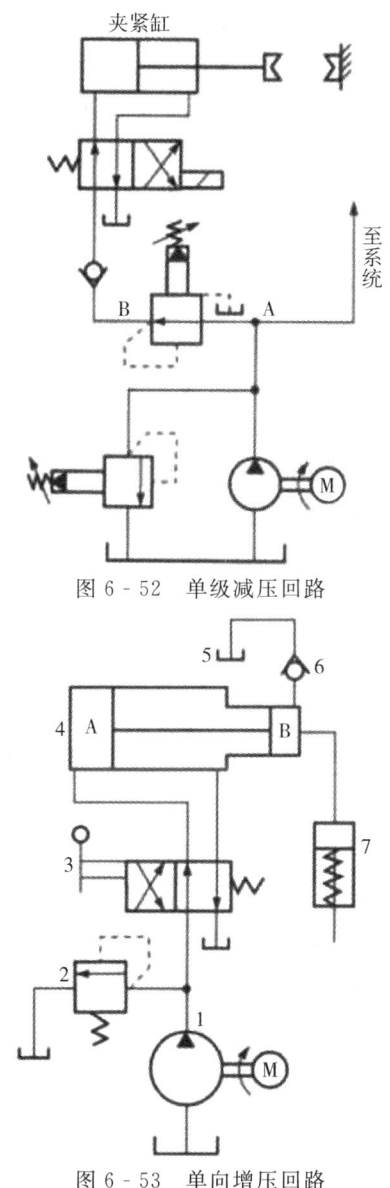

图 6-52 单级减压回路

图 6-53 单向增压回路

4. 保压回路

保压回路的作用是使系统在液压缸不动或仅有工件变形所产生微小位移的情况下稳定地维持压力。

如图6-54所示为蓄能器保压回路。泵1同时驱动主油路切削缸和夹紧油路夹紧缸7工作，并且要求切削缸空载或快速退回运动时，夹紧缸必须保持一定的压力，使工件被夹紧而不松动。为此，回路设置了蓄能器6进行保压。加工工件的工作循环是先将工件夹紧后，方可进行加工，因此泵1首先向夹紧缸供油，同时向蓄能器充液，当夹紧油路压力达到压力继电器5调定压力时，说明工件已夹紧，压力继电器发出电信号，主油路切削缸开始工作。夹紧油路由蓄能器补偿夹紧油路的泄漏，以保持夹紧油路压力。当夹紧油路的压力降低到一定数值时，泵应再向夹紧油路供油。当切削缸快速运动时，主油路压力低于夹紧油路的压力，单向阀3关闭，防止夹紧油路压力下降。

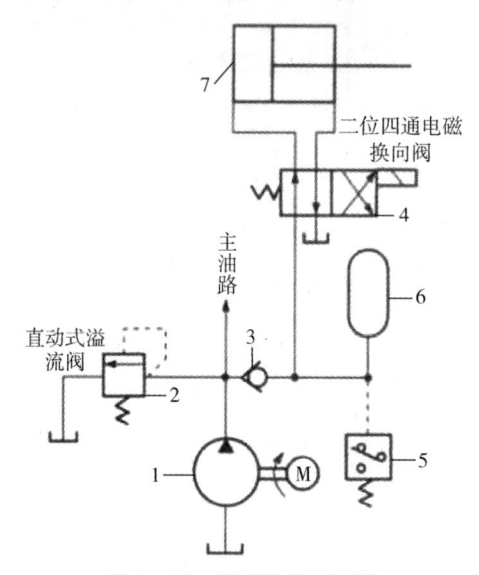

图6-54 蓄能器保压回路

5. 卸荷回路

液压泵卸荷是指当液压系统中的执行元件停止运动后，使液压泵输出的油液在低压下流回油箱，从而卸除其对系统的压力作用。这样可以节省动力消耗，减少系统发热。能够使液压泵卸荷的回路，称卸荷回路。

（1）换向阀卸荷回路

如图6-55所示为换向阀卸荷回路，当换向阀处于中位状态时，液压泵输出的油液经换向阀直接流回油箱。采用液动阀或电液换向阀的卸荷回路，必须在回油路上安装背压阀，以保证控制油路具有需要的启动压力。利用换向阀中位机能的卸荷回路，卸荷方法比较简单，但压力较高，流量较大时，容易产生冲击，故适用于低压、小流量的液压系统。

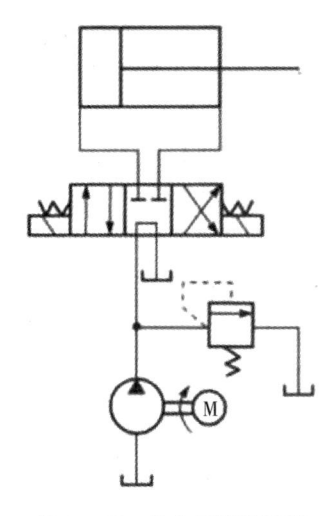

图 6-55 换向阀卸荷回路

(2)复合泵卸荷回路

如图 6-56 所示，高压小流量泵 1 和低压大流量泵 2 由同一台发动机驱动，系统最大工作压力由溢流阀 5 设定。当工作负载小时，泵 2 输出的液压油经止回阀 4 与泵 1 合流，共同向系统供油，实现轻载快速运动。当工作负载增大时，系统压力超过卸荷阀调定压力时，控制油路自动打开卸荷阀 3，使泵 2 卸荷，此时止回阀关闭，由泵 1 单独向系统供油，实现重载慢速运动。

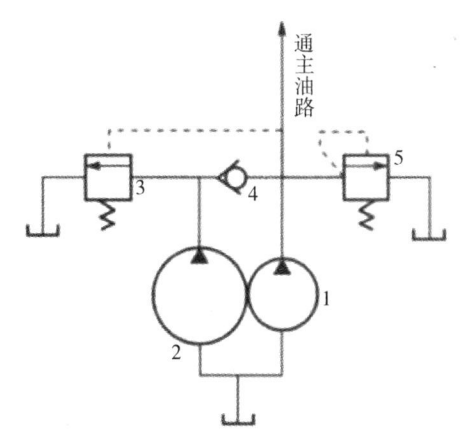

1、2——泵　3——卸荷阀　4——止回阀　5——溢流阀

图 6-56 复合泵卸荷回路

三、速度控制回路

速度控制回路是控制和调节液压执行元件运动速度的单元回路，称为调速回路。调速回路是控制和调节执行元件运动速度的。依照调速方式不同，液压传动系统速度调节的基本方法可归纳为节流调速和容积调速两大类。

1. 节流调速回路

利用节流的方法，即改变通流截面积大小的方法调节进入执行元件的流量，达到改变执行元件运动速度的目的，称为节流调速。这种调速方法适合于定量泵和定量执行元件所组成的液压系统。依据节流阀在回路中装设的位置不同，节流调速回路分为进油节流回路、回油节流回路和旁路节流回路。

(1) 进油节流调速回路

如图 6-57 所示，节流阀装在定量泵与液压缸进油路上，流入液压缸的流量由节流阀通流截面积大小调节，液压泵输出的多余油液经溢流阀流回油箱。由于泵的流量总是大于执行元件所需的流量，因此，溢流阀处于常开状态，以保证泵的出口压力恒定。液压缸进口处的压力随负载的变化而变化，故液压缸的运动速度随外载荷而变化。这种回路效率低，油液容易发热，速度调节的稳定性差，不能承受负值载荷。

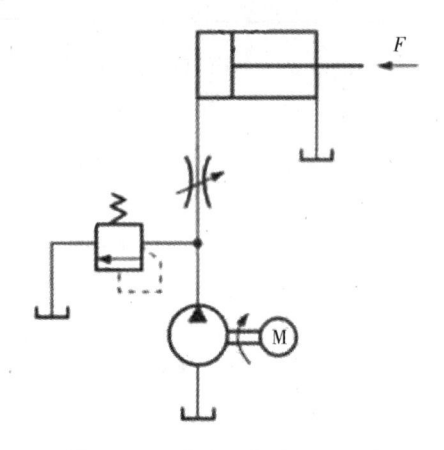

图 6-57 进油口节流调速回路

(2) 回油节流调速回路

如图 6-58 所示，节流阀串联在液压缸的回油路上，即安装在液压缸与油箱间，调节液压缸回油量以限制进油量来控制活塞的移动速度。液压缸的进口压力由溢流阀调定压力决定，与载荷无关。回油节流调速回路的主要优点是节流阀在回油路，其产生的较大背压能够使工作运动比较平稳。当液压系统低速、轻载工作时，能量损耗相当大，且损耗的能量又转化为热量使系统油温升高。

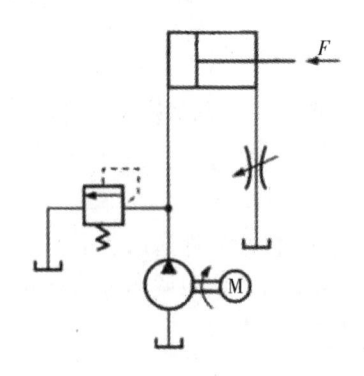

图 6-58 回油节流调速回路

(3)旁路节流调速回路

如图 6-59 所示，节流阀安装在分支油路中和液压缸并联。泵输出的油液分成两路，一路进入液压缸，另一路经节流阀流回油箱，回路中的溢流阀只起过载保护作用。在调速过程中，泵的出口压力基本等于负载压力，因而效率较高。它存在的主要问题是节流口的流量受载荷变化影响大，速度稳定性差。这种回路仅用于系统功率较大、速度较高、运动稳定性要求低且调速范围较小的场合。

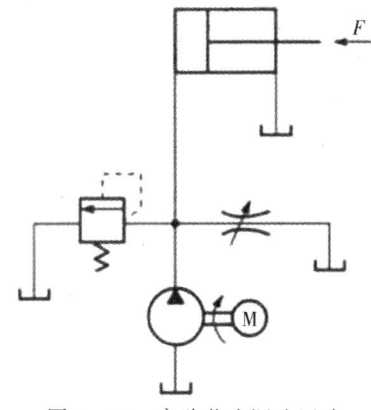

图 6-59 旁路节流调速回路

2. 容积调速回路

容积调速回路是由液压泵和液压马达（或液压缸）组成的，依靠改变变量泵或变量液压马达的排量来调节执行元件运动速度的回路。这种调速回路无溢流损失和节流损失，故效率高、发热少，但结构复杂，适用于高压大流量、大功率设备的液压系统，在此不做详细介绍。

单元任务实施

学生自主完成对自卸车液压系统的组成和工作过程分析。如图 6-60 所示为 QD351 型自卸车液压系统原理图。自卸车是一种高效率的运输工具。该车是靠液压缸驱动汽车的货箱倾翻，从而实现卸料的。汽车翻斗倾斜方式有后倾式与侧倾式两种。

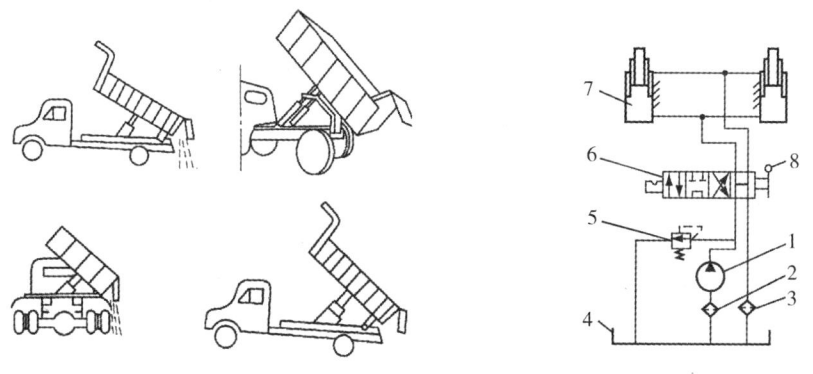

1——液压泵　2——粗过滤器　3——过滤器　4——油箱　5——限压阀
6——手动换向阀　7——液压缸　8——手柄

图 6-60 QD351 型自卸车液压系统原理图

(1) 该系统的动力装置为自卸车液压系统(额定工作压力为 10 MPa,最大工作压力为 13 MPa),由手动换向阀 6 来控制油路的变化,使液压缸完成空位、举升、中停、下降四个动作,系统压力由溢流阀 5 调定。

(2) QD351 型自卸车的液压系统工作过程

① 空位。当手动换向阀 6 处于最右位,换向阀中位职能为 H 型时,液压缸 7 处于浮动状态,车厢处于未举升的自由状态(一般为运输水平状态)。

② 举升。举升时换向阀处于手动换向阀 6 位置。

进油路:粗过滤器 2→液压泵 1→手动换向阀 6 最左位→下腔。

回油路:上腔→手动换向阀 6 最左位→过滤器 3→油箱。

此时,活塞缸逐节伸出。

③ 中停。此时滑阀处于左二位,换向阀中位职能为 M 型,液压泵处于卸荷状态;换向阀的进出油口 A、B 均被截止,液压缸两腔油液被封住,液压缸被锁紧在任意位置。

④ 下降。此时滑阀处于左三位。

进油路:粗过滤器 2→液压泵 1→左三位→液压缸 7 上腔。

回油路:液压缸 7 下腔→右三位→过滤器 3→油箱。

此时,液压缸 7 下降。当车厢降至原位时,将滑阀移至最右位。

(3) 由以上分析可知,该系统油路中包含以下几个基本回路,即由手动换向阀 6 控制的回路、手动换向阀右位和左二位控制的回路、限压阀 5 控制的回路及两液压缸组成的回路。

参 考 文 献

[1]贾利敏.机械基础[M].济南：山东科学技术出版社，2007.

[2]李铁军，梅秀珍.汽车机械基础[M].武汉：武汉理工大学出版社，2009.

[3]张森林.汽车机械基础[M].北京：冶金工业出版社，2009.

[4]蔺文刚，王建莉.汽车机械基础[M].长沙：中南大学出版社，2016.

[5]邹玉清，王丹，宋佳妮，等.汽车机械基础[M].北京：北京理工大学出版社，2015.

[6]李予杰，陈建华.汽车机械基础[M].北京：北京理工大学出版社，2008.

[7]石红霞，徐东，于燕玲，等.汽车机械基础[M].杭州：浙江大学出版社，2016.

[8]邹仁平，刘新宇，施爱娟，等.汽车机械基础(第2版)[M].北京：北京理工大学出版社，2014.

[9]安军.汽车机械基础[M].北京：北京理工大学出版社，2010.

[10]李子云.汽车机械基础[M].北京：清华大学出版社，2013.

[11]宁建华，海争平.汽车知识小百科[M].北京：机械工业出版社，2012.

[12]方晓汾，罗方赞.汽车文化与科技[M].北京：中国水利水电出版社，2015.

[13]赵长利，吴娜.汽车概论[M].北京：中国水利水电出版社，2010.

[14]安子军.机械原理[M].北京：机械工业出版社，2020.

[15]齐晓杰.汽车液压与气压传动[M].北京：机械工业出版社，2012.

[16]周建波.金属材料与热处理[M].杭州：浙江大学出版社，2014.

[17]姜敏凤.金属材料及热处理知识(第2版)[M].北京：机械工业出版社，2015.

[18]莫宵依.工程力学(第2版)[M].北京：机械工业出版社，2017.

[19]孙方遒，苗德忠.机械设计基础(第2版)[M].北京：北京理工大学出版社，2021.

[20]安子军.机械原理(第3版)[M].北京：国防工业出版社，2015.

[21]李志红，肖念新.机械设计[M].北京：中国农业科学技术出版社，2015.

[22]冯景华，李珊，李文春.现代机械设计理论与方法研究[M].北京：中国水利水电出版社，2015.

[23]李博洋.机械原理简明教程(中少学时)[M].西安：西北工业大学出版社，2014.

[24] 李东和, 丁韧. 机械设计基础[M]. 北京: 国防工业出版社, 2015.

[25] 吴海艳, 王平, 王凤云. 机械零部件设计基础[M]. 北京: 航空工业出版社, 2013.

[26] 柳波. 汽车液压与气压传动[M]. 北京: 人民交通出版社股份有限公司, 2014.

[27] 杨好学, 蔡霞. 公差与技术测量[M]. 北京: 国防工业出版社, 2009.